윗필드 씨! 제발 좀 마이크 내려놓고 쉬세요!

윗필드 씨! 제발 좀 마이크 내려놓고 쉬세요!
열정의 논스톱 복음 전도자 조지 윗필드 전기

아놀드 댈리모어 Arnold A. Dallimore 지음
오현미 옮김
편집 오수현, 송혜숙, 김석현, 맹호성
p&e 내지 디자인 김지호
2021년 12월 20일 초판 발행
표지 created by 맹호성 with helps from 김지호

종이책
기획, 마케팅 김정태
총무 곽현자
발행처 도서출판 이레서원
발행인 문영이
출판신고 2005년 9월 13일 제2015-000099호
경기도 고양시 일산동구 백석로71번길 46, 1층 1호
Tel. 02)402-3238, 406-3273 / Fax. 02)401-3387
E-mail: Jireh@changjisa.com
Facebook: facebook.com/jirehpub
ISBN 978-89-7435-587-6 (03230)
정가: 16,000원

전자책
펴낸이 김진실, 맹호성
펴낸곳 알맹e
등록 제25100-2014-000047호(2014년 7월 25일)
주소 서울특별시 노원구 동일로 1700, 1031호 (파르코오피스텔) 01624
e우편 rmaenge@rmaeng2.com
웹집 www.rmaenge.com
얼굴책 www.facebook.com/rmaenge
eISBN 9791191822045
정가 11,000원

윗필드 씨!
제발 좀 마이크 내려놓고 쉬세요!

열정의 논스톱 복음 전도자 조지 윗필드 전기

아놀드 A. 댈리모어 지음 | 오현미 옮김

이레서원 & 알맹e

George Whitefield: God's Anointed Servant in the Great Revival of the Eighteenth Century. Adapted, rewritten and abridged from the two-volume work published previously under the title: *George Whitefield: The Life and Times of the Great Evangelist of the Eighteen-Century Revival.*
Copyright © 1990 by Arnold A. Dallimore
Published by Crossway
a publishing ministry of Good News Publishers
Wheaton, Illinois 60187, U.S.A.

This Korean translation edition © 2021 by rMAENGe, Seoul, Republic of Korea
The Korean text used in this edition is translated by Hyunmee Oh.
This edition published by arrangement
with Crossway through rMaeng2, Seoul, Republic of Korea.
All rights reserved.

이 한국어판의 저작권 © 알맹e 2021

이 한국어판의 저작권은 알맹2를 통하여 Crossway와 독점 계약한 알맹e에 있습니다.
저작권법에 의하여 한국 내에서 보호받는 저작물이므로 무단 전재와 무단 복제를 금합니다.

이 책은 1991년 두란노서원에서 출간된 적이 있습니다. 이 한국어판은 기존 역자가 새로이 가다듬은 번역 원고를 알맹e와 이레서원에서 다시 편집하였으며, 원서나 이전 한국어판에는 없는 다양한 삽화를 찾아서 넣었습니다. 종이책은 이레서원에서, 전자책은 알맹e에서 각기 출간합니다.

십자가에 달리신 그리스도를 가리키는 메시지가, 멸망하기로 굳게 결심한 사람들에게는 어리석은 것처럼 보이겠지만, 구원의 길에 들어선 사람들에게는 완벽하게 이해될 것입니다. 이것이 하나님께서 일하시는 방식입니다. 그리고 그것은 가장 강력한 방식임이 입증되었습니다.

이 세상은 그 화려한 지혜를 가지고도 하나님을 조금도 알지 못했습니다. 그래서 지혜로우신 하나님께서는 믿는 사람들을 구원의 길로 이끄시기 위해, 이 세상이 어리석다고 여긴 것—무엇보다도, 복음 선포!—을 즐겨 사용하셨습니다.

여러분도 기억하시겠지만, 내가 처음으로 여러분에게 가서 하나님이 행하신 놀라운 일을 전할 때, 나는 번지르르한 말이나 최신 철학으로 여러분을 감동시키려고 하지 않았습니다. 오히려 나는 쉽고 분명하게 전하려고 노력했습니다. 처음에는 예수가 누구이신지를 전했고, 그다음에는 십자가에 달리신 예수가 어떤 일을 하셨는지를 전했습니다.

나는 그 일을 어떻게 해야 하는지 자신이 없었고, 내가 그 일에 적합하지 않다는 것을 절실히 느꼈습니다. 더 솔직히 말씀드리면, 나는 몹시도 두려웠습니다. 내가 메시지를 전할 때 여러분이나 다른 누구에게 감동을 주지 못한 것은 그 때문입니다. 그러나 메시지는 결국 전해졌습니다. 하나님의 영과 하나님의 능력이 그렇게 한 것입니다. 여러분의 믿음의 삶이, 나나 다른 누구의 지적이고 감정적인 화려한 말솜씨에서 비롯된 반응이 아니라, 하나님의 능력에서 비롯된 반응인 것이 분명해졌습니다.

사도 바울

고린도전서 1, 2장(메시지 한국어판)

차례

- 도판 목록 — 8
- 책머리에 — 14

1. 출생과 거듭남 — 17
2. 온 나라를 놀라게 한 설교 — 35
3. 조지아에 선교사로 — 55
4. 야외로 나가다 — 67
5. 런던의 야외로 나가다 — 85
6. 교리의 차이와 안타까운 분열 — 103
7. 교리에 대한 확신 — 115
8. 자비의 집 — 127
9. 대각성을 위한 노고 — 147
10. 암울한 시기를 맞은 윗필드 — 169
11. 스코틀랜드 — 181
12. 결혼 — 195
13. 캠버슬랭에서의 신앙 부흥 — 205
14. 메소디즘을 최초로 조직화하다 — 219
15. 폭도들을 만나다 — 231

16. 아메리카에서 상처를 치유하고 사역을 완수하다 — 245

17. "윗필드라는 이름은 사라지게 하라" — 263

18. 잉글랜드 귀족 사회에 복음을 — 273

19. "나로 하여금 모든 사람의 종이 되게 하소서" — 285

20. 윗필드의 동역자들 — 301

21. 하나님을 위한 건물 — 317

22. "주님의 일을 하느라 지쳐 있기는 하지만 싫증 나지는 않습니다" — 327

23. 영원히 기억되는 윗필드 — 343

• 선별한 참고 도서 — 353

도판 목록

삽화 1-1   여관에서 일하는 어린 조지(출처: A. S. Billingsley, *Life of George Whitefield: Prince of Pulpit Orators*, John B. Alden Publisher, 1889, 22.)

삽화 1-2*   존 웨슬리와 그의 옥스포드 친구들, 마샬 클랙스튼(Marshall Claxton, 1813–1881)(영국 Salford Museum & Art Gallery 소장)

삽화 1-3   『인간 영혼 안에 있는 하나님의 생명』의 1677년 초판 표제지

삽화 2-1   글로스터 대성당(출처: https://www.gloucestercathedral.org.uk/heritage/timeline/)

삽화 2-2*   조지아주로 출발하는 윗필드(출처: John Gillies, *Memoirs of Rev. George Whitefield*, Hunt & Noyes, 1839, 24.)

삽화 3-1   조지아로 가는 배에서 말씀을 전하는 윗필드(출처: John Gillies, *Memoirs of Rev. George Whitefield*, Hunt & Noyes, 1839, 28.)

삽화 3-2*   작은 배를 타고 서배너로 출발하는 윗필드와 그의 일행(출처: John Gillies, *Memoirs of Rev. George Whitefield*, Hunt & Noyes, 1839, 45.)

삽화 4-1   페터 뵐러의 초상화, 프리드리히 빌스(Friedrich Bils, 1816-1853) (출처: Wikimedia Commons)

삽화 4-2   하월 해리스 초상화, 존 토머스(John Thomas, 1838-1905)(영국 National Library of Wales 소장)

삽화 4-3*   들판에서 설교하는 윗필드(출처: A. S. Billingsley, *Life of George Whitefield: Prince of Pulpit Orators*, John B. Alden Publisher, 1889, 118.)

삽화 5-1   1743년 무어필즈에서 설교하는 윗필드, 에어 크로(Eyre Crowe, 1824-1910)(출처: https://victorianweb.org/religion/whitefield.html)

삽화 6-1*   브리스톨 소재 새 회관(출처: Wikimedia Commons)

삽화 7-1   타이어먼의 윗필드 전기에 실린 스물네 살 윗필드의 초상화, 코크런(J. Cochran)(출처: L. Tyerman, *The Life of the Rev. George Whitefield*, Hodder and Stoughton, 1890)

삽화 8-1   윗필드의 고아원(출처: A. S. Billingsley, *Life of George Whitefield: Prince of Pulpit Orators*, John B. Alden Publisher, 1889, 141.)

삽화 8-2*   필라델피아 옛 법원 청사(출처: Joseph Belcher, *George Whitefield: A Biography*, American Tract Soceity, 1857, 101.)

삽화 8-3   필라델피아 주 의회 의사당 계단에서 설교하는 윗필드(출처: A. S. Billingsley, *Life of George Whitefield: Prince of Pulpit Orators*, John B. Alden Publisher, 1889, 153.)

삽화 9-1*   뉴 사우스 교회(1850)(출처: 미국 의회 도서관, https://www.loc.gov/item/2004670541/)

삽화 10-1   장막(출처: Joseph Belcher, *George Whitefield: A Biography*, American Tract Soceity, 1857, 73.)

삽화 10-2   존 세닉, 필립 도우(Philip Dawe, 1730-1832)(출처: Wikimedia Commons)

삽화 11-1   『엄숙(한) 동맹과 언약』

삽화 12-1* 무어필즈 장막에서 설교하는 윗필드, 존 월러스튼(John Wollaston, 1738-1775)(영국 런던 National Portrait Gallery 소장; 도판 출처: Wikimedia Commons)

삽화 13-1   들판에서 설교하는 윗필드(출처: John Gillies, *Memoirs of Rev. George Whitefield*, Hunt & Noyes, 1839, 41.)

삽화 13-2   『스코틀랜드 참 그리스도의 장로교회 선언』(1742)(출처: www.archive.org)

삽화 14-1   약 31세 때(1745)의 윗필드 초상화(Joseph Bager, 1707-1665)(Harvard University Portrait Collection 소장; 도판 출처: Wikimedia Commons)

삽화 15-1* 잠자리에서 공격당한 윗필드(출처: John Gillies, *Memoirs of Rev. George Whitefield*, Hunt & Noyes, 1839, 100.)

삽화 16-1* 올드 사우스 교회(출처: Joseph Belcher, *George Whitefield: A Biography*, American Tract Soceity, 1857, 445.)

삽화 16-2   *The Christian History* 표제지

삽화 16-3   "… 조지 윗필드 씨와 그의 행실을 논박하는 증언" 표제지(출처: www.archive.org)

삽화 16-4* 새 고아원(출처: A. S. Billingsley, *Life of George Whitefield: Prince of Pulpit Orators*, John B. Alden Publisher, 1889, 141.)

삽화 17-1* 올드 사우스 교회의 지하(묘지)(출처: Wikipedia, CC BY-SA 3.0)

삽화 18-1* 셀리나 헤스팅스, 헌팅던 부인(1707-1791), 화가 미상(영국 런던 National Portrait Gallery 소장; 도판 출처: Wikimedia Commons)

삽화 18-2   조지 윗필드(1751년 이후의), 제임스 무어(James Moore, 18세기, after M. Jenkin)(미국 National Portrait Gallery 소장, https://npg.si.edu/object/npg_NPG.69.77, CC0 1.0)

삽화 19-1   리즈에서 설교하는 윗필드(출처 미상)

삽화 19-2* 돌에 맞는 윗필드(출처: John Gillies, *Memoirs of Rev. George Whitefield*, Hunt & Noyes, 1834, 169.)

삽화 19-3   폭도들에게 폭행당하는 윗필드(출처: A. S. Billingsley, *Life of George Whitefield: Prince of Pulpit Orators*, John B. Alden Publisher, 1889, 299)

삽화 20-1* 후에 펜실베이니아 대학의 모태가 되는 윗필드 미팅 하우스(출처: Penn University Archives and Records Center)

삽화 21-1   토트넘 코트 예배당(출처: John Gillies, *Memoirs of Rev. George Whitefield*, Hunt & Noyes, 1834, 167.)

삽화 22-1　사팔뜨기 박사의 설교(출처: 미국 의회 도서관, https://www.loc.gov/pictures/resource/cph.3c08255/)

삽화 22-2　윗필드의 죽음(출처: John Gillies, *Memoirs of Rev. George Whitefield*, Hunt & Noyes, 1839, 213.)

삽화 23-1　윗필드의 마지막 초상화, 존 러셀(John Russell, -1806) (영국 런던 National Portrait Gallery 소장; 도판 출처: Wikimedia Commons)

- 별도의 언급이 없는 경우 모두 공유 저작물입니다.
- 삽화 번호 뒤에 *표시가 있는 삽화는 전자책에만 있습니다.
- 전자책에만 수록된 삽화는 아래 QR코드를 통해 볼 수 있습니다.

　https://sites.google.com/view/georgepicture/홈

일러두기

1. 외국 인명·지명 표기는 국립국어원 외래어 표기법을 준수하되, 국내에서 널리 사용되는 표기는 관행을 따랐습니다.
2. 각주는 모두 지은이의 것입니다.
3. 역주는 괄호 안에 ⓣ로, 편집자주는 ⓔ로 표기했습니다.
4. 삽화는 독자들의 이해와 재미를 위해 알맹e에서 넣었습니다. 공유저작물과 CC(저작물 이용이 허락된 것)을 중심으로 저작권을 침해하지 않는 도판을 이용했지만, 혹시라도 저작권을 침해한 경우가 있다면 알려 주시기 바랍니다. 전자책과 달리 종이책은 지면 사정상 일부 삽화가 들어가 있지 않습니다. 종이책에 없는 삽화는 도판 목록에 있는 QR코드로 가서 보실 수 있습니다. 삽화 목록과 출처는 앞 페이지에 있습니다.

사람의 마음에 박애주의가 순결하고 강렬한 불꽃으로 타올라 보편적 사랑의 정신으로 인류를 포용한 예가 있다면 조지 윗필드가 바로 그런 경우다. "… 그는 자기를 미워하는 세상을 사랑했다." 조지 윗필드는 누구를 편애하지는 않았지만, 무지한 사람, 불쌍한 사람, 가난한 사람의 손을 들어주었다. 이들을 위해서라면 궁핍 앞에서 뒷걸음질 치지 않았고 사람들의 모욕이나 적대감도 마다하지 않았다. 그런 부당한 행위에 그는 모든 것을 감내하는 온유함과 사람들이 거부할 수 없는 사랑이라는 무기로 맞섰다. 그의 자비의 샘은 고갈되는 일이 없었고 오직 밖으로 흘러넘치는 수밖에 없었다.

제임스 스티븐 경
Essays in Ecclesiastical Biography
(교회 인물 전기 소론)
1883년

책머리에

두 권으로 출간된 필자의 저서 *George Whitefield: The Life and Times of the Great Evangelist of the Eighteenth Century Revival*(조지 윗필드: 18세기 부흥 운동 당시 위대한 복음 전도자의 생애와 시대; 한국어판은 『조지 윗필드: 18세기의 위대한 복음 전도자』, 복 있는 사람, 2015 ⓒ)에 독자 여러분이 보여주신 호응에 깊이 감사한다. 각 권 모두 600여 페이지(한국어판은 1300여 페이지 ⓒ)에 이르는 분량임에도 이 책은 중판을 거듭하면서 널리 읽혀 왔다. 윗필드에 관해 이 책이 제공하는 정보와 흥미진진한 내용에 각국의 독자들이 감사를 표해 왔다. 프린스턴과 웨스트민스터 신학교의 코넬리우스 반 틸(Cornelius Van Til) 박사는 그 책 제1권을 읽고 이렇게 말했다.

> 이 책을 읽으라. 아내(또는 남편)와 대화하는 것도 잊을 것이고 일하러 나가는 것도 잊게 될 것이다. 하지만 이 책은 약간의 희생을 감수하고서라도 읽을 가치가 있다.

무엇 때문에 이렇게까지 말하는지 궁금할 것이다. 사실 좀 이상하기는 하다. 정말 그렇다. 하지만 이 책을 읽었을 때 내 마음은 평소와 달리 이상한 상태가 되었다. 몇 주가 지난 지금까지도 나는 여전히 그 이상한 상태에 빠져 있다.

비록 그렇게 널리 읽히긴 했지만, 이 책이 얼마나 흥미로울지 아직 실감하지 못하는 잠재적 독자들은 "책이 너무 두꺼운 데다 두 권씩이나 돼서 읽기가 힘들다"라고 말하곤 했다.

그래서 필자는 두 권의 내용을 한 권으로 압축, 요약해서 300페이지가 채 안 되는 이 책을 내놓게 되었다. 간결하고 내용도 단순하지만, 윗필드의 생애에서 기억할 만하고 흥미로운 일들을 많이 담고 있으며, 또 책 읽는 습관이 몸에 배지 않은 사람도 큰 흥미를 갖고 읽을 수 있도록 문체에도 신경을 썼다.

그러나 이 한 권짜리 책을 읽는 독자들 역시 교훈과 축복을 얻을 것이고, 사도 바울 이래 가장 위대한 복음 전도자였던 조지 윗필드의 생애와 체험을 기록한 원래의 두 권짜리 저서까지 결국 읽게 될 것으로 믿는다.

캐나다 온타리오 주 코탬에서
아놀드 A. 댈리모어

윗필드 전기 작가들은 흔히 그의 생애를 설명할 수 없는 수수께끼로 묘사한다. 이들이 그렇게 말하는 것은 윗필드가 어린 시절 어떤 환경에서 자랐는지 그 특징을 알지 못하기 때문이다. … 윗필드는 학식 있고 교양 있는 성직자 집안 출신이었다.

에드윈 노아 하디
George Whitefield, the Matchless Soul-winner
(타의 추종을 불허하는 구령자 조지 윗필드)

1. 출생과 거듭남

조지 윗필드는 1714년 영국 잉글랜드 글로스터(Gloucester; 런던에서 서북 방향으로 약 150킬로미터에 위치한다. ⓒ)의 벨 여관에서 태어났다. 늘 붐비는 식당과 선술집을 겸하고 있는 약 60미터 너비의 이 3층 건물은 글로스터 전역에서 가장 훌륭한 여관이었다. 이 여관의 그레이트 룸은 연회장이나 연극 공연 무대로 쓰였고, 손님 중에는 유명한 사람들도 있었다.

조지의 아버지 토머스 윗필드의 관리 아래 벨 여관은 번창했다. 당시 구빈세(救貧稅)는 그 사람의 수입 수준을 알 수 있는 지표였는데, 그에게 부과되는 구빈세는 그 지역의 누구 못지않게 많았고, 대부분 사람들의 구빈세보다 두 배는 되었다.

토머스와 그의 아내 엘리자베스는 모두 유복한 가정에서 자란 사람들이었다. 토머스의 부친은 한동안 시골 저택에서 한적한 생활을 했었는데, 토머스는 바로 그곳에서 소년 시절을 보냈다. 엘리자베스는 외가와 친가가 모두 브리스톨의 명문가였으며, 친척 중에는 시(市) 요직을 맡은 사람도 있었고, 이들이 남긴 유언장으로 볼 때 상당한 재산가도 있었다.

윗필드 가는 사업만 번창한 것이 아니라 집안도 번성했다. 토머스와 엘리자베스는 처음에 다섯 아들을 낳았고 그 후 딸을 하나 낳았으며, 마지막으로 아들을 낳고 이름을 '조지'라 지었다. 이 가정은 중상류층에 속했고 글로스터의 유력한 시민들 축에 끼었다.

그러나 조지가 두 살 때 아버지가 세상을 떠났다. 여관 경영은 어머니가 맡았고 사업은 계속 번창했다. 어머니가 내는 구빈세 역시 여전히 고액이었다.

윗필드의 첫 전기를 쓴 글래스고의 길리스(Gillies) 박사는 "어머니는 그를 유난히 귀여워했으며 보통 이상의 관심을 가지고 교육시켰다"라고 말한다. 어린 나이에 학교에 입학한 윗필드는 글로스터 대성당 부속인 '더 칼리지'에 다녔다. 열두 살 때 윗필드는 지역 교회인 세인트 메리 드 크립트(St. Mary de Crypt) 부속 학교에 등록했다. 거기서 처음으로, 타고난 웅변 능력을 드러냈고 시 의회 의원들이 학교를 방문했을 때 이들 앞에서 연설할 학생으로 뽑히기도 했다.

소년 시절의 조지 윗필드는 어떠했을까? 소년 시절에 대해서는 훗날 그가 쓴 *Account*(이야기)를 통해 어느 정도 알 수 있으며, 여기서 그는 자신의 어린 시절에 대해 설명한다. 존 버니언 같은 몇몇 뛰어난 그리스도인들이 그랬듯, 윗필드도 자신의 악한 성향을 과장하는 게 틀림없다. 그 글은 이렇게 시작한다.

> 진심으로 말하건대 나는 어머니 배 속에 있을 때부터 성품이 거칠었다. 나는 거짓말, 욕설, 어리석은 농담 등에 몰두해 있었다. 때

때로 거짓 맹세를 하거나 저주의 말을 하기도 했다. 어머니의 돈을 훔치면서도 이를 도둑질이라고 생각하지 않았다. 나는 안식일을 수도 없이 범했고 하나님의 성소에서 아주 불경하게 행동하기 일쑤였다. 내기를 하느라 많은 돈을 썼고 카드 놀이와 연애 소설 읽는 것이 큰 낙이었다. 다른 사람들과 어울려 짓궂은 속임수를 쓰는 놀이를 할 때도 많았다.[1]

그런 한편 그는 또 이렇게 털어놓는다.

그러나 하나님의 은혜가 내게 얼마나 값없이 주어졌는지, 부패성이 내 영혼에 그렇게 강하게 작용했음에도 아주 일찍부터 거룩하신 성령께서 내 마음에 감동을 주셨다는 것이 기억난다. … 나는 어렸을 때부터 죄에 대한 자각이 있었다. 한번은 어떤 사람들이 나를 지분거리며 놀린 적이 있었는데, 그때 나는 즉시 내 방으로 들어가 무릎을 꿇고 많은 눈물을 흘리며 기도했다. … 어머니에게서 훔쳐 내곤 하던 돈을 가난한 사람에게 일부 주기도 했고, 내가 다른 사람에게서 몰래 가져온 책 중에는 경건 서적도 있었다.[2]

---

1   Arnold Dallimore, *George Whitefield: The Life and Times of the Great Evangelist of the 18th Century Revival*, Volume 1 (Edinburgh: Banner of Truth; Westchester, II: Crossway Books), pp. 43, 44.
2   Ibid., p. 46, *George Whitefield's Journals* (Edinburgh: Banner of Truth, 1960), pp. 37, 38. 이후 *Journals*로 약칭함.

조지의 실제 행실에 대해서는, 그 나이 또래 친구들보다 더 훌륭하지도 더 나쁘지도 않았다고 결론 내려야 한다.

그의 말이, 예배가 진행 중인 독립 교회 집회소로 뛰어들어 가서 "콜 노인, 콜 노인!" 하고 교회 목사님 이름을 부르곤 했다고 한다. 커서 무슨 일을 할 거냐고 한 교인이 묻자 "목사요. 하지만 강단에서 콜 노인처럼 이야기를 하지는 않을 거예요"라고 대답했다. 또한 그는 "나는 정말 목사가 되고 싶었다. 그래서 기도문을 읽는 목사님을 흉내 내곤 했다"라고 말한다. 목회자가 되려는 생각은 이렇게 일찍부터 윗필드의 삶에서 중요한 역할을 했다.

조지의 조상 중에는 옥스퍼드 대학에서 수학하고 잉글랜드 국교회 사제가 된 사람들도 있었다.[3] 조지의 어머니도 그에게 그런 기대를 갖고 있었음이 분명하며, 조지는 "어머니는 내 교육에 매우 신경을 쓰셨고, 내가 감수성이 예민하던 시절에는 여관 일에 조금도 나서지 못하게 하셨다"라고 말한다. 다른 자녀들은 여관 일을 도운 것이 분명한데, 어머니는 그 일이 조지에게는 별로 바람직하지 않다고 생각했던 것 같다. 조지는 옥스퍼드 대학에 가야 했으며 목회의 길을 가는 것이 어머니의 소망이었다.

하지만 어린 윗필드에게는 전혀 다른 꿈이 있었다. 그의 학교 선생님은 연극 대본을 자주 썼는데, 연극에 자질이 있던 조지는 그 덕분에 자신의 특별한 능력을 발휘할 기회가 자주 있었다. 조지는 정

---

[3] 아버지 쪽 가계도를 보라. *Whitefield: Life and Times*, p. 39.

말로 무대 활동에 열정적이었다. "나는 대본 읽기를 참 좋아했고 그 대본으로 연기 연습을 하느라 며칠씩 학교에 결석을 하기도 했다"라고 그는 말한다. 조지는 자기가 맡은 역할뿐만 아니라 다른 사람 역할까지 연습했고, 연습에 골몰해서 학교에 안 가려고 할 때도 있었다. 그는 하루 종일 집안에 틀어박혀 있곤 했으며 때로는 이삼 일씩 주위 일을 완전히 잊은 채 연습에 골몰해 있다가 상상 속에서 창조해 낸 세상을 놀라울 정도로 생생하게 연기해 내곤 했다.

윗필드 부인은 남편이 죽은 지 팔 년 만에 재혼했다. 새 남편 카펠 롱든은 훌륭한 집안 출신으로, 벨 여관에서 멀지 않은 곳에서 철물점을 하고 있었다. 그러나 조지는 "어머니의 재혼은 세상 사람들이 볼 때 재산을 노린 남자와의 불행한 결합이라 할 만한 것이었다"라고 말한다. 롱든은 별로 호감이 가는 사람이 아니었던 듯하다. 롱든은 여관 경영에까지 간섭했고 그가 등장하면서 여관 사업은 기울기 시작했다. 그런 상황이 3, 4년간 계속되자 여관 경영은 원상 회복이 불가능해졌고 윗필드 집안의 형편 또한 아주 안 좋아졌다.

열다섯 살이 된 조지는 어머니가 형편상 이제 자신을 옥스퍼드에 보낼 수 없을 것이라고 생각하고, 자신이 학교를 그만두고 여관 일을 돕겠다고 어머니에게 말했다. 어머니는 처음에는 허락하지 않았으나 나중에는 마지못해 조지의 뜻을 받아들였다. 그는 학교를 그만두고 한 과목 수업만을 듣기 위해 가끔씩 학교에 나갔다. "나는 푸른 앞치마를 두른 평범한 사환이 되어 일 년 반 동안 그 일을 했다."[4]

삽화 1-1 여관에서 일하는 어린 조지

하지만 조지는 그 생활이 자기에게 맞지 않는다는 것을 알게 되었다. "학교에 가는 아이들을 볼 때면 사무치도록 마음이 아팠다"라고 그는 고백했다. 이런 형편 가운데서도 그는 여전히 옥스퍼드에 진학하려는 꿈을 잃지 않았으며 언젠가 목회자가 될 날을 상상하며 저녁이면 설교문을 작성하기도 했다.

그러던 어느 날 한 청년이 근로 장학생으로 옥스퍼드에 들어가 적은 비용으로 학교에 다니는 법을 롱든 부인에게 귀띔해 주었고, 이에 조지의 소망이 실현될 수 있는 새로운 전망이 열렸다. 조지가 옥스퍼드에 들어갈 수 있는 가능성이 열리자 어머니는 크게 기뻐하면서 "내 아들도 그렇게 하면 되겠어! 조지, 너 옥스퍼드에 가겠

4   *Ibid.*, p. 56.

니?"라고 소리쳤다. 조지 역시 기쁨에 들떠 "가고 말고요!"라고 지체 없이 대답했다. 그 문제는 그렇게 결정되었다. 조지도 조상들처럼 옥스퍼드 대학에 가게 될 터였다.

그래서 그는 다시 학교에 나가 열심히 공부했다. 생활 태도 또한 경건해져, 생각과 행동과 말을 조심했으며, 사순절에는 서른여섯 시간 동안이나 금식했다. 고전을 많이 읽었고, 헬라어 신약성경을 공부했으며, 하루에 두 번씩 예배에 참석했다.

학교에 다시 다니기 시작한 지 2년째 되던 1732년 가을, 윗필드는 옥스퍼드의 펨브룩(Pembroke) 칼리지에 입학했다. 근로 장학생으로 입학한 그는 수업료와 식비를 면제받는 조건으로 부유층 자제들을 위해 잡일을 했다. 굴욕적인 상황이었지만 조지는 자기가 할 일을 열심히 했으며 여관 사환 경험이 있어서 이 일을 훨씬 더 잘할 수 있었다고 말했다.

글로스터를 떠나기 전 형제들은 조지가 일단 옥스퍼드에 가면 신앙생활을 잊어버릴 것이라고 했다. 조지는 실제로 정말 그런 부담을 느꼈다. 이에 대해 그는 이렇게 말한다.

> 대학에 들어간 지 오래 지나지 않아 나는 고향에서 거룩한 생활의 바탕을 닦아 놓은 덕을 톡톡히 봤다. 같은 방을 쓰던 몇몇 친구들은 곧 나를 그 무절제하고 자유분방한 생활로 끌어들이려 했다. 하나님은 … 그 유혹을 견뎌 낼 수 있는 은혜를 주셨다. 한번은 아주 추운 날이었는데 이들과 어울려 외출하지 않으려고 혼자 앉아

서 공부하다가 손발이 마비되어 밤새도록 잠을 이루지 못한 적도 있었다. 하지만 나는 유혹에 굴하지 않은 게 얼마나 이득인지 곧 깨달았다. 나를 끌어들일 수 없다는 것을 알아차린 친구들은 아예 나를 별난 친구로 생각하고 혼자 놔두기 시작했다.[5]

오래지 않아 윗필드는 자기와 비슷한 친구들을 사귀게 되었다. 당시 옥스퍼드에는 신앙적으로 열심 있는 학생들의 모임이 하나 있었는데, 주변에서는 이들을 '성경 벌레', '성경꾼들', '성찬 형식주의자', '메소디스트'(Methodist: 웨슬리 형제 등이 옥스퍼드에서 행한 체계적이고 조직적인 신학 연구와 예배 방식을 빗댄 말. 나중에 감리교도로 통용된다. ⓣ), '홀리 클럽'(Holy Club) 등으로 불렀다. 이 모임의 회원들은 아침 일찍 일어나 긴 경건의 시간을 갖고, 하루 종일 단 한 순간도 허비하지 않는 엄격한 자기 훈련에 힘썼다. 이들은 주일마다 성찬에 참여했고 매주 수요일과 금요일에 금식했으며 옥스퍼드에 있는 교도소 두 곳을 꾸준히 찾아다니며 재소자들에게 구제품을 가져다주곤 했다. 이들은 모두 잉글랜드 국교회 신도들로서, 그런 선행이 자기 영혼 구원에 이바지한다고 믿었다.

윗필드는 한낱 근로 장학생이었기 때문에 그 모임에 낄 수가 없었다. 그러나 옥스퍼드에 입학한 지 거의 일 년쯤 되었을 때 그 모임 회원인 찰스 웨슬리가 윗필드 역시 신앙생활에 열심이라는 소

---

5   *Ibid.*, p. 64.

문을 듣고 그를 아침 식사에 초대했다. 이 만남이 두 사람이 맺은 역사적 우정의 시작이 되었고, 노년에 찰스는 이 만남에 대해 다음과 같이 말했다.

> 그 기념할 만한 날을 내 잊을 수 있으랴
> 하나님께서 정하사 우리가 처음 만난 날을.
> 침착하고 사려 깊은 학생 하나가
> 진리를 찾아 학문의 숲에서 배회하던 곳.
> 생각에 잠긴 듯한 겸손한 청년은 홀로 명상에 빠져
> 통행이 빈번한 길을 부지런히 피해 다녔지.
> 가식도 술책도 없는 한 이스라엘 사람
> 나는 그를 보았고, 사랑했고, 내 가슴에 끌어안았네.
> 내 마음의 친구로 보듬은 낯선 이
> 부지중에 천사와 같은 손님을 영접했다네.[6]

윗필드와의 만남을 그린 찰스 웨슬리의 이 시에 주목해 보자. 윗필드는 그때 열아홉 살이었고 금발에다 용모가 아주 준수한 청년으로서, 이러한 면면들이 그의 외모의 뚜렷한 특징이었다. 더욱이, "생각에 잠긴 듯한 겸손한 청년", "가식도 술책도 없는"이라는 찰스의 표현은 순진하고 악에 물들지 않은 윗필드의 모습을 보여준다.

---

[6] "An Elegy on the Late Reverend George Whitefield", *The Journal of Charles Wesley*, Volume 2 (Grand Rapids, MI: Baker, 연대 미상), p. 419.

또한 찰스는 윗필드를 가리켜 "천사와 같은 손님"이라고 한다. 윗필드는 태어날 때부터 한쪽 눈이 약간 사시(斜視)였으나 이는 사람들이 그를 천사 같은 성품을 지닌 사람으로 생각하는 데 아무런 장애가 되지 않았다. 이제 살펴보게 되겠지만 사람들은 정말 곧 그를 '천사'라고 부르기 시작했다.

찰스는 형 존과 홀리 클럽의 다른 회원들에게 윗필드를 소개했다. 처음 얼마 동안 윗필드는 이들과 어울리기를 삼갔지만, 곧 두려움을 이겨 냈고 오래지 않아 이들의 활동에 적극 참여하게 되었다. 그는 홀리 클럽 멤버들에 대해 이렇게 말했다.

> 좁은 문으로 들어가기를 이들보다 더 힘쓰는 사람들도 없었다. 이들은 자기 몸을 극단적으로 절제했다. 이들은 세상에 대해 죽은 사람들이었고 모든 것을 기꺼이 배설물과 찌꺼기로 여겼으며, 그리하여 그리스도를 얻고자 했다. 이들의 마음은 하나님에 대한 사랑으로 타올랐고 자신들에 대한 온갖 악의에 찬 말들을 들을 때 속사람은 오히려 풍성해졌다. … 이제 나도 이들처럼 규율에 따라 살기 시작했고, 단 한 순간도 낭비되지 않도록 일 분 일 초의 시간까지 활용했다. 무엇을 먹든 마시든, 무슨 일을 하든 나는 모든 것을 하나님의 영광을 위해 하려고 노력했다. … 예수 그리스도께 좀 더 가까이 가게 해 줄 것이라 생각되는 수단들은 하나도 남김없이 실천했다.[7]

---

7   *Whitefield: Life and Times*, p. 68.

당시만 해도 홀리 클럽은 옥스퍼드 외부에 거의 알려져 있지 않았다. 클럽은 여덟 내지 아홉 명으로 구성되었으며 이들은 함께 모여 서로의 공부를 돕기도 했고 스스로 엄격한 체제를 만들어 지켜나갔다. 존 웨슬리가 모임의 회장이었으며, 그는 강한 존재감으로 모임의 목적에 추진력을 부여하는 동시에 다른 구성원들의 절제 훈련에 힘을 북돋아 주었다.

처음 열한 달을 제외한 옥스퍼드 재학 기간 내내 윗필드는 홀리 클럽의 강력한 영향 아래 지냈다.

학업 면에서도 윗필드는 유능한 학생으로 두각을 나타냈고, 근면의 필요성에 대해 그가 어떤 개념을 가지고 있었는지는 다른 학생들의 행동을 보고 한 말에 잘 표현되어 있다. "젊은 학생들이 사치스러운 생활에 물질을 낭비하고 그 때문에 학업을 제대로 이어 나가지 못하는 것을 보면서 내 영혼은 안타까웠다." 많은 학생이 쓸데없는 일에 세월을 낭비했지만, 윗필드는 매 시간을 계획하고 계획대로 행하려고 자신을 채찍질하면서 "단 한 순간도 낭비되지 않도록" 하여 홀리 클럽의 엄격한 절제 훈련을 실천해 나갔다. 윗필드의 성품은 이 극기(克己)의 틀에서 형성되었으며, 윗필드의 생애를 연구할 때 그에게 이런 습관이 있었다는 것을 알아 두면 그가 어떻게 그런 엄청난 업적을 남길 수 있었는지 이해하는 데 도움이 될 것이다. 그 불가사의는 달리 설명이 안 된다.

홀리 클럽의 영향 아래서 윗필드는 그의 사고방식을 갑자기 완전히 바꿔 놓은 한 권의 책을 만나게 된다. 그 책은 스코틀랜드 사람 헨리 스쿠걸(Henry Scougal)이 쓴 『인간 영혼 안에 있는 하나님의 생명』이었다. 그때까지 윗필드는 '신생'(new birth)의 기적에 대해 아무것도 몰랐다. 그는 선행(善行)으로 천국 가는 길에 이를 수 있다고 생각했다. 그러나 이 책을 읽고 지금까지의 그런 생각이 완전히 틀렸음을 깨닫게 되었다. 이러한 깨달음으로 그는 근심에 휩싸였으며, 이때의 심정을 이렇게 표현했다.

> 하나님께서는 내가 거듭나야 한다는 것을, 그렇지 않으면 저주를 받게 된다는 사실을 알려 주셨다. 교회에 나가 기도를 하고 성찬에 참여할지라도 그 사람은 사실 그리스도인이 아닐 수도 있다는 것을 나는 알게 되었다.…
>
> 이 책을 태워 버릴까? 던져 버릴까? 아니면 이 책이 하는 말을 탐구해 볼까? 나는 탐구 쪽을 택했고, 책을 손에 쥔 채 하늘과 땅의 하나님께 말씀드렸다. "주님, 제가 그리스도인이 아니라면, 아니 진정한 그리스도인이 아니라면, 예수 그리스도를 의지하여 비오니 기독교 신앙이 무엇인지 제게 보여주셔서 마지막 날에 멸망당하지 않게 해 주옵소서!"
>
> 하나님은 곧 내 기도에 응답하셨다. 책을 몇 줄 더 읽어 나가다가 나는 "참된 기독교 신앙이란 영혼이 그리스도와 연합하는 것, 우리 안에 그리스도의 형상이 형성되는 것"이라는 구절을 발견했다. 그 구절을 읽자마자 거룩한 광선이 내 영혼을 뚫고 들어왔으며, 그 순간부터 나는 새로운 피조물이 되어야 한다는 것을 알게

되었다. 그것은 그때까지 알지 못하던 사실이었다.⁸

'거듭나야 한다'는 엄숙한 깨달음을 얻고 흥분한 윗필드는 스쿠걸의 말처럼 자신의 영혼 안에 있어야 할 '하나님의 생명'을 찾아 구하기 시작했다.

영원히 잃어버린 자가 될지도 모른다는 두려움 가운데서 윗필드는 이상하고도 무서운 감정에 지배당하게 되었다. 그는 이렇게 말한다.

삽화 1-3 『인간 영혼 안에 있는 하나님의 생명』의 1677년 초판 표제지

> 편안한 마음이 곧 사라지고 끔찍할 정도의 두려움과 공포가 내 영혼을 짓눌렀다. 어느 날 아침 … 내면의 어두움 속에서 내 가슴이 무언가에 짓눌리는 듯한 이상한 느낌을 받았다.…
>
> 얼마나 많은 밤을 침상에 누워 그 무게 아래 신음하며 사탄에게 나를 떠나가라고 명령했는지 하나님만이 아신다. … 몇 날 몇 주를 나는 땅에 엎드린 채로 보냈다.…⁹

그렇게 마음고생을 하는데도 '하나님의 생명'을 체험할 수 없자

---

8   *Ibid.*, p. 73, *Sermons on Important Subjects*에 실린 설교, "All Men's Place" the Reverend G. Whitefield (London: Baynes, 1825), p.702.
9   *Whitefield: Life and Times*, p. 74.

윗필드는 더 극심한 자기 부인(自己否認)을 수행하기 시작했다. 과일이나 단맛 나는 음식을 끊고 누덕누덕 기운 옷을 입고 더러운 신을 신었다. 그는 독일의 한 종파인 정적주의자(Quietist)의 관습을 택하여, 말수를 최대한 줄였으며 말이 꼭 필요한 경우인지 아닌지를 늘 생각하고 말을 했다. 마음에 이런 짐을 지게 되자 학업도 부진했고 지도교수는 그가 정신이 좀 이상해져 가고 있다고 생각했다.

그러나 윗필드는 계속 애를 썼다. 예를 들어 그는 이런 시도를 했다고 한다. "어느 날 저녁 식사 후 크라이스트 처치 산책로에 있는 한 나무 아래서 때때로 얼굴을 땅바닥에 대고 엎드려 거의 두 시간 가까이 침묵 기도를 했다. … 밤 날씨가 험악해지자 추위에 그렇게 오래 바깥에 머물러 있기가 지독히도 싫었다."

이 모든 노력도 실패를 거듭하자 그는 이제 할 수 있는 일은 홀리 클럽과 교제를 끊는 것밖에 없다고 생각했다. 이때의 심경을 그는 이렇게 말한다. "그것은 극심한 시련이었다. 비록 잘못된 생각이긴 했지만, 그리스도의 제자가 못 되느니 차라리 이들을 포기하기로 했다. 내 영혼만큼 소중한 사람들이었지만 말이다."

윗필드는 1734년 가을 이후 계속 그런 분투를 이어 갔으며, 1735년 봄 사순절이 가까워져 올 무렵에는 상황이 더욱 심각해졌다. 그는 6주에 걸친 사순절 기간 내내 거친 빵과 설탕 넣지 않은 세이지 차(茶) 외에 아무것도 먹지 않기로 했다. 마음에는 큰 짐을 지고 있고 몸은 위험할 정도로 약해져 학업을 계속할 수 없는 상황에서도 그는 "격렬한 부르짖음과 눈물로" 기도했고, 헬라어 신약성경을 계속 읽으면서 더욱 열심히 사순절 경건 생활에 박차를 가했다.

하지만 수난 주간 즈음이 되자 기력이 너무 떨어져 계단을 기어 올라가지도 못할 정도가 되었다. 의사는 윗필드에게 침대에 누워만 있으라고 명령했고 그는 의사의 말대로 7주 동안 침대에서 누워 지냈다. 그렇게 허약한 상태에서도 그는 자신이 과거와 현재에 지은 죄의 목록을 작성하여 매일 아침저녁으로 그 죄를 하나님 앞에 고백했다. 그러나 그 모든 노력으로도 그는 자기 영혼 안에 '하나님의 생명'을 소유할 수가 없었다.

그런데 윗필드가 할 수 있는 일이 아무것도 없게 되자 그제야 하나님께서 은혜로 자신을 계시하셔서 윗필드가 자신의 노력으로는 결코 얻을 수 없다고 깨달은 바로 그것을 그에게 허락하셨다. 극도의 절망에 빠져 자신에 대한 신뢰를 모두 거부한 상태에서 그는 예수 그리스도를 통해 자기 자신을 하나님의 자비에 내맡겼고, 그러자 위로부터 한 줄기 믿음의 빛이 내려와, 결코 버림받지 않으리라는 확신을 주었다. 조지 윗필드가 펨브룩 칼리지 기숙사 병상에 누워 있을 때 (아니면 옥스퍼드의 넓은 캠퍼스 잔디밭 어딘가에 무릎을 꿇고 있었을 때) 하나님께서는 그의 영혼에 신적(神的) 생명, 거룩하고 영원히 지속되는 생명, 바로 '인간 영혼 안에 있는 하나님의 생명'을 주셨다. 윗필드는 이 체험을 이렇게 증언한다.

> 하나님께서 그 무거운 짐을 치워 주셔서 살아 있는 믿음으로 자신의 귀한 아들을 붙잡을 수 있게 하시고 나에게 양자(養子)의 영

을 허락하셔서 영원히 구속받을 날까지 나를 인(印) 치기를 기뻐하셨다.

오, 죄의 무게가 사라지고, 수심에 잠긴 내 영혼에 돌연 하나님의 사랑에 대한 확신이 늘 자리 잡게 되었을 때, 내 영혼은 얼마나 큰 기쁨으로 가득했던가! 그것은 말로 설명할 수 없는 기쁨이었고 영광으로 가득한 기쁨이었다. 그날은 영원히 기억에 남을 날임이 분명했다. 내 기쁨은 마치 홍수처럼 강둑을 넘어 범람했다.[10]

세상을 떠나기 얼마 전, 생의 일대 전환점이 된 이 사건을 회상하면서 윗필드는 이렇게 말했다. "그 장소를 나는 지금도 알고 있다. 좀 미신 같을지도 모르지만, 옥스퍼드에 갈 때마다 나는 예수 그리스도께서 나에게 자신을 계시하시고 나를 새로 태어나게 하셨던 그 장소로 달려가지 않을 수 없다."

---

[10] *Ibid.*, p. 76.

윗필드가 세상에 처음 모습을 드러낸 몇 달 동안, 어디든 그가 온다고 예고되면 교회당 벽마다 사람들의 땀 냄새가 배었다. 그러한 인기는 교회 안에서나 교회 밖 세상에서나 전례가 없었다.

아이작 테일러
Wesley and Methodism
(웨슬리와 메소디즘)
1860년

2. 온 나라를 놀라게 한 설교

윗필드의 회심은 1735년 부활절 몇 주 후에 일어났다. 그때 그의 나이 스무 살이었다.

그는 회심의 기쁨이 얼마나 큰지 가슴에 담아 둘 수 없을 정도였다. "나는 고향의 형제자매에게 편지로 이 일을 알렸고 내 방을 찾는 학생들에게도 이야기했다." 윗필드의 삶에서 어두움은 완전히 사라졌다. 그는 그리스도 안에서 무한히 성장할 가능성이 자신 앞에 놓여 있는 것을 보았고, 기쁜 열정을 가지고 그 가능성으로 뛰어들었다. 그러나 몇 달에 걸친 긴장과 과로 때문에 몸이 극도로 허약해진 그는 건강 회복을 위해 글로스터로 돌아갈 수밖에 없었다. 그는 무일푼의 병약한 몸으로 글로스터에 도착했다. 글로스터 시장 가브리엘 해리스, 그리고 그의 아내와 아들이 윗필드를 자기 집으로 따뜻하게 맞아들였다. 윗필드가 머물던 몇 달 동안 이들은 줄곧 친절하게 그를 환대했다.

윗필드는 비록 몸은 약해졌지만, 정신만은 생기로 가득 차 있었다. 주변의 모든 것이 새로워 보였다. 예를 들어 그는 성경을 읽는 일에서도 새로운 기쁨을 느꼈다.

> 전보다 더 열린 마음, 더 넓어진 마음으로 나는 무릎을 꿇고 앉아 성경을 읽기 시작했다. … 그것은 실로 내 영혼의 양식이고 음료였다. 나는 날마다 위로부터 오는 신선한 생명과 빛과 능력을 받았다.[1]

이제 기도 또한 풍성한 기쁨이 되었다. 그는 이렇게 말한다.

> 오, 날마다 기도 중에 하나님과 얼마나 달콤한 교제를 허락받았는지 모른다! 들판에서 달콤하게 묵상하면서 몰아지경에 빠지는 때는 또 얼마나 많은지! 그리스도가 내 안에 거하시고 내가 그리스도 안에 거하는 것을 얼마나 확실하게 느끼는지! 날마다 얼마나 성령의 위로 안에 행하며 크나큰 평강 가운데 세워져 가고 새 힘을 공급받았는지![2]

윗필드는 독서를 통해서도 "은혜와 지식에서 장성해 가기를" 구했다. 그는 종교개혁자들과 청교도의 저술을 탐독했고 이 책들을 통해 교리에 대한 견실한 이해를 얻었다. 특히 그는 『매튜 헨리 주석』을 갖고 싶었으나 너무 가난해서 책을 살 돈이 없었다. 이에 서적상 가브리엘 해리스는 돈은 나중에 받기로 하고 그 주석집을 윗필드에게 주었다. 이 주석집은 그의 귀한 동반자가 되었고 그는 늘 이 책을 이용했다.

---

1 *Whitefield: Life and Times*, p. 81.
2 *Ibid*.

우리는 새벽 다섯 시, 해리스 서점 위층 자기 방에 앉아 있는 윗필드의 모습을 상상해 볼 수 있다. 무릎 위에는 성경책과 헬라어 신약성경이 놓여 있고, 앞에는 매튜 헨리 주석 한 권이 펼쳐져 있다. 먼저 그는 영어 성경책 한 부분을 집중하여 읽은 뒤 헬라어 성경에서 단어의 의미와 시제를 연구하고 나서 다시 매튜 헨리 주석에서 해석된 내용을 전반적으로 묵상한다. 이런 일을 반복하여 그는 영어 성경과 헬라어 성경의 "한 줄 한 줄, 한 단어 한 단어를 두고 기도하며" 그 말씀의 본질적 의미가 마침내 그의 존재의 일부가 될 때까지 즐거운 마음으로 연구하고 묵상하는 독특한 습관을 갖게 되었다. 머지않아 윗필드가 사실상 거의 아무런 준비도 없이 일주일에 40시간 이상 설교하는 모습을 보게 되는데, 이렇게 할 수 있었던 것은 바로 이 시절에 지식을 축적해 놓은 덕분이었음을 알 수 있다. 바로 이런 기초를 쌓아 놓았기에 그 후의 바쁘고 소란스러운 사역 와중에서도 이 지식을 끌어다 쓸 수 있었던 것이다.

게다가 윗필드는 점점 뜨거워지는 열심으로 마음이 움직여, 주변 사람들에게 말씀을 증언하기 시작했다. 그는 "하나님께서 나를 도구로 삼으셔서 몇몇 젊은이들을 일깨우게 하셨고, 이들은 곧 작은 모임(Society)을 만들어 전에 우리가 옥스퍼드에서 그랬던 것처럼 글로스터 사람들에게 이상한 사람으로 멸시받는 영광을 누렸다"라고 말한다. 이는 역사적으로 중요한 사건이었다. 왜냐하면 글로스터의 그 작은 모임은 메소디스트라는 말의 영속적 의미상 최초의 메소디스트 공동체였고, 이 공동체는 윗필드의 생애 내내 그의 사역의 한 단위로 존속했기 때문이다. 그 이후 윗필드, 웨슬리 형제, 그 외 사역자들에 의해 수많은 공동체가 생겨났지만, 최초의 모임은 바로 글로스터 공동체였다.

찰스 웨슬리는 윗필드의 열심을 다음과 같이 묘사한다.

> 이제 모든 짐에서 자유로워진 그는
> 온전히 자신의 사역을 시도하기 시작한다.
> 그의 열심은 일시에 사방으로 쏟아져 나가 흐르고 날아간다
> 그루터기에서 피어오르는 불꽃처럼.
> 도우시는 성령께서 이끄시는 곳 어디든,
> 이 집에서 저 집으로 그는 천상의 불을 퍼뜨린다.
> 도시의 모든 골목길과 대로를 헤매고 다니며
> 탕자를 만날 때마다 그는 붙잡는다.[3]

물론 그런 열심은 일부의 극심한 반대를 불러일으키기도 했지만, 많은 이들이 그의 열심을 찬탄해 마지않았다. 사람들은 저렇게 열심 있는 청년은 목회자의 길을 가야 한다고 말하기 시작했으며 어서 성직에 지원하여 임직을 받으라고 채근했다.

소년 시절부터 언젠가는 목회자가 되리라는 꿈을 꾸어 왔지만, 이제 정말 하나님을 알게 된 윗필드는 그 직분에 따르는 영적 책임

---

3   *Ibid.*, p. 85, "Elegy", 121-129행.

에 관해 두려운 자각을 갖게 되었다. 그는 이렇게 말했다.

> 목회의 길에 들어서 설교를 한다는 것이 나에게 얼마나 깊은 근심거리였는지 오직 하나님만이 아신다. 나는 얼굴에서 땀방울이 비처럼 쏟아질 때까지 수도 없이 기도했다. 하나님께서 … 나를 부르셔서 그분의 일로 밀어 넣기 전에는 사역자의 길에 들어서지 못하게 해 달라고. 언젠가 글로스터의 그 방에서 있었던 일이 기억난다. 그 방에서 나는 창문을 올려다보았다. 그 침대 머리, 그리고 내가 엎드려 있던 그 마룻바닥도 기억난다. 그때 나는 이렇게 말했다. 주님, 저는 못 가겠습니다. 저는 교만에 들떠 마귀의 올무에 빠지고 말 것입니다.[4]

윗필드는 자신이 정말 목회의 길을 가야 한다면 옥스퍼드로 돌아갈 수 있는 재정적 수단을 마련해 주심으로 그것이 하나님의 뜻임을 확실히 보여 달라고 기도했다. 그러자 여러 곳에서 줄지어 돈이 들어와 글로스터에 머문 지 아홉 달 만에 그는 다시 대학으로 돌아갈 수 있게 되었다. 건강도 많이 좋아진 그는 곧 학부 과정을 마치고 졸업하여 학사 학위를 받았다.

이렇게 해서 이제 윗필드는 하나님께서 정말 자신을 사역의 길로 부르신다는 확신이 점점 더 강해졌다. 한때 그 일을 단순한 직업

---

[4] Ibid., pp. 86, 87, 설교 "The Good Shepherd," *Sermons on Important Subjects*, p. 733.

으로 생각한 적도 있었지만, 지금은 전혀 아니었다. 한 직업으로서의 사역이라는 개념은 이제 그의 머릿속에서 완전히 사라졌다. 그는 목회란 거룩한 일이어서 하나님의 분명한 부르심이 있어야만 그 길에 들어설 수 있다는 것을 알고 있었다. 그런데도 그는 다른 모든 것을 포기하고 자신을 완전히 하나님께 바칠 각오가 되어 있었다. 그는 이렇게 말했다.

> 사실 힘든 일을 하게 되었지만, 하나님은 모든 것을 충족시키는 분이시므로 나는 그분의 전능하신 보호에 겸손히 나 자신을 맡긴다. 나는 내 영혼과 몸을 그분의 처분에 맡겨 그분께서 합당하다고 생각하시는 대로 그분을 위해 수고하다가 닳아 없어질 것이다. 그리하여 그분의 도우심에 힘입어 … 어느 때보다도 엄격하게 살며 나 자신을 기도와 말씀 연구에 바치기로 결단한다. … 나에게 건강을 주시는 것이 하나님의 복된 뜻이라면 그분은 그렇게 하실 것이다. … 나는 나 자신을 전폭적으로 그분께 드린다![5]

이제 그는 임직을 받을 생각으로 글로스터로 돌아가 주교 벤슨 박사에게 이 일을 의뢰했다. 벤슨 박사는 잉글랜드에서 비교적 훌륭한 고위 성직자로서, 윗필드가 나이는 스물한 살밖에 안 되었지만, 능력 있고 특별한 열심이 있는 사람임을 알아보고 그가 임직을 받도록 했다.

---

5 *A Diary of George Whitefield* (미간행), the British Museum, Manuscript Division. entry May 16, 1736.

삽화 2-1 글로스터 대성당

윗필드는 목회자에게 따르는 영적 책임에 아직도 큰 두려움을 느끼고 있었음에도 임직을 받았다. 임직식은 1736년 6월 20일, 장엄한 글로스터 대성당에서 거행되었다. 윗필드는 그때 일을 이렇게 말했다. "나는 이제 맡게 될 그 위대한 직분에 걸맞게 흔들림 없이 경건하게 처신하고자 했다."

윗필드는 여러 소그룹에서 강론을 하기는 했지만, 잉글랜드 국교회의 관습에 따라 아직 설교는 하지 않고 있었다. 그런데 이제 '성직'에 몸담았으므로 자유로이 설교할 수 있게 되었다. 그는 한 친구에게 보낸 편지에서 이렇게 말했다.

지난 주일 오후, 제가 세례를 받은 세인트 메리 드 크립트 교회에서 첫 설교를 했습니다. … 호기심에 이끌린 사람들이 많이 모였지요. 그 광경을 보고 처음엔 위압감이 들었지만, 진심으로 하나님이 임재해 계신다는 느낌이 들어 위로가 되었고, 어렸을 때 학교에서 사람들 앞에서 연설하던 일과 대학 시절 교도소 수감자들이나 빈민들을 찾아가 권면하고 가르치는 일에 익숙했던 것이 말로 다 할 수 없는 도움이 된다는 것을 깨달았습니다. 그런 경험들 덕택에 지나치게 위축되지 않을 수 있었습니다.

설교를 해 나가면서 불이 지펴지는 것을 느꼈고, 비록 제가 나이 어리고 또 코흘리개 시절부터 나를 알던 사람들이 앞에 있긴 했어도 어느 정도 복음의 권위를 갖고 말씀을 전할 수 있었다고 믿습니다. 일부 비웃는 사람들이 있긴 했지만, 참석자들 대부분이 감동을 받은 것 같았고, 후에 들으니 내가 첫 설교에서 열다섯 명이나 미치게 만들었다고 주교님한테 불평이 들어갔다고 합니다. 존경하는 주교님은 다음 주일까지 그 미친 증상이 사라져 버리지 않기를 바란다고 대답하셨다는군요.[6]

윗필드의 첫 설교는 청중에게 그 정도로 큰 영향을 주었다. 그러나 여기서 우리가 묻고 넘어가야 할 것은, 그 젊은 설교자 자신은 그 첫 번째 설교에서 어떤 결과를 얻었느냐는 것이다. 확실한 것은,

---

6   *The Works of the Reverend George Whitefield* (Edinburgh and London: Dilly, 1771), pp. 18, 19.

이 첫 번째 설교로 자신에게 놀라운 대중 연설 능력이 있음을 깨닫게 되었다는 것이다. 그도 사람이었기에 이 정도 능력이면 뭔가 뛰어난 인물로 부각될 수도 있고 또 성공에서 비롯되는 수많은 유익을 누릴 수도 있다는 것을 분명 깨달았을 것이다.

하지만 그는 인간적인 명성이나 물질적 부는 조금도 바라지 않았다. 그 시절에 윗필드가 한 말을 살펴보면 그가 무엇을 목표로 했는지 명백히 나타난다. 예를 들어 "내가 말할 수 있는 것은, 내가 이 생에서는 영원한 갈등과 고난만을 추구한다는 것이며, 영원 세상의 이편에 있는 동안에는 십자가 외에 다른 어떤 평화도 소망하지 않는다는 것이다"라는[7] 말에는 그의 삶의 태도가 잘 나타나 있다.

그렇지만 많은 사람이 계속 그에게 찬사를 보냈다. 그는 "사람들이 나를 점점 더 좋아한다. 떠날 때가 되었다"라고 했다. 첫 번째 설교를 성공적으로 끝낸 지 사흘째 되던 날 그는 글로스터 사람들의 환호를 뒤로한 채 "먼저 성도가 되고 그다음에 옥스퍼드의 학자가 되기로" 결심하고 대학으로 돌아갔다.

학교로 돌아간 그는 곧 홀리 클럽의 리더가 되어 서로 학업을 돕고 자선 활동을 펼치는 것을 지도했다. 존 필립스(John Philips) 경이라는 한 부유한 준(準)남작은 윗필드가 하는 일의 가치를 인식하고 그가 옥스퍼드에 있는 동안 매년 30파운드씩 후원하겠다고 제의했다. 윗필드는 석사 학위를 받기 위해 학업을 계속했고, "나는 현재

---

[7] *Diary*, May 18, 1736.

삶에 더없이 만족하기 시작했으며 몇 년간 옥스퍼드에 머물 생각"이라고 했다.

그런데 옥스퍼드에 돌아온 지 겨우 몇 주 뒤, 런던 타워 채플(Chapel of the Tower of London)에서 목회하던 한 친구가 그에게 설교 요청을 해 왔다. 아직 설교할 자격이 없다고 생각했고 또 런던에 한 번도 가 본 적이 없었음에도 윗필드는 그 초청을 수락했다. 런던에서 인도한 첫 번째 예배에 대해 그는 이렇게 기록했다. "내가 나이가 어려서 그런지 모두 나를 깔보는 것 같았다. 그러나 이들은 곧 진지한 얼굴로 주의 깊게 설교를 경청했고, 설교를 마치고 내려오자 내게 경의를 표했다." 런던 타워 채플 사역은 두 달간 이어졌으며, 그의 설교를 들으러 오는 사람 중에는 젊은 도제(徒弟)들도 있었고 런던의 몇몇 귀족들도 '신생'(新生)을 외치는 자신의 설교에 빠져들었다고 그는 말한다.

옥스퍼드로 돌아온 그는 숨 돌릴 사이도 없이 다시 더머(Dummer) 마을에서 설교 요청을 받았다. 더머에 가 있는 동안 윗필드는 그 후의 삶에 크게 영향을 끼칠 한 가지 결정을 내렸다. 조지아(Georgia)에 선교사로 가기로 한 것이다.

조지아는 박애주의 정신을 가진 잉글랜드인 오글소프(Oglethorpe) 대령이 터를 닦은 곳이었다. 채무를 갚지 못해 옥에 갇혔다가 풀려난 사람들을 그곳에 데려다가 재정착시키고, 로마 가톨릭의 박해를 받는 유럽인들도 그곳을 피난처 삼을 수 있게 하려는 것이 오글소프 대령의 생각이었다. 1735년 배 편으로 그 식민지로 간 사람

중에 웨슬리 형제도 있었다. 이 형제는 엄격히 절제된 삶으로 주목받았는데 이들은 해외 선교사 생활을 하면서 고난을 감내하면 자기 영혼이 구원받을 가능성이 더 커질 것이라 생각하고 있었다.

그러나 예민하고 시적(詩的)인 사람인 찰스 웨슬리는 새 땅에서의 시련을 오래 견디지 못하고 일곱 달이 채 안 되어 본국으로 돌아갔다. 찰스가 떠나 다른 조력자가 필요하게 된 존 웨슬리는 윗필드에게 편지를 보내, 그곳으로 와서 자신을 도와주기를 요청했다.

윗필드는 옥스퍼드 생활이 아주 행복하긴 했지만, 존의 요청을 신중히 고려했다. 그는 잉글랜드에서 목회하는 데 따르는 책임을 감당할 준비가 아직 안 되어 있다고 여겼고, 식민지 생활이 자신에게 귀한 체험이 될 거라고 생각했다. 또한 건강에 해롭다고 여겼던 장기간의 선박 여행이 실은 자신의 허약한 체질에 유리할지도 모른다고 생각했다. 더구나 조지아에 간다고 해도 거기에 영원히 머물 필요는 없을 터였다. 잉글랜드 국교회는 두 단계에 걸쳐 임직케 했는데 , 첫 단계는 부제 임직이었고 두 번째 단계는 사제 임직이었다. 그 두 번째 단계를 밟기 위해서는 어차피 잉글랜드로 돌아와야 했다.

그의 결정은 어떤 의미에서도 결코 충동적인 결정이 아니었다. "모든 사항을 철저히 검토해 본 끝에 나는 마침내 조지아로 가기로 결심했다."

일단 마음을 결정한 윗필드는 지체 없이 아메리카로 떠날 작정이었다. 그러나 결정을 내린 뒤에도 그는 거의 일 년 가까이 잉글랜드에 계속 붙들려 있었으며, 그동안 그는 사실상 온 나라가 떠들썩

해지는 사역을 하게 되었다.

조지아로 가기를 결심하고 작별 인사를 하러 브리스톨에 간 그는 어느 주일날 설교를 하게 되었다. 그런데 설교가 끝나자 사람들은 그에게 환호를 보내면서 그 주간 내내 매일 설교를 해 달라고 요청했다. 가는 교회마다 사람들로 혼잡을 이루었고 더 이상 들어갈 공간이 없어 발길을 돌리는 사람들도 많았다. 영적 조언을 듣고자 하는 사람들은 그가 숙소를 옮길 때마다 찾아왔고, 그를 계속 브리스톨에 머물게 만들려는 여러 가지 제안들이 빗발쳤다.

하지만 윗필드는 브리스톨에서 4주 동안 사역한 뒤 서둘러 런던으로 갔다. 그러나 오글소프 대령이 출발 준비를 마치기 전에는 배를 탈 수 없다는 사실을 알게 되었다.

대령을 기다리는 동안 그는 글로스터의 스톤하우스(Stonehouse)에서 설교해 달라는 초청을 수락했다. 코츠월드(Cotswold)의 전원(田園)에 봄이 무르익을 때까지 머물며 봄기운에 한껏 취해 생기를 얻은 윗필드의 마음은 영적 황홀경의 경지에까지 이르렀다.

"산책을 하다 보면 때로 내 영혼이 마치 몸에서 빠져나오기라도 할 것처럼 용솟음치곤 했다. 또 어떤 때는 하나님의 무한한 엄위가 느껴져서 그에 압도당한 나머지 나도 모르게 땅바닥에 엎드려 내 영혼을 빈 종이로 하나님 손에 드려서 그분께서 원하시는 것을 쓰시도록 하고픈 마음이 들기도 했다."[8]

---

[8] *Whitefield: Life and Times*, p. 110.

윗필드는 고별 설교 필사본을 스톤하우스에 남겨 두었는데, 로마서 8장 30절을 본문으로 한 이 설교는 그의 생각 속에 이미 신학적 체계가 형성되어 있었음을 보여준다. 이는 오래전부터 '칼뱅주의'라 일컬은 그런 체계였으나 윗필드는 이를 '은혜의 교리'라 부르기를 더 좋아했다.

윗필드는 여전히 오글소프를 기다리면서 브리스톨을 다시 찾아갔다. 윗필드가 오고 있다는 소식을 들은 사람들은 "도보로, 또는 마차를 타고 수 킬로미터 밖까지 그를 맞으러 몰려왔다." 그는 이 교회에서 저 교회로 설교 요청을 받고 다녔으며 이때 일에 대해 이렇게 술회한다.

> 늘 그랬던 것처럼 일주일에 다섯 번 설교했다. 하지만 모여드는 사람들의 숫자는 자꾸 늘어나기만 했다. 교회 높은 곳에 있는 오르간 자리 난간에 매달려 있는 사람들, 교회당 판자 지붕으로 기어올라 가는 사람들, 그래서 교회당 건물 자체가 이들이 내뿜는 숨결로 달아올라, 마치 빗방울처럼 기둥에서 수증기가 맺혀 떨어지는 광경은 정말 장관이었다. 때로는 더 이상 발 디딜 공간이 없어서 그냥 발길을 돌리는 이들도 많았고, 나 자신도 … 사람들을 뚫고 강대상에 오르기가 힘들 때도 있었다. 교파에 관계없이 많은 사람이 설교를 들으러 왔다.[9]

---

9   *Journals*, pp. 110, 111.

4주가 지나자 윗필드는 오글소프 대령도 이제는 준비가 끝났으리라 생각하고 다시 런던으로 갔다. 물론 이때도 그는 설교 요청을 받았는데, 이 기다림의 시간에 관해 그는 이렇게 말했다.

> 어느 주일, 모여드는 회중의 숫자는 점점 늘어났고, 나는 정말 많은 사람 앞에서 네 차례 설교하여 이들을 감동시켰으며, 그 외에 기도문을 두세 차례 봉독했다. 그리고 이 교회에서 저 교회로 옮겨 다니느라 아마 20킬로미터는 걸었던 것 같다. 회중이 운집한 광경은 엄청났다. 사람들 머리를 밟고 다닐 수도 있을 것 같았다. … 사람들은 모두 내게 집중했고, 마치 영원 세상의 말씀을 듣는 사람들처럼 내 설교를 경청했다.
>
> 이제 나는 보통 일주일에 아홉 번씩 설교했다. 이른 아침의 성찬 광경은 정말 장엄했다. … 우리 앞에 분명히 제시된, 십자가에 달리신 예수 그리스도를 얼마나 자주 보았는지! 주일 아침, 날이 밝으려면 아직도 먼 시각, 저마다 손에 초롱불을 밝혀 들고 교회로 향하는 사람들이 거리를 가득 메운 광경이 보이고, 하나님의 일에 관해 이야기를 나누는 소리가 들린다. 근처 다른 교회는 … 내가 설교하고 있는 교회당에 들어오지 못한 사람들로 가득 찼고, 내 설교를 직접 들은 사람들은 어찌나 깊이 감동받는지 마치 … 장자(長子)를 잃고 애통해하는 사람들 같았다.[10]

---

10   *Whitefield: Life and Times*, p. 114

윗필드가 그 몇 달 동안 했던 설교 아홉 편은 책으로 출판되었다. 성경 본문을 충실하게 강해하여 그것을 평이하게 개인의 삶에 적용시킨 설교들이었다. 이 설교들은 윗필드가 첫째로는 듣는 이의 생각에 가닿고자 했고, 다음으로 이들의 감정을 일깨우고자 했으며, 마지막으로 이들의 의지를 움직이고자 했음을 보여준다. 이는 정말 주목할 만한 설교였으며, 더욱 놀라운 것은 이것이 그토록 젊은 사람의 입에서 나온 설교였다는 점이다.

윗필드 주변에는 사역 초기부터 물심양면으로 도움을 주는 귀족들이 있었다. 이 초기 설교 사역 시절에 관해 그 귀족 중 한 사람은 이렇게 썼다.

> 윗필드 씨의 설교는 이제 각계각층 사람들 사이에 비상한 관심을 불러일으켰다. 그는 도시의 많은 교회에서 큰 기쁨의 좋은 소식을 선포하여 많은 이들이 듣게 했고, 이들은 이 하나님의 사람이 전하는 말씀에서 기운차게 타오르는 불길을 보고 크게 감명을 받았다. 헌팅던 경 내외는 그가 설교하는 곳마다 찾아다니며 참석했고, 레이디 앤 프랭클랜드는 귀족 중에서 그의 사역의 첫 열매가 되었다.[11]

영국의 위대한 전사(戰士) 말버러 백작(윈스턴 처칠 경의 유명한 조

---

11 *The Life and Times of the Countess of Huntingdon*, Volume 1 (London, 1840.), p. 20.

상)의 아내 말버러 부인도 윗필드의 설교를 들으러 자주 왔다. 말버러 백작 부인은 잉글랜드의 사교계 생활에 흠뻑 빠져 있었고 전적으로 세상에 속한 사람이었는데, 헌팅던 부인에게 보내는 편지에서 이렇게 말했다.

> 친애하는 헌팅던 부인께서 저를 늘 친절히 대해 주셨으니 윗필드 씨의 설교를 함께 들으러 가자는 매우 정중한 초청의 말씀을 받아들이지 않을 수 없군요. … 하나님은 우리 모두가 다 회복되어야 한다는 사실을 알고 계시지요. 누구보다도 제가 바로 그렇고요. 저는 이제 … 노년에 하나님께 자비를 얻기를 소망하고 있습니다. 저와 똑같은 사람들에게서는 기대한 적이 없는 자비 말입니다. 앵커스터 공작 부인, 타운센드 부인, 코범 부인은 성묘 교회(St Sepulchre's Church)에서 윗필드 씨의 설교를 듣고 너무도 기뻐하던데, 그것을 보면서 그 설교를 듣지 못한 것이 정말 애석했습니다. 들었더라면 제게 유익이 되었을 텐데…. 그것도 영원히 말이죠. 아! 저도 그런 유익을 누리고 싶습니다만, 타락한 아담의 후손들 가운데서 어디로 가야 그것을 찾을 수 있을까요?[12]

1750년에 윗필드의 설교를 들으러 왔던 귀족들의 이름과 작위에 대해서는 나중에 살펴보겠지만, 이 중에는 구세주께 인도되어 그리

---

12 *Ibid.*, p. 25.

스도의 능력 있는 증인이 된 사람들도 있다.

하지만 윗필드의 주된 청중은 엄청나게 많은 평민들이었다. 윗필드는 이렇게 말했다.

> 인기의 물결이 매우 높이 일기 시작했다. 오래 지나지 않아 나는 평소처럼 거리를 걸을 수 없게 되었다. 그 대신 수많은 사람의 박수갈채와 환호를 피해 마차를 타고 이곳저곳으로 이동해야 했다. 사람들의 환호 소리는 점점 커져 갔고, 나를 긍휼히 여기시는 대제사장 예수가 아니었더라면 그 인기가 아마 나를 파멸시켰을 것이다. 나는 그분께서 내 손을 잡아 이 격렬히 타는 용광로 사이로 무사히 인도해 주시기를 간구하곤 했다. 주님은 내 간구를 들으셔서 하나님의 칭찬 외에는 모든 찬사가 다 헛될 뿐임을 알게 해 주셨다.[13]

원하기만 했다면 윗필드는 거의 무한정한 이 인기를 상당 부분 그대로 유지할 수도 있었을 것이다. 주교 중에도 윗필드에게 호의를 품은 이가 많았고 몇몇 귀족도 그에게 비슷한 관심을 보였다. 상당한 부자였던 존 토롤드(John Thorold) 경은 윗필드와 꾸준히 친분 관계를 유지했고 개인적으로 쓰라고 얼마간의 돈을 주기도 했다. 또 다른 귀족들도 윗필드에게 꾸준한 호의를 보였다. 무엇보다도 그에게는 수많은 청중의 박수갈채가 있었으며 많은 사람이 그

---

13 *Whitefield: Life and Times*, p. 133.

를 '천사'(Seraph)라고 부르기까지 했다.

자신의 편지들, 일지, 설교, 그리고 개인적인 대화에서 윗필드는 자신을 가리켜 '메소디스트'(Methodist)라고 했으며, 수많은 남녀가 윗필드를 좇아 자신을 메소디스트로 여겼다. 옥스퍼드의 메소디즘(Methodism)은 몇 명 안 되는 학생들에게만 알려져 있었는데, 이들은 구원의 확신도 없었고, 1735년 웨슬리 형제가 떠남에 따라 그마저도 사라져 버린 상태였다. 그러나 윗필드의 사역으로 생겨난 이 메소디즘은 기쁨과 확신의 메소디즘이었고, 앞으로 계속 존재하게 될 바로 그 메소디즘이었다.

자신의 사역이 끌어모으고 있는 수많은 남녀의 영적 복락(福樂)에 관심을 가졌던 윗필드는 지역 교회의 예배와 성찬에 반드시 참석하라고 이들에게 권면했다. 또한 신앙 공동체(Religious Societies) 모임에도 참석할 것을 촉구했다. 이 모임은 잉글랜드 국교회와 연관된 조직이었는데, 윗필드의 권면에 따라 많은 사람이 모여들면서 기존의 공동체 대부분은 사람들로 차고 넘쳤고 새 공동체도 만들어졌다.

윗필드의 런던 사역은 4개월간 이어졌다. 1737년이 다 저물어 가자, 그는 더 이상 조지아행(行)을 연기할 수 없다고 생각했다. 오글소프 대령을 더는 기다릴 수 없었던 그는 자신은 출발하겠다고 알렸다.

> 오, "형제들이여, 안녕히 계십시오!"라고 말하자 얼마나 많은 탄식과 한숨 소리가 들려오던지…. 사람들은 너나없이 모두 격한 애정을 드러냈다. 모두 통로로 달려나와 나를 가로막으며 부둥켜안

았고, 아쉬운 표정으로 내 뒤를 쫓아 나왔다. … 많은 사람과 함께 기도와 찬양으로 밤을 지새웠고, 아침에는 성찬 집행을 도왔다. 하지만 그런 성찬식은 난생처음이었다. 성찬 받는 사람들의 눈물이 포도주잔에 뒤섞였고, 예수께서 우리 마음을 위로해 주지 않으셨더라면 우리는 이별을 감당해 내지 못할 뻔했다.[14]

1737년 12월 30일 윗필드는 배에 올랐다. "하나님께서 내게 깊은 겸손, 분별력 있는 열심, 타오르는 사랑, 사물을 올바로 보는 시선을 주시기를, 그리고 인간이든 마귀든 덤빌 테면 덤벼보기를!"

---

[14] *Ibid*., p. 139.

나는 이 작은 해외 전도구에서 정말 행복했다. 사제 임직을 받고 고아원 창립을 준비하기 위해 잉글랜드로 돌아가야 하지만 않았다면 이들 가운데 계속 즐거이 머물 수 있었을 것이다. … 여기 머무는 동안 날씨는 지독히 더웠다. … 다른 사람들도 그렇게 하는 것을 보고 나도 줄곧 바닥에 누워 잠을 자면서 나 자신을 역경에 단련시키기로 했다. 그렇게 계속하자 역경이기는커녕 오히려 침대에 누워 자는 것처럼 편안하게 느껴졌다.

조지 윗필드
길리스 박사가 인용

3. 조지아에 선교사로

윗필드를 태우고 아메리카로 갈 위태커(Whitaker) 호가 딜(Deal) 항에서 출항을 기다리고 있는 동안 새뮤얼(Samuel) 호는 아메리카에서 존 웨슬리를 태우고 돌아왔다.

웨슬리는 한 가지 숭고한 목적을 갖고 아메리카로 갔었다. "나의 주 목적은 내 영혼을 구원하는 것이다." 그는 홀리 클럽 식으로 자기를 연단하면 구원이 임할 것이라 생각했고, 게다가 신세계인 아메리카 땅에서 궁핍한 생활을 견뎌 내면 그 목적을 이루는 데 도움이 되리라 믿었다.

그러나 웨슬리는 인간의 어떤 노력으로도 구원이 획득될 수 없다는 것을 깨닫고 그 소망이 산산이 부서진 채 잉글랜드로 돌아왔다. 이제 그는 자신의 내면이 변화되어야 한다는 것을 알게 되었고, 그래서 이렇게 고백했다. "나는 무엇을 깨우쳤는가? 무엇보다도, 나는 다른 사람을 회심시키기 위해 아메리카에 갔지만, 사실은 나 자신도 하나님께 회심하지 않았다는 것을 꿈에도 모르고 있었다."

웨슬리는 모라비아 교도(Moravians)들을 보고 이 사실을 깨달았다. 이들은 웨슬리와 한 배를 타고 아메리카로 가던 소규모 독일인

집단이었다. 웨슬리는 이들이 다른 승객들을 위해 허드렛일을 마다하지 않는 것에도 눈길이 쏠렸거니와, 가장 놀랐던 것은 배가 폭풍을 만났을 때였다. 거친 파도가 배를 집어삼킬 듯이 몰아치자 "잉글랜드 사람들 사이에서는 날카로운 비명 소리가 터져" 나왔지만, 이 독일인들은 남자, 여자, 어린아이 할 것 없이 조용히 믿음과 찬양의 노래를 불렀다. 웨슬리 자신도 폭풍우가 몰아치는 동안 "죽을까 봐 두려웠다!"라고 털어놓았다.[1]

조지아에 머무는 동안 웨슬리는 모라비아 교도들과 더 친해졌다. 이들이 구원의 확신에 관해 증언하는 말을 듣고 웨슬리는 자신이 비록 학자요 성직자이기는 하지만, 이들이 말하는 그런 확신에 대해서는 무지하다는 사실을 깨달았다. 웨슬리에게는 이것이 복음주의 기독교와의 첫 접촉이었으며 이 만남은 그에게 지속적으로 영향을 끼쳤다.

존이 조지아에서 겪은 것은 역경뿐이었다. 그곳 생활은 순진했으나 지혜롭지 못한 연애 사건으로 막을 내리게 되었다. 그는 명예 훼손으로 벌금 1,000파운드를 내라는 소송에 휘말려 사우스캐롤라이나의 찰스턴으로 피신했다가 거기서 잉글랜드로 돌아왔다.

딜 항에 상륙한 존은 가까운 곳에 윗필드가 탄 배가 있다는 것을 알게 되었다. 윗필드에게 조지아로 오라고 재촉한 데 대해 책임을 느낀 그는 제비뽑기를 했다(즉, 종이쪽지 여러 개에 서로 다른 몇 가지 선

---

[1] *The Journal of the Reverend John Wesley*, Volume 1(London: Epworth Press, 1938), P. 138.

택안을 쓰고 무작위로 그중 하나를 뽑았다). 그가 집어든 쪽지에는 "그를 런던으로 돌려보내라"라고 적혀 있었다. 그는 윗필드에게 전갈을 보내 제비뽑기 결과를 알렸으나 윗필드는 그렇게 할 수 없다는 답신을 보내왔다.[2] 그 후 존은 런던으로 갔고 윗필드는 조지아로 출항했다. 날짜는 1738년 2월 2일이었다.

웨슬리는 이 일에 관해 아무 말도 하지 않았지만, 런던에 도착했을 때 윗필드의 사역이 어떤 성과를 이루었는지 두 눈으로 똑똑히 보았을 것이다. 그는 윗필드가 주관하는 예배에 엄청난 인파가 몰렸다는 소식이며, 청중 가운데 귀족들이 늘 있었다는 사실, 그가 신생의 필요성에 관해 설교했다는 것, 그의 사역의 영향으로 많은 이들이 그 신생을 체험했다는 소식 등을 듣지 않을 수 없었다. 의기소침한 상태이기는 했지만, 웨슬리는 자기도 그런 성공을 거둬야겠다고 어느 정도 작정했음에 틀림없다.

대서양을 건너는 동안 윗필드는 위태커 호의 모든 승객에게 목사 역할을 했다. 그 배에는 선원들 외에도 부녀자와 아이들 20여 명, 그리고 군인 100여 명이 타고 있었다. 위태커 호는 동행한 다른 배 두 척과 함께 먼저 지브롤터에 들러 군인들을 더 태울 예정이었다. 그러고 나서 조지아로 가면 그 군인들은 플로리다에 주둔한 스페인 군에 맞서 식민지를 지키는 일을 할 거라고 했다. 배 위에서 맞은 첫날 아침, 윗필드는 "너희 중에서 예수 그리스도와 그가 십자가에 못

---

[2] *Whitefield: Life and Times*, p. 151.

박히신 것 외에는 아무것도 알지 아니하기로" 한 자신의 작정을 선언했다. 이 말은 군인들과 선원들과 선장의 비웃음을 샀다.

"배 위에서 맞은 첫 번째 주일날, 보이는 건 카드놀이 하는 풍경이요, 들리는 건 서로 저주하고 욕하는 소리뿐이었다." 윗필드는 이날 일에 대해 이렇게 기록한다. "처음 얼마 동안은 아무 일도 할 수 없었다. 글을 쓰다가, 마치 욕만 하는 체질을 타고난 듯 쉴 새 없이 욕을 해대는 한 중위를 꾸짖을 셈으로 가끔 한 번씩 고개를 그쪽으로 돌려 쳐다볼 뿐이었다. 이따금씩 눈이 마주쳐 내가 고개를 까닥 하고 인사를 하면 그는 그게 무슨 뜻인지 알아차렸다는 듯 '박사님, 이해하쇼'라고 하고는 다시 욕지거리를 하며 카드놀이에 열중했다."[3]

이 가망 없는 상황에서 윗필드는 배 안에 있는 모든 사람에게 복음을 전하려고 노력하기 시작했다. 그의 재치와 열심은 "오, 거룩한 간계(奸計)로 이들을 붙잡을 수 있기를!"이라는 말에 잘 표현되어 있다.

그런 배에서의 생활 조건이 열악했음은 두말할 필요도 없을 것이다. 윗필드는 맛있는 음식과 몇 가지 의약품을 가지고 배에 탔는데 승객 중에 환자가 많이 생기는 바람에 날마다 이들을 찾아가서

---

3   *Ibid*.

자신이 가진 것을 나눠 주고 힘을 북돋아 주었다. 그는 날마다 아침 저녁으로 갑판에 올라가 기도문을 읽었지만, 당장에 설교를 시작하면 사람들이 기도문조차 귀 기울여 듣지 않을까 봐 당분간은 설교하지 않았다.

나흘 후 윗필드는 군인들을 대상으로 교리문답 공부를 시작했다. 첫날 아침에는 겨우 예닐곱 명이 참석했지만, 숫자는 꾸준히 불어나 일주일이 지나자 참석자 수는 스무 명에 이르렀고, 이에 그는 주기도문 강해반을 신설했다. 이것이 호응을 얻자 그는 기도문을 읽을 때마다 설교하기 시작했다.

이런 공적인 노력 외에 윗필드는 개인적인 친분 관계를 맺는 일에도 힘을 썼다. 그는 "신사 몇 사람과 아침 식사를 함께 했으며", 또 다른 사람과는 "아담 안에서 우리가 타락한 것과 중생(重生)의 필요성에 관해" 한 시간 동안 대화했다고 말했다. 밤에는 갑판 위로 올라가 항해사와 이야기를 나누었고 한번은 "밤 열한 시까지 선미(船尾)에 앉아 의와 절제와 다가올 심판에 관해 선원들에게 조리 있게 설명했다."

배 안에 있는 모든 사람에게 꾸준히 호감을 얻게 된 윗필드는 여자들을 위한 교리문답반을 매일 열었고 곧이어 성경공부반도 열었다. 동행한 제임스 해버샴(James Habersham)에게는 어린아이들을 대상으로 초등 교육반을 열게 했고, 군인이든 선원이든 글을 배우고 싶은 사람은 누구든 그 반에 참석할 수 있게 했다.

군인들의 지휘관과 "커피 한 잔"을 하게 된 윗필드는 지휘관과

삽화 3-1 조지아로 가는 배에서 말씀을 전하는 윗필드

대형 선실의 다른 신사들에게 짤막한 메시지를 전하고 싶다고 말했다. 지휘관은 이에 곧 동의하면서 윗필드가 부하들에게 "베풀어 준 호의에 감사를 표했다." 선장은 갑판 위에 의자를 늘어놓고 그 맞은편에 두꺼운 판자를 깔라고 선원들에게 지시했다. 이렇게 해서 위태커 호 갑판은 일종의 선상 예배당이 되었다. 또한 윗필드는 "병사 중에서 악보를 볼 줄 아는 사람은 매일 함께 모여 찬송가를 부를 수 있도록" 했고, 이는 집회 때에 남성 찬양대를 세우려는 생각에서였음이 틀림없었다. 그리고 그는 배 안에 있는 거의 모든 사람을 대상으로 날마다 설교했다.

첫 번째 기항지인 지브롤터에 정박했을 때 위태커 호의 전반적인 분위기는 눈에 띄게 달라져 있었다. 7주 전만 해도 남자들은 남을 비웃고 서로를 저주하는 사람들이었으나 이제는 "교리문답을 외우기 위해 앞으로 나아왔고", 많은 사람이 규칙적으로 성경을 읽었으며, 거의 모든 사람이 아침저녁으로 예배에 참석했다. 그것이 윗필드가 그 짧은 기간 동안 수고해서 얻은 열매였다. 배가 지브롤터를 떠날 때 그곳에 내린 "많은 사람이 그를 찾아와 눈물을 흘리며 하나님께서 자신들의 영혼에 어떤 일을 이루셨는지 이야기했고" 선물을 안겨주었다.

조지아로 향하는 동안 위태커 호와 동행하는 배 두 척이 가까이 다가올 때가 자주 있었는데, 그때마다 윗필드는 배 세 척의 승객들에게 설교했다. 배 세 척의 갑판은 병사들이 입고 있는 외투의 붉은 빛으로 온통 붉게 타오르고, 젊은 목회자가 육해군 지휘관을 옆에 세우고 이들 모두에게 하나님 말씀을 선포하는 광경은 얼마나 장관이었겠는가!

배가 조지아에 닿기 전, 유행성 열병이 온 배를 휩쓸었다. 윗필드는 여러 날 동안 밤낮을 가리지 않고 환자들을 심방하다가 예상대로 그 자신도 열병에 걸리고 말았다. 며칠 동안 죽음의 문턱에 가 있었지만, 하나님은 그 위중한 상태에서 그를 돌려보내셨다. 나중에 윗필드는 "영광을 얻기에는 내가 아직 성숙하지 않았다는 것을 그분께서는 아셨다. 그래서 자비로 나를 살려 주신 것"이라고 기록했다.

잉글랜드를 떠난 지 넉 달 만에 배는 마침내 조지아 해안에 닻을 내렸다. 1738년 5월 17일, 그곳이 식민지가 된 지 이제 6년 되었을 때였다. 주된 정착지는 서배너(Savannah)였으나 오글소프 대령이 곧 도착해서 그곳에서 남쪽으로 160킬로미터쯤 떨어진 프레더리카(Frederica)에 또 다른 정착지를 개척했다. 식민지 총 인구는 천 명가량이었다. 이 얼마 안 되는 사람들을 섬기기 위해 윗필드는 런던의 그 수많은 사람을 떠나온 것이었다.

배 안에서 얻은 열병이 채 낫지도 않았지만, 윗필드는 그다음 날 아침 다섯 시에 첫 예배를 드렸다. 어른 열일곱 명과 어린아이 스물다섯 명이 예배에 참석했다. 웨슬리를 적대하는 데 앞장섰던 토머스 코스톤 최고행정관은 "그에게 집을 지어 주겠다 약속하면서 큰 호의를 보였다."

글로스터의 해리스에게 보낸 첫 편지에서 윗필드는 이렇게 말했다. "아메리카는 그렇게 무시무시한 곳이 아닙니다. 더운 날씨, 바닥에 누워 잠자기 등은 길가에 그려진 사자 그림 같을 뿐이어서 거룩한 사랑으로 충만한 영혼에게는 언급할 가치도 없는 것들이지요."

식민지 서기관 윌리엄 스티븐스 대령은 자신의 공식 일지에 다음과 같이 기록했다.

> 6월 4일. 윗필드 씨의 설교를 들으러 오는 사람들이 날마다 불어난다. 예배 장소가 너무 좁아 그의 가르침을 들으러 오는 사람들을 다 수용할 수가 없다.
>
> 6월 18일. 윗필드 씨는 사람의 마음을 사로잡는 강론으로 청중을 계속 감동시켰다. 한 아이가 부모를 따라와서 세례를 받았는데, 그는 물을 뿌리는 방식으로 세례를 주었다. 아이가 물에 완전히

잠기게 하는 방식을 아주 질색해서 다른 목회자에게 간편하게 세례 받을 기회가 생길 때까지 고집스레 버티느라 자녀가 이 성례의 유익을 누리지 못하게 만든 부모들이 있던 터여서, 많은 사람들이 이에 크게 만족했다.

7월 2일. 윗필드 씨는 부지런히 수고하며 직분을 이행하는 모습으로 사람들에게 점점 더 많은 사랑을 받는다. 개방적이고 편안한 몸가짐을 가졌으며, 엄격한 금욕주의적 태도도 없었고, 대화할 때 특이한 습관이 없는 것도 그가 사람들의 사랑을 받는 데 적지 않게 기여한다.[4]

조지아 방문은 윗필드의 생애에 중요한 영향을 끼쳤다. 여러 정착민이 세상을 떠나면서 고아들이 많이 생겨났다. 돌봐줄 사람도, 집도 없이 남겨진 이 아이들을 보면서 윗필드는 잉글랜드로 돌아가 이 아이들을 위해 고아원 설립 허가서를 받고 돈을 마련해 오기로 마음먹었다.

이 계획을 염두에 둔 윗필드는 식민지 사역을 다섯 달 만에 마무리했다. 스티븐스 대령은 윗필드가 인도한 마지막 예배 광경을 이렇게 기록했다. "교회당 안이 너무 혼잡해서 많은 사람이 문 밖이나 창문 아래 서 있었다. … 무엇보다 반가운 것은, 그가 가능한 한 빨

---

[4] *Collections of the Georgia Historical Society*, "The Journal of Secretary Stephens", Supplement to Volume 4, June 4-July 2. *Whitefield: Life and Times*, p. 203도 보라.

리 돌아올 작정이라고 모두를 안심시켰다는 것이다."

잉글랜드로 돌아가는 길은 길고도 끔찍한 여정이었다. 출항한 지 얼마 안 되어 큰 폭풍우가 몰아닥쳐 제일 큰 돛과 도르래가 부서지고 출항 때 마련한 신선한 식량이 모두 바닷물에 젖어 버렸다. 그때 속도도 빠르고 설비도 더 잘된 다른 배 한 척이 가까이 왔다가 윗필드가 그 배에 타고 있다는 것을 알고 그에게 옮겨 타라고 권유했다. 그러나 다른 사람들을 위험 가운데 버려두고 혼자만 피하는 것은 그리스도인으로서 적절치 못한 행동이라 생각한 그는 이 호의를 거절했다.

승객들은 굶주림과 갈증에 시달렸고 무엇보다 큰 문제는 배가 그 넓은 바다 한가운데서 길을 잃었다는 사실이었다. 석 달 동안 그렇게 표류하던 중 별안간 누군가가 "육지다! 육지야!" 하고 외치는 소리가 들렸다. 그렇게 이들은 아일랜드 해안에 이르렀다. 보트 한 척으로 해변에 이르렀을 때 한 귀족이 윗필드에게 전갈을 보냈다. 자기 집에 와서 오랜 항해에 시달린 몸을 회복하는 게 어떻겠느냐는 것이었다.

그러나 윗필드는 휴식을 취할 겨를도 없이 아일랜드 횡단 길에 올랐다. 리머릭(Limerick)에 도착한 그는 그곳 시장 집에 머물렀고 그곳 주교의 요청으로 대성당에서 설교했다. 더블린에서는 주교가 저녁 식사에 그를 초대했고 대주교도 그를 정중히 영접했다.

1738년 11월 30일, 마침내 윗필드는 잉글랜드의 파크게이트(Parkgate) 항에 도착했다. 런던에서 눈물의 작별을 한 뒤로 열한 달이 지나 있었다.

사역 현장이 너무 낯설어서 마음속에 자꾸 갈등이 생겼다. 머리 위로 탁 트인 창공, 인근 들판의 경치, 수천 명이 마차에 앉거나 말 등에 올라타거나 나무 위에 올라가 앉아 때로는 깊이 감동받기도 하고 때로는 함께 눈물에 흠뻑 젖기도 하는 모습, 거기에 서서히 저녁 어스름의 장엄함이 더해지기라도 하면 그것은 나로서는 감당할 수 없는 광경이었고, 이는 나를 완전히 압도해 버렸다

조지 윗필드
1739년

윗필드가 잉글랜드에서 야외 설교를 시작한 날은 참으로 멋진 날이었다.

C. H. 스펄전

4. 야외로 나가다

윗필드가 다시 잉글랜드에 왔다는 소식에 친구들은 환호를 터뜨렸다. 옥스퍼드에 있던 찰스 웨슬리는 서둘러 런던으로 향했고, 역시 같은 곳에 있던 존 웨슬리는 그때 일을 이렇게 썼다. "윗필드가 조지아에서 돌아왔다는 소식을 듣고 서둘러 런던으로 갔다. … 함께 다정히 의견을 나눌 기회를 하나님께서 우리에게 한 번 더 주신 것이다."

윗필드가 없는 동안 웨슬리 형제도 각각 회심했다. 이들은 모라비아 교도인 페터 뵐러(Peter Böhler)와 접촉하고 있었는데, 페터는 사람이 그 어떤 행위로도 자기 영혼을 구원할 수 없으며 구원은 오직 그리스도를 믿는 믿음을 통해서만 온다는 사실을 이들에게 각인시켰다. 영원히 잃어버린 자가 될 것을 두려워한 두 형제는 그 믿음을 찾아 구하기 시작했고 이것이 이들 삶의 뜨거운 소원이었다. 그러나 그 믿음을 받기를 갈망하면서도 이들은 그 방법을 몰랐다.

이때 찰스는 마르틴 루터의 『갈라디아서 주석』의 도움을 받았다. 윌리엄 홀랜드라는 평신도가 이 책을 가져와 찰스와 함께 읽었는데, 책을 읽던 중 이들은 "뭐, 우리는 아무것도 할 일이 없다고? 그렇다! 아무것도 할 일이 없다! 다만 '하나님으로부터 나와서 우리에

삽화 4-1 페터 뵐러의 초상화

게 지혜와 의로움과 거룩함과 구원함이 되'신 분을 받아들이기만 하면 된다"라고 한 루터의 말에 이르렀다. 홀랜드는 이를 읽고 기쁨에 넘쳐 "마치 공중에 뜬 기분"이라고 외쳤다.[1]

찰스는 며칠 동안 밤낮없이 믿음을 위해 기도하고 믿음을 갈망했으며, 그리스도께서 인간의 모습으로 나타나셔서 자신에게 믿음을 가져다주실지도 모른다고 생각했다. 오래지 않아 그는 자신의 영혼 구원이라는 모든 소망이 성취되는 날에 이르렀으니, 1738년 5월 21일 비로소 그는 오직 그리스도만을 의뢰하고 구원의 확신을 얻기에 이르렀다. 기쁨에 가득 찬 그는 이 일을 기념하기 위해 찬송시를 지었는데, 웅장하다는 표현이 딱 들어맞는 그 찬송시는 이렇게 시작한다.

내가 이를 얻을 수 있다니
구주의 보혈의 공로를
(찬송가 "어찌 날 위함이온지" ⓣ)

---

1 William Holland, *A Narrative of the Work of the Lord in England* (London: Moravian Church Library, Muswell Hill). *John Wesley's Journal*, Volume 1 , p. 476과 *Whitefield: Life and Times*, p. 183에도 인용됨.

사흘 후 존도 똑같은 체험을 했다. 잘 알려져 있다시피 그는 올더스게이트 스트리트(Aldersgate Street)의 한 교회에서 "어떤 사람이 루터의 로마서 주석 서문을 읽는" 것을 듣고 있었다. 그 사람은 틀림없이 윌리엄 홀랜드였을 텐데, 웨슬리는 그때 일을 이렇게 말한다.

> 이상하게 마음이 뜨거워지는 느낌이었다. 내가 그리스도를, 구원을 위해 오로지 그리스도만을 의뢰하고 있다고 느껴졌다. 그러자 주님께서 나의 죄를, 나 같은 자의 죄까지도 사하셨고 죄와 사망의 법에서 나를 구원하셨다는 확신이 들었다.[2]

중생 체험은 두 형제의 삶에 일대 전환점이 되었다. 찰스의 경우, 회심은 특히 그의 본성의 일부였던 시심(詩心)의 샘을 활짝 터놓아 주었고 그리하여 그의 펜 끝에서는 찬송이 정말 시냇물처럼 흘러나오기 시작했으며 그 찬송들은 그때부터 지금까지 그리스도인들이 부르는 노래를 힘 있게 하고, 아름답게 하며, 격을 높이는 역할을 해 왔다.

마찬가지로 존도 승리와 영적 기쁨을 체험했다. 그러나 깨달음을 좀 더 얻기 위해 그는 독일 헤른후트(Herrnhut)에 있는 모라비아교 본부를 방문했으며 런던에 돌아왔을 때는 그 자신이 어느 면에서 모라비아 교도가 되어 있었다. 헤른후트 사람들에게 보내는 편지에

---

[2] *John Wesley's Journal*, Volume 1. p. 476.

서 그는 이렇게 말했다.

> 이곳에서도 우리는 … 여러분의 제자가 되려고 애쓰고 있습니다. 여러분이 그리스도의 제자인 것처럼 말입니다. … 동생과 나는 런던 내 대부분 교회에서 설교가 허용되지 않지만, "감사하게도!" 예수님 안에 있는 진리를 그대로 이야기할 자유를 누릴 수 있는 곳이 아직 남아 있습니다. 게다가 매일 저녁, 그리고 주중 특정한 날 저녁마다 두어 곳에서 화목의 말씀을 전합니다. 때로는 이삼십 명, 때로는 오륙십 명, 때로는 삼사백 명이 이 말씀을 듣기 위해 함께 모입니다.[3]

윗필드가 런던으로 돌아오자 웨슬리 형제뿐만 아니라 홀리 클럽의 다른 멤버 네 사람도 그를 반기러 왔다. 이 일곱 사람은 이미 뜨겁게 달아올라 있는 페터 레인 회(Fetter Lane Society) 모임에 역시 뜨거운 열심을 갖고 참여했다. 윗필드의 아래 기록에서 이들의 열심의 단면을 엿볼 수 있다.

> 때로 온밤을 기도로 지새울 때도 있었다. 우리는 자주 새 포도주로 충만해졌다. 사람들이 하나님의 거룩한 임재에 압도되어 "하나님이 참으로 땅에 거하시리이까! 두렵도다, 이곳이여! 이것은

---

[3] *Whitefield: Life and Times*, pp. 194, 195.

다름 아닌 하나님의 집이요 이는 하늘의 문이로다!"라고 부르짖는 광경도 자주 보였다.[4]

존 웨슬리는 이들의 교제에 관해 더욱 놀라운 이야기를 들려주었다. 1월 1일 밤, 모라비아 교도들의 애찬을 위해 "육십여 명의 형제들"이 모였을 때였다.

> 새벽 세 시경, 기도를 계속하고 있는 순간, 하나님의 능력이 우리에게 강하게 임했다. 넘치는 기쁨에 많은 이들이 크게 부르짖었고, 많은 이들이 바닥에 넘어졌다. 하나님의 엄위로운 임재에 놀라 경외감에 휩싸여 있다가 살짝 정신을 차리자마자 우리는 한목소리로 외쳤다. "우리가 당신을 찬양합니다. 오, 하나님. 당신이 주님이심을 인정합니다."[5]

1월 초 윗필드는 잉글랜드 국교회의 제2단계 임직, 즉 사제 임직을 받기 위해 옥스퍼드로 갔다. 임직식은 전에 그에게 부제 임직을 행한 벤슨 주교가 집례했다. 윗필드를 가리켜 "훌륭한 능력과 큰 열심을 가진 선한 청년"이라고 했던 벤슨 박사는 "하나님께서 그가 하는 모든 일에 큰 성공을 허락하사 이 타락한 시대에 참된 신앙이 부흥하게 해 주시기를"이라고 기도했다. 윗필드는 첫 번째 임직을

4　*Ibid.*, p. 221.
5　*Ibid.*

받을 때와 마찬가지로 두려운 영적 책임을 의식하면서 두 번째 임직을 받았다.

윗필드를 적대하는 움직임은 그가 조지아로 가기 전부터 어느 정도 뚜렷하게 나타나다가 그가 없는 동안 눈에 띄게 커져 있었다. 몇몇 성직자들은 윗필드가 잉글랜드를 떠나면 곧 그의 영향력이 사그라질 것이라 생각하고 그를 묵인해 주었다.

그러나 이들은 자기들의 예상이 완전히 빗나갔음을 깨달았다. 윗필드가 없는 동안에도 그의 추종자들은 브리스톨에서, 글로스터에서, 런던에서 여전히 그를 높이 칭송하면서 그가 곧 돌아오기를 기도했다. 윗필드의 설교 아홉 편이 책으로 발간되었고 그중 '신생'이라는 설교는 널리 유포되어 일종의 메소디스트 운동 선언문 같은 것이 되었다. 더욱이 아메리카 여행기라고 할 수 있는 일지도 책으로 발간되었는데, 저자인 그가 알지도 못하는 사이에 발행인 세 명이 각각 다른 판본으로 출판했다. 이리하여 윗필드는 자신의 의도와는 상관없이 대중 앞에 계속 존재를 드러내게 되었다.

윗필드는 전에 몇몇 교회당에서 설교하고 조지아 선교를 위해 기금을 모았다. 런던에 돌아온 그는 다시 그 교회당에 가서 설교하고 헌금을 받을 수 있을 것이라 생각했다. 이제는 고아들을 돕기 위해 설교하고 기금을 모을 작정이었기 때문이다. 그러나 런던에 돌아온 지 이틀째 되던 날 그는 이렇게 말했다. "벌써 다섯 교회가 나를 거부했고, 일부 성직자들은 나에게 이 지역을 떠나기를 강요하려 한다."

그런데도 윗필드는 엄청난 사역을 했다. 그는 총 열다섯 교회에서 설교했으며, 정성을 가장 많이 쏟은 곳은 역시 페터 레인 회를 비롯한 신앙 공동체들이었다. 그의 줄기찬 활동의 단면이 다음 기록에도 뚜렷이 나타나 있다.

> 이번 주에는 아홉 번 설교했고 거의 열여덟 번이나 강해를 했다. … 아침부터 한밤중까지 쉴 사이 없이 일한다. 사람들이 끝없이 찾아오고 있는데, 그들은 마치 갓 태어난 아기들처럼 말씀의 신실한 젖을 먹여 주기를 더욱더 갈구하는 듯하다.[6]

그러나 윗필드는 이런 상태가 오래가지 못하리라고 느꼈다. 그는 자신과 웨슬리 형제가 곧 모든 교회에서 거부당할 것이며 신앙 공동체 사역도 금지당할 것이라고 예감했다. 그러던 어느 날 한 교회에서 설교하게 된 그는 안으로 들어오지 못하고 밖에 서 있는 사람들이 많았다는 말을 나중에 듣고 이렇게 말했다. "상황이 이렇다 보니 예배당이 아니라 밖에서 설교하면 어떨까 하는 생각을 처음 하게 되었다. 몇몇 친구에게 그 이야기를 했더니 모두 미친 짓이라고 했다. 하지만 성급하게 판단하는 일이 없도록 우리는 무릎 꿇고 기도했다."[7]

그러나 야외 설교라는 아이디어는 원래 윗필드가 생각해 낸 것이 아니었다. 그것은 지칠 줄 모르고 두려움도 없는 역동적인 웨일

6   *Ibid.*, p. 220.
7   *Ibid.*, p. 229.

삽화 4-2 하월 해리스 초상화

스 사람 하월 해리스(Howell Harris)와 편지 교환을 하면서 얻게 된 아이디어였다.

학교 선생인 해리스는 윗필드와 거의 비슷한 시기에 회심했다. 그는 평신도 신분이어서 설교를 할 수 없었지만, 그런데도 개인 가정에 사람들을 모아 놓고 하나님께서 자신의 영혼에 어떤 일을 이뤄 주셨는지를 선포하기 시작했다.

해리스는 한 걸음 더 나아가 여러 가지 야외 행사, 이를테면 장이 서는 곳이나 운동 경기가 열리는 곳을 찾아다니면서 승마용 발돋움대나 돌담, 거리에 놓인 탁자 등을 연단 삼아 복음을 전했다. 그의 이런 시도는 뜨거운 열심이 특징이었으며, 하나님께서는 그에게 풍성한 복을 내리셨다. 행정 관리들과 성직자들이 해리스의 이런 활동을 격렬히 반대했지만, 그의 사역으로 많은 사람이 자기 죄를 깨닫고 영광스러운 회심에 이르렀으며, 그리하여 남부 웨일스 사람 상당수가 이 열렬한 사람과 그의 메시지에 대해 알게 되었다.

해리스는 정식으로 임직을 받지 않았기 때문에 자신이 하는 일을 설교라고 부르지 않고 그저 '권면'(exhorting)이라고 했다. 하지만 해리스는 교사직도 그만두고 이 일에만 전념했으며, 다음과 같은 그의 발언에서 그가 어떤 정신으로 사역에 임했는지 일면을 엿볼 수 있다.

힘닿는 데까지 사람들을 권면해야 한다는 … 강한 당위성이 나를 짓누른다. 누구를 만나든, 누구와 함께 길을 가든 … 그 사람의 영혼에 관해 이야기하지 않을 수가 없다. 축제 기간에는 우리 구역을 집집마다 찾아다녔다.

하나님을 찬양하는 것이 나의 음식, 나의 음료였다. 내 영혼에는 불길이 지펴졌고, 나는 능력으로 옷 입었다. … 국왕이 가까이 있다면 나는 그에게도 말씀을 전할 수 있었을 것이다. … 나는 권위 있게 목소리를 높였고 그러면 모든 사람의 표정에서 두려움과 공포를 읽을 수 있었다. 나는 벽력같은 소리로 귀족들과 세상에 물든 성직자들과 모든 사람을 꾸짖었다.[8]

조지아에서 돌아온 지 얼마 안 되어 윗필드는 해리스의 소문을 듣고 그에게 편지를 썼다. 해리스는 답신을 보내왔고, 여기서 두 사람이 비슷한 정신으로 비슷한 일에 힘쓰고 있음이 분명해졌다.

윗필드는 웨일스에 가서 해리스를 만나 보고 그가 야외 집회를 인도하는 현장에 함께 가서 그 엄청난 과업을 수행하는 광경을 지켜보기로 했다.

웨일스로 갈 때 윗필드는 한 시골 유지의 아들인 윌리엄 수어드(William Seward)라는 젊은 신사를 대동했다. 수어드는 주식 투자에 성공해 상당한 재산을 모은 사람으로서 자선 학교에 많은 후원을

---

[8] *Ibid.*, p. 240.

하고 있었다. 그는 영적인 일에 도움을 줄 사람을 찾아다니다가 찰스 웨슬리를 만났고, 찰스는 얼마 후 "윌리엄 수어드가 믿음을 증명해 보였다"라고 말했다. 윗필드가 아메리카에서 돌아오자 수어드는 곧 윗필드에게 깊이 감화되어 자기 재산을 윗필드의 처분에 맡겼을 뿐만 아니라 윗필드가 어디를 가든 따라가고자 할 만큼 그에게 헌신했다.

웨일스로 가는 길에 윗필드는 사제 웨스틀리 홀(Westley Hall)의 집에 들렀는데 웨스틀리 부인은 웨슬리 형제의 누이였으며, 이들의 어머니이며 과부인 수재너 웨슬리도 당시 그 집에서 홀 부부와 함께 살고 있었다. 수재너는 또 다른 아들인 새뮤얼에게 보내는 편지에서 윗필드가 찾아왔었음을 알리면서 이렇게 썼다. "그는 아주 좋은 사람인 것 같더구나. 게다가 진심으로 인류의 구원을 바라는 사람 같았다. 하나님께서 그에게 뱀 같은 지혜와 비둘기 같은 순결함을 허락하시길."[9]

브리스톨에 도착한 윗필드는 여러 공동체들과 교도소에서 설교 요청이 쇄도하는 바람에 웨일스 행을 잠시 뒤로 미루었다.

윗필드는 이곳에서 야외 설교를 한번 시도해 보기로 했다. 브리스톨 근처에는 킹스우드라는 넓은 석탄 채굴 지역이 있었는데 이곳에는 탄광 노동자 수백 명이 아내와 자녀들을 거느린 채 장시간 노동에 시달리며 살고 있었다. 이곳에는 학교나 교회가 하나도 없

---

[9] George J. Stevenson, *Memorials of the Wesley Family* (London, 1876), p. 216.

었고, 외부인들이 이 지역으로 들어오는 경우도 거의 없었으며, 때로 이곳 사람들이 브리스톨로 난입하여 폭력 사태를 일으키는 경우도 있었다.

때는 2월이었고 그해 겨울은 유난히도 추웠지만, 브리스톨에 도착한 후 처음 맞는 토요일에 윗필드와 수어드는 킹스우드로 갔다. 두 사람은 헛간 같은 오두막을 집집마다 찾아다니면서 설교를 들으러 오라고 해서 사람들을 모았다. 후에 윗필드는 "한 언덕에 올라가 사람들이 모이는 대로 설교했다. 청중이 이백 명 넘게 모였다"라고 말했다.

브리스톨로 돌아온 윗필드는 킹스우드에서 있었던 일을 곰곰이 생각해 보았다. 그는 성직자의 그런 행동이 지극히 광신적인 행동으로 여겨지리라는 것을 잘 알고 있었다. 그러나 그는 이렇게 말했다.

> 하나님을 찬양할지어다! 드디어 물꼬를 텄다! 들판에 서서 그 청중을 가르치는 내 모습만큼 내 주님께서 기쁘게 받으실 만한 모습은 없을 거라고 믿는다. 어떤 이들은 나를 책망할 수도 있지만, 사람을 기쁘게 해서는 그리스도의 종이 되지 못할 것이다.[10]

다음 수요일, 윗필드는 다시 킹스우드로 갔다. 이번에 모인 군중은 이천여 명으로 추산되었다. 그는 금요일에 또다시 그곳에 갔으

10　*Whitefield: Life and Times*, p. 256.

며 이때 청중은 사천 명 정도였다. 주일이 되자 윗필드는 아침 여섯 시에 설교하고, 여덟 시에 한 교회에서 기도문을 읽고, 열 시에 설교하고, 어떤 교회 경내에서 또 한 차례 설교를 한 뒤 , "네 시에 서둘러 킹스우드로 갔다. 대충 계산해 봐도 만 명가량은 모인 것 같았다. … 나무와 울타리에도 사람들이 가득 올라서 있었다. 설교를 시작하자 사방이 조용해졌다. 태양은 밝게 빛났고, 하나님께서는 한 시간 동안 큰 능력으로 설교할 수 있게 해 주셨으며, 나중에 듣기로는 내 목소리가 아주 커서 모든 사람이 다 들을 수 있었다고 한다."[11] 그날 윗필드는 다른 두 곳의 공동체에서 설교하고 하루를 마무리했다. "하나님께서 내 영혼을 위해 이루신 큰 역사를 기뻐하면서 아홉 시쯤 집으로 돌아왔다."

브리스톨에서 지내는 동안 윗필드는 과부인 누이 집에 머물렀는데, 어머니가 그 집으로 자주 찾아왔다. 당연한 일이겠지만, 롱든 부인은 자신의 아들이 그렇게 유명한 인물이 되었다는 사실을 놀라워했다.

윗필드는 이제 원래 작정했던 대로 웨일스로 가서 하월 해리스를 만났다. 두 사람은 저마다 칼뱅주의 신학을 받아들이는 쪽으로 기울어지고 있었으며 열심 또한 비슷했다. 윗필드는 해리스가 "남 웨일스에 서른 개 정도의 공동체를 설립했다"라고 말했는데, 이는 윗필드가 설교를 시작하기 일 년 전, 그리고 웨슬리 형제가 회심하

---

11   *Ibid.*, p. 263.

기 이 년 전에 시작된 일이었다.

외부인들은 오래전부터 광부들 구역에 들어가기를 두려워했지만, 윗필드는 그곳에서 위협적인 말이나 행동을 하는 사람을 만난 적이 단 한 번도 없었다. 오히려 이들은 진실한 애정으로 윗필드를 받아들였으며, 윗필드가 이들 가운데서 행한 자신의 사역이 어떤 결과를 낳았는지 설명한 글은 거의 고전(古典)이 되다시피 했다.

> 아무런 의(義)도 없기에 굳이 의를 버릴 것도 없는 그 사람들은 세리와 죄인의 친구이셨으며 의인이 아니라 죄인을 불러 회개하게 하러 오신 예수님 이야기를 기꺼이 들었다. 이들이 깊이 감화받았음을 보여주는 첫 번째 증거는, 갱도에서 나온 탓에 검은 탄가루로 얼룩진 뺨 위로 눈물이 철철 흐르면서 흰 눈물 자국이 만들어지는 광경이었다. 수천 명이 곧 자신의 죄를 깊이 깨닫게 되었으니, 이 사건이 증명하다시피 이는 깊고도 철저한 회심으로 행복한 결말을 맞았다.[12]

윗필드는 브리스톨을 중심으로 그 주변 지역에서 일주일에 서른 번 정도 집회를 열었다. 그러나 윗필드가 그 일에 할애할 수 있는 시간은 6주밖에 되지 않았고, 그래서 그는 누군가 다른 사람이 와서 이 일을 맡아 주기를 기대했다. 머릿속에 떠오르는 사람이 두세 명

---

12 *Ibid.*, pp. 263, 264.

있었으나 윗필드가 생각하기에 이들은 적합한 인물이 아니었다. 그래서 그는 존 웨슬리에게 편지를 써서 그곳으로 와 달라고 요청했다. 웨슬리는 야외 설교의 가능성에 호기심을 느끼기는 했다. 그러나 즉각 그 요청에 화답하기에는 잉글랜드 국교회 고유의 예의범절이 너무 엄격하게 체질화되어 있었다. 윗필드의 편지를 받고 나서 웨슬리를 비롯한 페터 레인 회 회원들은 무작위로 성경을 펼친 후 가장 먼저 눈에 띄는 구절을 이번 일에 대해 하나님께서 주시는 지시로 받아들이기로 했다. 그런데 고난 또는 죽음을 말하고 있는 어떤 구절이 네 차례나 계속 나왔고, 이것을 본 웨슬리는 자신이 브리스톨에 가면 죽게 될 것이라고 해석했다. 그런데도 그는 "가겠다"라고 선언했고, 찰스 또한 "나도 형과 함께 죽기를 바란다"고 했다.

브리스톨에 도착한 존은 이렇게 말했다.

> 윗필드 형제는 주일 아침 볼링 그린(Bowling Green)에서 육칠천 명에게 말씀을 강해했다. 정오에는 해넘 언덕(Hanham Mount)에서 역시 비슷한 규모의 사람들에게 말씀을 전했고, 다섯 시에는 로즈 그린(Rose Green)의 작은 언덕 위에서 약 삼만 명에게 설교했다.…
>
> 처음엔 들판에서 설교하는 이 낯선 방식이 좀체 받아들여지지 않았다. … 평생 … 품위와 질서에 관련된 모든 면에 고집스레 집착하는 삶을 살아온 나는 영혼 구원이 만약 교회당 안에서 이뤄

지지 않는다면 그것은 거의 죄악과 다름없다고 생각해 왔다.[13]

그날 윗필드는 브릭야드(Brickyard) 또는 글라스 하우스(Glass Houses)라고 알려진 곳에서 예배가 또 한 번 있겠다고 광고했다. 정한 시간이 되면 사람들이 그곳에 모여 윗필드를 기다릴 터였지만, 그는 자기 대신 웨슬리를 보내서 야외 설교 현장에 그를 밀어 넣을 계획이었다. 웨슬리는 그곳으로 갔고, 모여 있는 사람들을 보았으며, 그래서 마지못해 설교했다. 그것이 그 이후 그의 생애 대부분을 바친 활동의 시작이었다.

윗필드가 곧 런던으로 떠날 것을 알고 킹스우드의 광부들은 작별할 준비를 했다. 윗필드는 "이들이 아주 성대한 잔치를 준비했다"라고 말한다. 윗필드가 이들을 위해 학교를 지을 뜻을 비쳤기에 "이들은 한사코 [그에게] 첫 돌을 놓아주기를 청했다." 어떤 사람이 학교 지을 땅을 기부했고, 석판이 준비되었다. 윗필드는 석판 위에 무릎 꿇고 앉아 "음부의 문이 우리의 이 계획을 이기지 못하게 해주십시오"라고 기도했다. 광부들은 "20파운드가 넘는 돈을 내놓았고 작정 기부금으로 40파운드를 약속했다." 또한 이들은 노동력도 제공하고 자신들이 갖고 있는 건축 자재도 내놓겠다고 약속했다.

킹스우드에서 이 작별 행사가 있은 후, 브리스톨과 그 주변 지역에서 자신이 시작해 놓은 일이 계속 잘 진행되리라는 기대에 만족

---

[13] *John Wesley's Journal*, Volume 2, p. 167.

감을 느끼며 윗필드는 런던으로 향했다.

　이렇게 해서 브리스톨 사역은 웨슬리가 이끌게 되었다. 웨슬리에게는 윗필드처럼 큰 오르간 같은 목소리나 극적인 웅변술이 없었고, 또 그의 설교를 듣기 위해 모인 회중 규모도 윗필드가 설교할 때보다 적었다. 그러나 웨슬리가 설교할 때면 지적인 내용과 의지력이 두드러져 보였으며 이는 그의 사역에 특이한 위력을 더해 주었다. 웨슬리가 야외 설교자가 된 지금, 이제 모든 상황이 달라졌다. 그는 세상 모든 사람에게 복음을 전할 수 있고 그리하여 광범위한 운동을 일으킬 수 있는 가능성이 펼쳐져 있다는 것을 알게 되었다. 웨슬리는 브리스톨 회중 앞에 서서 "나는 (아르키메데스의 공허한 외침과는 다른 의미에서) '내가 설 곳을 달라. 그러면 지구를 흔들어 보이겠다'라고 외칠 수 있을 것입니다!"라고 선언함으로 자신의 꿈을 드러내 보였다.[14]

　"내가 설 곳을 달라. 그러면 지구를 흔들어 보이겠다." 다른 어떤 말도 웨슬리의 목적을 이만큼 설득력 있게 표현할 수 없을 것이다.

14　*Ibid.*, p. 201.

주인이 종에게 이르되 길과 산울타리 가로 나가서 사람을 강권하여 데려다가 내 집을 채우라.
누가복음 14장 23절

적들은 내가 스스로 물러났다고 말하지 말라. 그들이 나를 밀어냈다. 이 세대의 자칭 의인들이 자기 자신을 잔치에 합당하지 않은 자로 만들기에, 나는 길과 산울타리 가로 나가 창기와 세리와 죄인들을 강권하여 데려다가 내 주님의 집을 채운다.

조지 윗필드
1741년

5. 런던의 야외로 나가다

런던으로 돌아와 첫 번째로 맞은 주일, 윗필드는 무어필즈(Moorfields)라는 공원 비슷한 곳에서 야외 설교를 했다. 윗필드가 나타나자 사람들의 이목이 집중되었다.

> … 그는 믿을 수 없을 정도로 많은 사람이 모인 것을 보았다. 살아서는 그곳에서 빠져나올 수 없을 것이라고 많은 사람이 그에게 말했다. 그는 친구 두 사람을 양옆에 대동하고 군중 속으로 걸어 들어갔다. 그러나 사람들에게 밀리다 보니 두 친구는 곧 윗필드와 헤어졌고 어쩔 수 없이 그를 군중의 처분에 맡길 수밖에 없게 되었다. 그러나 이들은 윗필드를 해치는 게 아니라 그를 위해 길을 열어 주면서 공원 한가운데(군중이 부순 탁자가 놓인 곳) 이르게 한 다음 무어필즈를 위와 아래로 나누는 벽 쪽으로 물러났다. 그리하여 그는 누구의 방해도 받지 않고 그곳에 서서 엄청나게 많은 사람을 향해 설교할 수 있었다.[1]

---

1 John Gillies, *Memoirs of the Life of the Reverend George Whitefield* (London and Edinburgh: Dilly, 1772), p. 42; *Whitefield: Life and Times*, pp. 287, 288.

삽화 5-1 1743년 무어필즈에서 설교하는 윗필드

   이렇게 해서 윗필드는 무어필즈 사람들에게 메소디즘을 소개했고 무어필즈는 그 이후 메소디즘의 중심지가 된다.

   그날 저녁 윗필드는 런던에서 두 번째로 야외 설교할 곳을 골랐는데 그곳은 케닝턴 공유지(Kennington Common)였다. 이곳은 넓게 트인 들판으로, 걸인들이 많이 모여드는 곳이었다. 또한 상설 교수대가 설치되어 있어 교수형이 빈번히 집행되었다. 건전치 못한 스포츠가 유행하고 술 취한 사람들의 싸움 소리가 끊이지 않는 그곳에 가면, 불결하고 무지하고 병든 남자와 여자와 어린아이들을 부지기수로 볼 수 있었으며, "누구도 자기 영혼에는 아무 관심이 없었다." 윗필드는 그날 저녁 일에 대해 이렇게 말했다.

삼만 명은 족히 될 듯한 인파가 모였다. 때마침 바람이 불어 내 목소리를 저 끝에 있는 사람들에게까지 실어다 주었다. 모두 서서 내 이야기를 경청하다가 아주 질서정연하게 시편과 주기도문을 암송했다. 나는 어떤 교회에서도 그렇게 조용하게 설교한 적이 없었다. 말씀이 능력과 더불어 임했다. … 현재 마귀의 나라인 이곳에 선(善)이 침노하기를 나는 소망한다.[2]

런던에서 첫발을 내디딘 이 야외 설교의 결과에 만족한 윗필드는 매일 저녁 케닝턴에 갔고 무어필즈에도 주일 아침마다 갔다. 그가 얼마나 놀라울 정도로 수고했는지 그의 일지 기록을 따라가 보자.

5월 2일 수요일. 오늘 저녁엔 케닝턴 공유지에서 또 만 명이 넘는 청중에게 설교했다.…
5월 5일 토요일. 어제와 오늘, 변함없이 케닝턴 공유지에서 설교했다. 청중 수는 약 이만 명이었고 모두 크게 마음이 감동되었다.
5월 6일 주일. 오늘 아침엔 무어필즈에서 약 이만 명에게 설교했는데, 모두 아주 조용히 설교에 귀 기울였고, 많은 이들이 은혜 받았다. 아침과 저녁으로 공예배에 참석했고, 여섯 시에 케닝턴에서 설교했다. 그런 광경은 지금까지 한 번도 본 적이 없었다. 청중 수는 적어도 오만 명은 되어 보였고, 대형 사륜마차가 80대 가까이

---

[2] *Ibid.*, p. 289.

모여들었고, 마차를 끄는 말들도 엄청나게 많았다. 하나님께서 내 마음을 아주 크게 넓혀 주셨다. 나는 한 시간 반가량 강론을 계속했고, 집에 돌아왔을 때는 말로 다할 수 없는 사랑과 평강과 기쁨으로 가득했다.

5월 8일 화요일. … 시내에서 출발하기 한참 전부터 비가 억수같이 쏟아졌다. … 케닝턴에 도착했더니 놀랍게도 이만 명이 넘는 사람들이 와 있었다. … 머리 위에서 줄곧 햇빛이 비쳤고, 그래서 나는 공의로운 해가 그 날개에 치료하는 광선을 싣고 떠올랐다고 믿는다.

5월 9일 수요일. … 하나님께서 케닝턴에서 약 이만 명의 청중에게 한 시간 이상 설교할 수 있게 해 주셨고, 그 뒤 사람들의 마음을 움직이셔서 고아원 설립을 위해 기꺼이, 그리고 아낌없이 기부할 수 있게 해 주셨다. … 집에 와서 걷힌 돈을 집계해 보니 46파운드가 넘었고, 그중 16파운드는 반 페니짜리 동전이었다.

5월 10일 목요일. 케닝턴에서 설교했다. 거의 하루 종일 비가 내린 탓인지 모인 사람은 만 명이 넘지 않았고 마차도 삼십 대 정도였다. 하지만 하나님께서 이 일에 눈에 띄게 간섭하기를 기뻐하셔서 날씨가 개도록 해 주셨고, 설교를 시작하자 햇빛이 비춰서 설교 중에 사람들에게 그 이야기를 하지 않을 수가 없었다.

5월 11일 금요일. 케닝턴에서 어젯밤보다 더 많은 청중에게 설교하고 고아원을 위해 26파운드 15실링을 모았다. 사람들은 기꺼이 돈을 냈다. 거기 모인 사람들은 서기관 아니면 바리새인 부류였기에 나는 자기 의를 자랑하는 이 세대의 바리새인들을 매우 열심히 설득했고, "하나님이여, 죄인인 저에게 자비를 베푸소서"라고 겸손한 세리처럼 진지하게 부르짖는 사람들에게 예수 그리스도도 열심히 전했다.

5월 12일 토요일. … 오늘 아침, 많은 사람이 찾아와 내가 들판에서 한 설교를 통해 하나님께서 자신들의 영혼에 어떤 일을 이루셨는지 이야기했다. 저녁에는 평상시처럼 케닝턴에서 약 이만 명에게 설교했다. … 믿음으로 예수 그리스도께 온 마음을 집중시킬 수 있는 모든 이들에게 그분을 전했다. … 주님은 당신의 권능의 날에 이들이 주께 나오게 하신다!

5월 13일 주일. 오늘 아침에는 무어필즈에서 엄청나게 많은 사람 앞에서 설교했다. 그리고 고아원 건립 기금으로 52파운드 19실링 6펜스를 모았는데, 그중 20파운드가 반 페니짜리 동전이었다. … 너무 무거워서 혼자 힘으로는 집까지 들어 옮길 수도 없었다. 공예배에 두 번 참석하고 저녁에는 육만 명 가까이 되는 청중에게 설교했다. 내 목소리가 들리지 않아 그냥 돌아간 이들도 많았지만, 하나님께서 내게 능력 주셔서 최대한 많은 사람이 알아들을 수 있도록 말하게 해 주셨다. 내가 이야기하는 동안 사방이 얼마나 조용하던지 정말 인상적이었다. 설교 후에 또 한 번 모금을 해서 29파운드 17실링 8펜스를 모았고, 깊이 겸손해진 마음으로 집에 돌아왔다.[3]

---

[3] *Ibid.*, 289-291.

이 일을 하는 동안에도 윗필드에게는 여러 다른 곳에서 설교 요청이 쇄도했다. 윗필드는 가능한 한 그 모든 요청에 응하려고 했으며, "하나님이 찬송받으실지어다! 우리는 이 큰 도시를 포위하기 시작했다!"라고 외쳤다. 또한 그는 한 주간 동안 런던 북부 도시들을 돌며 순회 설교했고, 순회를 마친 후 "많은 죄인이 죄를 자각했으며 많은 성도가 위로를 받았다. 바알에게 무릎 꿇지 않은 … 숨은 신자가 수천 명이나 있다는 것을 알게 되었고, 나의 이 공식적인 행위로 이들은 세상에 모습을 드러냈다"라고 말했다.

런던으로 돌아온 윗필드는 자신의 사역에 더욱 박차를 가했다. 그는 아메리카행 배 편을 이미 예약했고 배는 2주 안에 출항할 예정이었다. 어느 때보다도 많은 사람이 설교를 들으러 모여들었으며, 그는 이렇게 기록했다.

> 5월 27일 주일. 오늘 아침엔 무어필즈에서 약 이만 명에게 설교했다. … 내 설교는 거의 두 시간짜리였다. 내 마음은 사랑으로 충만했고, 사방에서 많은 사람의 마음이 녹아내려, 세상에서 제일가는 냉소가라 할지라도 이것이 하나님께서 행하신 일임을 인정하지 않을 수 없었을 것이다. … 저녁엔 케닝턴 공유지에서 지난 주일과 비슷한 규모의 청중에게 설교했다. 약간 목이 쉬었지만, 하나님께서 내게 말할 수 있는 힘을 더해 주셨고, 그래서 사람들에게 내 목소리가 들릴 뿐만 아니라 느껴지게 할 수 있었다.…
>
> 5월 28일 월요일. 해크니(Hackney)의 한 들판에서 … 만 명가량

의 청중에게 설교했다. 중생의 교리가 얼마나 합리적인지를 크게 강조했다. … 많은 사람이 눈물을 흘렸다.…

5월 29일 화요일. 케닝턴에서 경건한 청중에게 훨씬 온유하고 능력 있게 설교했다.…

5월 30일 수요일. … 저녁에는 뉴잉턴 공유지(Newington Common)에서 만오천 명가량의 청중에게 설교했다. 아주 널찍하고 편리한 설교단이 마련되어 있어서, 거기 서서 설교했다. … 큰 무리의 사람들을 보니 고아원을 위해 기금을 모아도 좋겠다는 생각이 들었다. 16파운드 9실링 4펜스가 걷혔다.

5월 31일 목요일. 오늘 오후엔 몸이 좀 아팠지만, 하나님께서 기꺼이 나를 강건케 해 주셔서 케닝턴에 갈 수 있었다.…

6월 1일 금요일. … 저녁에 하이드 파크 지역 근처 메이페어(Mayfair)라는 곳에서 설교했다. 회중 숫자는 팔만 명 가까이 되는 것 같았다. 기도 시간에 약간 소란스럽긴 했지만, 설교가 진행되는 동안에는 모두 아주 조용히 해 주었다. 내가 딛고 올라설 수 있도록 아주 널찍하고 편안한 설교단이 세워졌는데, 나는 비록 연약했지만, 하나님께서 나를 강하게 하사 아주 큰 소리로 설교할 수 있게 해 주셔서 대다수가 내 목소리를 들을 수 있었고, 또 내 목소리를 아주 힘 있게 하셔서 많은 사람이 감동받게 하셨다. 모든 사랑, 모든 영광이 그리스도를 통해 하나님께로!

6월 2일 토요일. … 개인적 기부를 통해 50파운드 가까운 돈이 고아원 기금으로 모였고, 저녁에 해크니에서 만여 명에게 설교하고

20파운드 12실링 4펜스를 모았다.

6월 3일 주일. 무어필즈에서 어느 때보다도 많은 회중에게 설교했고, 고아원을 위해 29파운드 17실링 9펜스를 모금했다. 공예배에 두 번 참석하고 … 저녁에 케닝턴 공유지에서 설교했다. 이때까지 이곳에 모인 인파 중 가장 많은 사람이 모였고, 34파운드 5실링을 모금했다. 곧 출국할 예정이라고 말했더니 그곳은 온통 눈물바다가 되었다. … 아, 이 위대한 도시에서 하나님께서 나에게 얼마나 경이로운 인자하심을 보이신 것인지![4]

존 웨슬리에게 헌신적으로 충성한 사람이요, 메소디즘의 역사에 대해 가장 많은 저술을 남긴 루크 타이어먼(Luke Tyerman)은 위에 기록된 일들을 언급하면서 이렇게 말했다.

… 이 젊은 설교자의 일지에서 발췌한 이 경이로운 기록들을 잠시 음미해 보는 게 유익할 것이다. 정말 독특하지 않은가? 이와 같은 내용을 담고 있는 일기를 그렇게 여러 날 연이어 쓴 사람이 윗필드 말고 누가 있는가?[5]

그렇게 대규모 집회를 연일 가졌으므로 윗필드가 육체적으로나

---

4 *Ibid.*, pp. 292, 293.
5 Luke Tyerman, *Life of the Rev George Whitefield*, Volume 1 (London: Hodder and Stoughton, 1877), p. 217.

정신적으로 탈진했을 것이라 생각할 수도 있다. 일주일에 열 차례 이상 그렇게 많은 사람 앞에 서야 하고, 무도한 자들의 적대 행위를 이겨 내고, 청중의 주의를 집중시키며, 바람 불고 비 오는 험악한 날씨에도 한 시간씩, 어쩌면 두 시간씩 설교를 강행해야 했으므로 그는 늘 피곤과 싸워 이겨야 했을 것이다. 잉글랜드의 수필가 존 포스터는 윗필드가 성량을 키우는 것 그 한 가지만을 위해서도 어느 정도 노력을 했을지에 대해 다음과 같이 언급했다.

> 다른 누구도 가지지 못한 그런 힘찬 목소리를 가졌다는 이점에도 불구하고, 수천 명에 이르는 회중에게 자신의 목소리가 전달되게 하려고 그는 젖 먹던 힘까지 다 쥐어짜내야 했을 것이다.…[6]

그러나 윗필드는 이런 고된 일 때문에 몸이 고단하다는 내색을 한 번도 한 적이 없다. 수많은 군중을 바라보며 이들에게 설교할 것을 생각하면 늘 새로운 힘이 솟았고, 탁 트인 들판에서 설교를 할 때나 하고 난 후 그는 기쁨과 힘이 넘치게 솟아오르는 경험을 자주 했다. 윗필드는 그런 체험에 대해 몇 번 언급했는데, 한 예로 다음과 같은 말을 볼 수 있다.

> 집에 돌아왔을 때 … 하나님께서 내 영혼에 간구하는 마음을 부

---

[6] John Foster, *Critical Essays* (London: Bohn, 1856), p. 70.

어넣어 주셨고, 그분의 특별하고 값없는 자비하심을 느끼게 하셔서 사랑·겸손·기쁨·거룩한 황홀함으로 충만케 하였기에 마침내 나는 장엄한 침묵 가운데 하나님 앞에 내 마음을 쏟아놓을 수 있을 뿐이었다. 너무도 가슴이 벅차서 말이 잘 안 나올 정도였다. 오, 하나님과 교통하는 행복감이라니![7]

물론 윗필드의 설교를 들으러 온 사람들이 실제로 얼마나 되는가 하는 문제는 반드시 짚고 넘어가야 한다. 그는 몇 번인가 이만 오천여 회중에게 설교했다고 말하며, 때로는 군중의 수를 사만 명으로 추산하기도 했고, 또 한 번은 팔만 명으로 계산하기도 한 것을 볼 수 있다. 이 숫자는 정확한가?

윗필드의 집회 기사를 실은 적이 있는 *Gentleman's Magazine*(젠틀맨스 매거진)은 "땅 3에이커가 청중으로 뒤덮였다"라고 했다. 3에이커면 약 12,000제곱미터다. 또 다른 정기 간행물은 그의 집회 때 모인 회중을 "거대 군중"이라 묘사했고, 그 당시 몇몇 사람은 "엄청나게 많은", "수를 헤아릴 수도 없을 만큼 많다"라는 표현을 썼다. 윗필드를 적대하던 사람들조차도 이 일에 대해 증언을 남겼다. 런던의 저명한 성직자 트랩(Trapp) 박사는 "그에게 미쳐서 쫓아다닐 정도로 어리석은 … 거대한 무리들"이라는 표현을 썼고, 토머스 처치(Thomas Church)는 "그가 자기 집회에 참석한 30,000명,

---

7 *Whitefield: Life and Times*, p. 294.

50,000명 또는 80,000명을 … 다 알지는 못할 것"이라고 주장했다.

몇 달이 지나 윗필드가 다시 아메리카에 갔을 때 벤저민 프랭클린은 윗필드의 목소리가 어디까지 들리는지 측정한 뒤 "내 계산으로는 삼만 명도 넘는 사람들이 그의 설교를 들었을 것 같다"라고 했다. 프랭클린이 수치를 너무 높여 잡았다고 쳐도, 그리고 윗필드 자신이 계산한 수치를 반으로 줄여 잡는다 해도, 전기를 이용한 음성 증폭 장치도 없던 시대에 한 사람이 육성으로 그렇게 많은 사람에게 이야기할 수 있었다는 것은 역사에 전례가 없는 일이었다. 게다가 이때 윗필드는 겨우 스물네 살이었다!

이 시절 윗필드의 주요 업적 중 하나는 찰스 웨슬리를 야외 사역으로 인도했다는 것이다. 당시 찰스는 다수의 지인을 대상으로 개인 사역을 하는 한편 몇몇 교회와 공동체에서 설교하는 데 만족하고 있었다. 그런 그가 무어필즈와 케닝턴 같은 곳에서 몰려드는 군중을 대상으로 설교한다는 것은 매우 성격이 다른 일이어서 쉽사리 받아들일 수 없었다.

그래서 윗필드는 이 일을 맡으라고 찰스를 밀어붙이기 시작했다. 그는 야외 설교 현장에 찰스를 데리고 나가 회중 앞에 함께 서 있게 했다. 이때 찰스는 이런 기록을 남겼다. "G. 윗필드와 함께 블랙히스(Blackheath)에 갔다. 그는 빗속에 서서 수많은 죄인에게 설교했고, 이들은 귀 기울여 경청했다."

며칠 후 찰스는 한 시골 지역을 방문했다가 거기서 첫 번째 야외 설교를 시도했다. "농부 프랭클린이 자기 밭에서 설교를 해 달라고 했다. 그래서 그곳에 모인 오백 명가량 되는 사람들에게 '회개하라, 천국이 가까웠느니라'라는 제목으로 설교했다. 그리고 즐거운 마음으로 집에 돌아왔다."

그러나 런던으로 돌아온 찰스는 이곳에서 중대한 발걸음을 내딛기를 여전히 주저했다. 런던에서 야외 설교를 시도한다는 것은 곧 철저히 자신을 포기하고 두려운 수고의 짐을 진다는 의미였으며, 찰스처럼 시적(詩的) 감수성을 지닌 사람, 그리고 교회 고유의 질서와 예절을 고수하는 사람에게 그것은 참으로 어려운 결단이었다.

그러나 윗필드는 오래 지체하는 것을 허용하려 하지 않았다. 그는 다음 주일 아침, 무어필즈에서 자신을 기다리고 있을 사람들에게 설교를 해 줄 것으로 기대하겠다고 찰스에게 통보했다. 찰스는 이때 심정을 이렇게 고백했다.

> 나는 마음속으로 계속 갈등했다. 나는 이것이 인간적인 두려움임을 알아차렸다. 조지 윗필드가 채근하는 것처럼 이번 주일에 야외에서 설교한다면 그것으로 나는 돌아올 수 없는 다리를 건너는 셈이 될 것이며 그 일에 필사적으로 매달리게 될 것이다. 나는 조용한 곳으로 들어가 기도했다. … 그리스도를 위해, 그리고 복음을 위해. 기도를 하고 나니 부담이 다소 줄어들었지만, 모든 것을 포기하기까지는 마음이 편안할 수 없었다.[8]

---

8   *Ibid.*, p. 372.

하지만 윗필드는 찰스를 이해했다. 그리고 찰스는 웨슬리 집안 사람이므로 어떤 상황에 대한 두려움 가운데 오래 머물지 못하리라는 것을 잘 알고 있었다. 예상대로 찰스는 그 주일, 모든 것을 "걸기로" 하고 돌아갈 다리를 끊어 버렸다. 찰스는 그때 일을 이렇게 기록한다.

> 나는 예수 그리스도의 이름으로 기도하고 앞으로 나아갔다. 무어필즈로 간 나는 만여 명에 가까운 의지할 데 없는 죄인들이 말씀을 기다리고 있는 광경을 보았다. 나는 내 주님의 이름으로 "수고하고 무거운 짐 진 자들아 다 내게로 오라 내가 너희를 쉬게 하리라"라고 이들을 초청했다. … 내 짐은 사라졌고 모든 의심과 의혹도 사라졌다. 하나님께서 내 길에 빛을 비추셨고, 나는 이것이 나를 향한 하나님의 뜻임을 깨달았다.[9]

이 주 후 찰스는 윗필드가 주일에 하던 일을 완전히 넘겨받아, 그날 아침 무어필즈에서 "만 명에 가까운" 사람들에게 설교했고, 저녁에는 케닝턴에서 "그 두 배쯤 되는" 사람들에게 설교했다. "전능하신 주님께서 이들의 마음을 주님께 굴복시키셨다"라고 그는 감격하여 외쳤다.

그러나 갈등은 결코 끝난 게 아니었다. 찰스는 야외 설교를 계속

9　*Ibid.*

했지만, 그 일이 엄청난 체력을 요구하는 일이라는 점과 또 그 일로 얻게 된 성공과 인기 때문에 삶의 모든 국면을 새로이 조정해야 한다는 사실에 직면했다. 찰스는 이렇게 말했다.

> 지금까지는 유혹의 힘이나 죄의 활동력이 얼마나 강한지 알지 못했다. 혈과 육을 부여받은 자가 그거면 됐지 큰 성공을 탐내다니? 나는 계속 격정에 휩싸여 살고 있다. 내 영혼은 언제나 내 손안에 있다. … 나의 성공에 지나치게 기뻐하는 것, 그것 때문에 나는 사탄에게 난타를 당했다.[10]

야외 사역 총괄권이 윗필드에게 있다고 생각한 찰스는 윗필드가 자신에게 떠맡긴 책무에 자신이 불편함을 느낀다는 사실을 그에게 알려야 한다고 생각했다.

> 설교를 그만두고 싶다는 생각이 자꾸 든다네. … 하나님은 계속 역사하시지만, 내 안에서(in me)가 아니라 나를 통해(by me) 역사하시지. 나는 그걸 느낄 수 있다네. 형제여, 하나님의 일에서 나는 계산에 넣지 말게. … 나는 형제의 성공을 기뻐하며, 수천 배 더 큰 성공을 거두시기를 기도하네.[11]

---

10   *Ibid.*, p. 372, 373.
11   *Ibid.*, p. 373.

그러나 찰스가 그 일에서 손을 떼겠다는 것은 말뿐이었다. 그는 야외 설교를 계속했고, 비범한 능력을 지닌 설교자가 되었다. 그의 수고에는 하나님의 은혜가 임했으며, 그래서 "죄를 자각하고 사함 받는 사람이 점점 늘어나고 있다는 소식이 날마다 들려온다"라고 말할 수 있었다.

글로스터 사역을 맡길 사람을 찾지 못한 윗필드는 찰스에게 그 지역을 순회하며 설교해 달라고 부탁했다. 야외 설교가 새로운 차원의 자기 포기를 요구한다는 사실이 이때 생생하게 예증되었다. 옥스퍼드 시절 찰스와 존은 글로스터 근처에 살던 교양 있는 집안인 그랜빌(Granville) 집안, 커크햄(Kirkham) 집안과 친분을 맺고 지냈다. 그런데 야외 설교자가 된 뒤 글로스터에 갔을 때 다음과 같은 일이 있었다고 찰스는 기록한다.

> 오랜 지인(커크햄 부인)이 길을 가로막고 서서 "어머나, 웨슬리 씨 아닌가요? 크라이스트 처치나 세인트 메리 교회 같은 데서 설교하실 수 있는 분이 오합지졸 청중을 쫓아 여기까지 오셨다는 게 말이 되나요?"라고 시비를 걸었다. 나는 "우리 주님께서 내게 주신 일이라면, 해야 하지 않겠습니까?"라고 그녀의 말문을 막아버리고는 나를 기다리고 있는 오합지졸, 또는 (바리새인들이 잘 쓰는 말로) 저주받은 이 사람들에게로 갔다. 수많은 사람이 반가운 얼굴로 내 설교를 듣는 것을 보면서 나는 이들에게 보혜사 성령이라는 특별한 은혜가 주어졌음을 이야기했고, 길 잃은 가여운 죄인

으로서 그리스도께 나와 성령을 받으라고 권면했다. 나는 한밤중까지 설교를 계속했다.[12]

찰스는 큰 능력을 지닌 야외 설교자가 되었다. 한 평범한 성도는 그의 사역을 이렇게 묘사했다.

내가 보니 그는 식탁 판자 위에 서서 … 두 손을 치켜들고 하늘을 우러르며 기도를 하고 있었다. 그는 범상치 않은 열심과 언변으로, 그리고 다양한 표현을 사용해 기도했다. 그런 다음 여느 설교자에게서는 본 적 없는 방식으로 한 시간가량 설교했다. 일반적 취향대로라면 이보다 멋진 설교를 많이 들어 보았지만 … 우리가 날 때부터 모두 죄인이고, 길 잃고 패망한 상태에 있었음을 청중에게 납득시키려는 그 뜨거운 소원 혹은 간절한 노력을 이토록 뚜렷이 드러내 보이는 사람이 있다는 말을 나는 들어 보지 못했다. … 그는 그리스도를 믿는 믿음이 인간의 전인(全人)에 얼마나 큰 변화를 일으킬 수 있는지를 설명했다.…

보기 드문 열성으로 그는 그리스도의 이름으로 청중에게 호소하고 … 하나님과 화목하게 되기를 기도함으로써 그리스도의 대사의 책임을 다했다. 설교 메모를 사용하지도 않고 손에는 성경책 외에 아무것도 없었지만, 그는 풍성하고 다채로운 표현으로 자기

---

[12] *Ibid.*, p. 374.

생각을 전달했고, 논리적으로 앞뒤가 안 맞는 부분은 전혀 찾아볼 수 없을 만큼 … 설교는 시종일관 아주 타당성 있었다.¹³

몇 년 후, 야외 설교를 처음 시작하던 시절을 돌아보면서 찰스는 윗필드에게 다음과 같은 시를 적어 보냈다.

감히 용광로를 시험하고 불길 가운데 거하기를 바라는
친구의 소원 앞에 나는 머뭇거리지 않았네
탄탄대로를 걷다가 갑자기 보냄받은 나는
버림받은 가여운 자들을 은혜의 잔치로 불러들였지.
그대가 시작한 일을 계속 이어 가라는 재촉에
좋은 평판, 나쁜 평판 무릅쓰고 달려왔으니
열화와 같은 대중의 환호도 나는 느끼지 못했고
그 영광스러운 대의(大義) 가운데서는 나를 괴롭히는 불길도 두렵지 않았다네.¹⁴

---

13   *Ibid*., pp. 376, 377.
14   *Ibid*., pp. 373, 374.

웨슬리의 천재적 행정력은 리슐리외(Richelieu)의 행정력에 뒤지지 않았다.

매콜리 경(Lord Macaulay)
1832년

웨슬리처럼 능력 있는 사람은 그 능력이 행동으로 표출될 길을 찾기까지, 아니, 찾지 않으면 안 될 때까지 내면적으로 불안하고 늘 불편한 불만족감에 시달린다.

로버트 사우디(Robert Southey)
잉글랜드의 계관 시인
1820년

6. 교리의 차이와 안타까운 분열

존 웨슬리와 조지 윗필드 사이에 교리상의 견해차가 있었다는 것은 오랫동안 주지되어 온 사실이다. 이제 이 차이로 두 사람이 결별에 이르게 되었다는 이야기를 할 시점이 되었다. 이 사건은 두 사람의 삶에 매우 중요한 역할을 했기 때문에 자세히 살펴보지 않을 수가 없다. 하지만 이 사건은 일반적으로 웨슬리 쪽에 유리한 매우 편향된 시각에서 파악되어 오고 있으며, 따라서 이 시각을 어느 정도 바로잡으려는 시도가 있어야 할 것이다.

웨슬리는 먼저 모라비아 교도들과 결별했다. 당시 웨슬리는 페터 레인 회와 교류하고 있었는데, 이 단체는 페터 뵐러(Peter Böhler)의 가르침 아래 교리와 관습 면에서 급속히 모라비아교화(化) 되어 가고 있었다. 하지만 뵐러는 곧 아메리카로 떠났고 웨슬리는 그를 뒤이어 페터 레인 회를 지도할 사람으로 선택되지 못했다.

당시 모라비아교 지도자는 친첸도르프(Zinzendorf) 백작이었는데, 자비로우면서도 오만했던 그는 뵐러를 대신할 인물로 독일 출신의 필립 헨리 몰터(Philip Henry Molther)를 보냈다. 몰터는 페터 레인 회 멤버 대부분이 진심으로 회심한 사람들이 아니라고 생각하고, 정적주의 교리를 강조하며 하나님께서 이들 안에 믿음을 심어 주실 때까지 잠잠히 기다려야 한다고 주장했다. 또한 그는 구원을 위해 성찬이라는 수단에 의지하는 일이 없어야 한다며 잉글랜드 국교회 성찬에 참여하는 것도 삼가게 했다.

그러나 몇몇 사람이 이 가르침을 극단적으로 이행한 나머지 잉글랜드 국교회 예배에 참석하는 것까지 거부했고, 또 일부는 구원을 위해 선행(善行)에 의지하는 일이 없도록 더 이상 선행의 가치도 믿지 않겠다고 선언하기까지 했다.

웨슬리에게 그런 태도는 곧 교회의 기능을 부인하는 것으로 비쳤고 그래서 페터 레인 회 집회에서 이를 반박하는 주장을 폈다. 그런데 이런 주장을 하면서 웨슬리는 이들의 그런 경향을 과장해서 말했고 이들이 전체 모라비아 운동의 특징을 그대로 답습하고 있다고 비난했다. 결국 그는 페터 레인 회 멤버 열아홉 명을 이끌고 나와, 최근 자신이 '파운더리'(Foundery)라고 이름 붙인 한 건물에서 조직한 공동체로 들어갔다. 이렇게 해서 그는 친첸도르프 백작보다 서열상 아래인 위치에서 스스로 빠져나왔다.

다음으로 웨슬리는 윗필드와 헤어졌다. 웨슬리의 말에 따르면, 브리스톨을 떠나면서 윗필드가 "그 어떤 논쟁도, 특히 예정론에 관해서는 아무런 논쟁도 벌이지 말기를" 자신에게 "탄원했다"고 한다.[1] 예정론은 '칼뱅주의'의 본질을 이루는 교리로, 웨슬리는 윗필

---

1   *John Wesley's Letters*, Volume 1, p. 302.

드가 이 신학 체계를 소중히 여긴다는 것을 알고 있었다. 하지만 웨슬리는 '아르미니안주의'라는 정반대의 체계를 신봉하도록 가르침을 받아왔으며, 특히 어머니에게 그렇게 배워 왔다.

당시 상황을 볼 때 예정론에 관해 "논쟁을 벌이지 말라"는 윗필드의 말은 웨슬리로서는 따르기 힘든 권고였다. 그때의 상황을 설명하자면, 웨슬리가 설교할 때 사람들이 일종의 경련 같은 현상을 보이기 시작했다. 설교를 듣던 사람들이 갑자기 바닥에 누워 몸부림을 치는 것이었다. 웨슬리는 장정 네 사람이 달려들어도 이 증상을 보이는 사람 하나를 제어하지 못하는 경우도 있었다고 말한다. 찰스 웨슬리는 이 경험을 일컬어 '발작'이라고 했고 윗필드도 이런 현상에 혐오를 드러냈다. 이 불가사의한 사건은 존 웨슬리가 설교할 때만 일어났으며, 그래서 그는 이것이 하나님께서 자신을 통해서만 나타내시는 초자연적 표적이라고 확신하게 되었다.

복음을 전하는 사역에서 이제까지 웨슬리의 위치는 종속적이었다. 윗필드는 엄청난 회중을 몰고 다녔고, 야외 설교를 최초로 시작한 뒤 웨슬리를 끌어들여 그 일을 맡겼다. 하지만 웨슬리는 어떤 일을 하든 당연히 수위(首位)에 있고 싶어 하는 타고난 특성이 있었다. 나중에 그가 지도자가 된 것은 하나님께서 바로 그 특성을 이용해서 그렇게 만드신 것이었다. 그러나 로버트 사우디가 말한 것처럼 "웨슬리는 자기와 동등한 사람도 못 견뎌 했지만, 자기보다 우월한 사람 또한 용납하지 못했다."[2] 따라서 그가 친첸도르프 백작은 물론 나중에 헌팅던 부인에게도 그랬던 것처럼 윗필드에 대해서도 그보다 우월한 지위에 있으려 한 것은 결코 놀랄 일이 아니었다.

그래서, "초자연적" 체험을 보고 자신이 더는 윗필드에게 종속되어 있을 필요가 없다고 확신한 그는 "예정론을 반박하는" 설교를 준비하기 시작했다. 그런데 자신이 주장하는 교리가 옳다는 증거를 얻고 싶었던 웨슬리는 그 증거를 얻으려고 제비뽑기라는 방법을 사용했다. 그가 뽑아 든 제비에는 "설교하고, 출판하라"고 적혀 있었고, 그래서 그는 준비해 놓은 설교를 했다. 윗필드가 그를 브리스톨 회중에게 소개하면서 바로 지금 그가 하고 있는 이런 일을 하지 말아 달라고 "탄원"한 지 정확히 사 주 만이었다.

"값없는 은혜"(Free Grace)[3]라고 이름 붙인 이 설교에서 웨슬리는 먼저 예정을 정의하는 일부터 시작했다. 그는 예정론에 관해 사람들이 이미 알고 있는 정의는 언급하지 않고 자기 나름의 의미를 부여한 뒤 이 교리를 견지하는 사람들은 자기가 말한 그런 극단적인 의미까지도 고려해야 한다고 선언했다. 그는 예정에 관해 다음과 같은 주장을 계속 이어 나갔다.

> 이것은 신성모독으로 가득한 교리다. 너무도 불경해서 입에 담기조차 두렵지만, 은혜로우신 우리 하나님의 명예와 진리의 대의 때

---

[2] Robert Southey, *Life of Wesley*, Volume 2 (London: Longmans, 1858), p. 208.
[3] *Wesley's Works*의 여러 판본과 *Sermons on Several Occasions by Rev. John Wesley, M.A.*, Volume 3 (London: Mason, 1847), p. 359에 실린 설교 "Free Grace"; *Whitefield: Life and Times*, pp. 310-313.

문에 나는 침묵하고만 있을 수가 없다. … 이 끔찍한 교리에 담긴 끔찍할 정도의 신성모독에 대해 몇 가지만 언급하겠다.

이 교리는 거룩하신 우리 주님, "의로우신 예수 그리스도"를 위선자요, 사람들을 속이는 분, 보편적 성실함이 결여된 분으로 제시한다.

이것이 바로 예정론이라는 끔찍한 교리에 명백히 포함되어 있는 신성모독이다! 여기서 내 입장은 확고하다. 이 입장 위에서 나는 이 교리를 주장하는 모든 사람과의 논쟁을 시작한다. 그대들은 하나님을 마귀보다 더 나쁜 분, 마귀보다 더 그릇되고 더 잔인하고 더 불의한 분으로 제시한다.…

이 주장을 펼칠 때 웨슬리는 논쟁을 하게 될 경우에 대비해 예정 교리가 옳다고 생각하는 입장을 가정한 후, 그 입장에 근거해 마귀에게 다음과 같이 말했다.

너 어리석은 자여, 왜 계속 울부짖으며 돌아다니는가? 뭇 영혼을 삼키려 기다리면서 네가 하는 거짓말은 우리의 설교만큼이나 불필요하고 무익하다. 하나님께서 네 손에서 네 일을 빼앗으셨다는 말을, 그리고 그 일을 더욱 효과적으로 하고 계시다는 말을 듣지 못했느냐? 네가 네 모든 정사와 권세로 공격해도 우리는 능히 저항할 수 있지만, 하나님은 육신과 영혼 모두를 지옥으로 보내 멸망시키실 수 있고 이 일은 불가항력적이다!

오, 사정이 이렇다는 것을 알면 하나님과 인간의 원수인 자가 얼마나 기뻐할까! 얼마나 큰 소리로 목청껏 부르짖을까? 얼마나 목소리를 높여 이렇게 말할까? "네 장막으로 가라, 오, 이스라엘! 이 하나님의 낯을 피하여 도망치라. 그렇지 않으면 철저히 망하리라! 그러나 어디로 피하겠는가? 하늘로? 하나님이 거기에 계신다. 지옥으로 내려가겠는가? 거기에도 하나님이 계신다. 무소부재하시는 폭군을 피할 곳은 없도다.…

웨슬리가 모라비아교 및 윗필드와 결별한 동기를 굳이 나쁘게 평가하려는 게 아니다. 그는 모라비아 교도가 잉글랜드 국교회의 성찬을 선용(善用)하지 못한 것은 분명 잘못이라고 믿었다. 그리고 비록 칼뱅주의를 제대로 이해하지 못해서 그랬다고는 하나, 웨슬리는 진심으로 칼뱅주의가 오류라고 확신했다. 하지만 그에게는 일종의 우월감도 있었고 야심 또한 강했으며, 이러한 성향이 바로 웨슬리의 행동의 근간이었다.

얼마 안 있어 웨슬리는 런던으로 갔고 윗필드는 즉시 그를 많은 회중 앞에 세워 설교하게 했다. 윗필드는 "주께서 그에게 만 배나 더 큰 성공을 주시기를"이라고 기도했으며,[4] 무어필즈와 케닝턴의 회중 앞에서도 설교하게 했다.

그 뒤 웨슬리는 브리스톨로 돌아갔다. 그러나 웨슬리의 설교에

---

4   *Ibid.*, p. 315.

대해 소문을 들은 윗필드는 이런 편지를 써 보냈다. "존경하는 선생님, 듣자 하니 예정론을 반박하는 설교를 곧 출판하신다고요. 생각만 해도 충격입니다! 논란 말고 무슨 결과가 더 있겠습니까? … 양측 다 침묵하는 것이 최선의 방책일 것입니다."[5]

그러나 웨슬리는 "여기서 내 입장은 확고하다. 이 입장 위에서 나는 이 교리를 주장하는 모든 사람과의 논쟁을 시작한다."라는 선언에서 이미 선전포고를 했다. 제비뽑기에서도 "설교하고, 출판하라"라는 지시가 나왔고, 오래지 않아 그는 분열의 계기가 될 이 설교문을 전국에 배포할 참이었다.

웨슬리는 이제 분열을 더욱 조장하는 교리를 선포하기 시작했으며, 그 교리를 가리켜 "그리스도인의 완전"(Christian Perfection)[6]이라고 했다.

하지만 웨슬리는 이 교리를 명쾌히 정의하지 않았다. 오히려 이 교리를 두 가지 형태로 내버려 두었으며, 이 둘은 의미가 상충되었다. 우선 그리스도인의 완전이란 단순히 그리스도인의 성숙이 고도의 수준에 이른 상태를 뜻할 수도 있었으며, 물론 이 교리를 이렇게 정의할 경우에는 윗필드의 의견과 차이가 없다. 그러나 이 교리는 전적으로 무죄(無罪)한 상태를 의미할 수도 있었으며, 그리스도인의 완전을 이렇게 정의하면 극심한 견해차가 생긴다. 웨슬리가 줄곧

---

[5] *Ibid.*

[6] *Ibid.*, pp. 316, 317. John Wesley, *A Plain Account of Christian Perfection* (London: Epworth, 연대 미상), pp.15, 16도 보라.

가르치고 다닌 것은 바로 이 후자의 의미였으며, 이 의미야말로 이 교리의 존재 이유였다.

윗필드는 웨슬리 추종자들이 자신들은 완전하다고 주장하면서 몇 주 또는 몇 달 동안 전혀 죄를 짓지 않았다고 큰소리치는 것을 들었다. 그러나 윗필드가 보기에 이는 비성경적일 뿐만 아니라 위험천만한 주장이었다.

개인적 성결은 윗필드의 일상생활에서 중요한 요소였다. 윗필드의 편지와 설교에는 이런 취지의 언급이 많으며, 그는 이에 대한 자신의 입장을 다음과 같이 요약했다.

> 거룩하신 예수 안에 있는 모든 은혜가 우리 마음에 이식(移植)되어야 한다. 우리는 죄의 권세에서 건짐받는 것이지 이생의 삶에 내재하는 죄의 실재에서 건짐받는 것이 아니다. 저 세상에서 우리는 티나 주름 잡힌 것이나 이런 것들 없이 흠 없게 보존될 것이다.

이 문제에 관해서는 하월 해리스도 윗필드의 견해에 전적으로 동의했으며, 이 즈음 해리스는 한 친구에게 다음과 같이 권면했다.

> 그대가 하나님에게서 났음을 그대의 영에 계속 증언하시는 성령을 받기까지 안심하지 마시오. … 먼저, 믿음이 성장하는지 확인하시오. 그러면 사랑, 온유함, 상한 심령, 경건한 슬픔, 의지를 포기함, 겸손, 거룩한 두려움, 주의 깊음, 예민한 양심 등 다른 모든

은혜가 뒤따를 것입니다.

교리상의 차이 덕분에 웨슬리는 자기 고유의 운동, 즉 웨슬리류(流)의 메소디즘을 시작할 수 있었다. 그는 브리스톨에 새 회관(New Room)이라는 작은 건물을 짓고, 윗필드를 불러와 주요 공동체 두 곳의 사역에 합류하게 했다. 그는 그곳을 브리스톨 집회소로 이용하는 한편 자신이 주도하는 운동에 '연합회'(United Societies)라는 이름을 붙였다. 앞에서 살펴본 것처럼 그는 런던에도 '파운더리'라는 건물을 얻어 놓고 자신의 사역 본부로 삼았다. 찰스는 앞서 말한 경련 체험에 대해서는 반대 의견이었지만, 다른 문제에서는 존과 의견이 일치했고, 그래서 이들은 지칠 줄 모르는 열심으로 자신들의 대의를 함께 추구해 나갔다.

이 몇 달 동안 윗필드는 엘리자베스 델라모트(Elizabeth Delamotte)라는 젊은 숙녀와 우의를 나누었다. 엘리자베스의 아버지 토머스 델라모트는 런던에서 남동쪽으로 몇 킬로미터 떨어진 벡슬리(Bexley)라는 곳의 대저택 블렌던 홀(Blendon Hall)의 주인이었다. 토머스는 런던에서 설탕 수입 사업도 하고 있었는데, 런던에 머무는 동안에는 가족과 함께 페터 레인 회 집회에 참석했다. 엘리자베스와 자매들은 찰스 웨슬리의 영향을 받고 회심했으며, 그래서 이들의 집에서는 찬양 소리와 기도 소리가 자주 울려 퍼졌다.

당시 윗필드는 언제라도 아메리카행 배에 오르기를 기대하는 상태라서 강 하류의 항구 가까운 곳에 머물러야 했다. 이것을 알게 된 토머스의 초대로 윗필드는 블렌던 홀의 손님이 되었으나 일 때문에 매일 밖에 나가 지내는 시간이 많았다. 지금까지 그는 이성(異性)과 가까이 지내며 교제하는 것을 자신에게 절대 허용하지 않았다. 그러나 지금은 자꾸만 억누르려 해도 엘리자베스에 대한 애정이 점점 마음속에 자리 잡아 가는 것을 느꼈다.

출발할 시간이 가까워 오고 이제 떠나면 일 년 이상 잉글랜드에 돌아오지 못하리라고 생각한 윗필드는 웨슬리의 분열 행동을 짐짓 무시한 채 브리스톨과 글로스터와 런던에 있는 자신의 수많은 추종자에게 알렸다. 자신이 잉글랜드에 없는 동안 웨슬리의 지도를 받으라고 말이다. 그리고 1739년 8월 13일 월요일 그는 델라모트 집안사람들과 저녁 식사를 함께하면서 이들을 가리켜 "눈물을 흘리는 내 귀한 친구들"이라고 했다. 델라모트 일가는 그가 타고 갈 배가 출항 준비를 하고 있는 그레이브센드(Gravesend)까지 동행해 주었다.

이리하여 이 두 가지, 즉 웨슬리가 야기한 분열에 대한 두려움과 엘리자베스 델라모트에 대한 애정을 마음에 품은 채 윗필드는 두 번째 아메리카 방문길에 올랐다.

이제 온 세계가 나의 전도 구역이다. 내 주님께서 부르시는 곳이면 어디든 가서 영원한 복음을 설교할 각오가 되어 있다.

(윗필드는 1739년 아메리카로 가는 중에 이 말을 했다. 그리고 거의 30년 후 세상을 떠나기 얼마 전에도 다시 한번 같은 말을 했다. 그 사이에 그는 필생의 사역으로서 아메리카를 일곱 번 방문했고, 스코틀랜드에 열다섯 번, 아일랜드에 두 번, 지브롤터와 버뮤다와 네덜란드에 각각 한 번씩 갔다. 게다가 캐나다와 서인도 제도에까지 가려고 하면서 헤아릴 수 없이 많은 사람에게 복음을 전했다. 윗필드는 위와 같은 자신의 선언을 이행하고자 힘써 노력했다.)

7. 교리에 대한 확신

당연한 이야기지만, 대서양을 건너는 동안 윗필드는 육지에서처럼 거대 회중 앞에서 설교할 기회가 없었다. 그래서 그는 배에서 활용할 수 있는 수단으로 하나님의 일을 진작시키려고 했으며, 그 수단은 바로 편지였다. 윗필드는 배 안에서 엄청나게 많은 편지를 썼는데, 그중 몇 가지를 간략하게 살펴보겠다.

윗필드는 한 잉글랜드인 사제에게 이런 편지를 썼다. "주님께서 자신의 귀한 아들을 우리 안에 계시하기를 기뻐하시므로, 오, 우리가 하나님의 은사를 불일 듯 일어나게 하여 모든 담대함으로 사람들에게 그분을 선포합시다. … 그리스도께서 골방에서 우리에게 성령으로 말씀하신 것을 우리가 지붕 위에서 선포합시다. 우리가 모든 증언을 마칠 때까지 음부의 마귀도 우리를 해치지 못할 것입니다."[1]

잉글랜드를 떠나기 전 윗필드는 사역자들을 훈련하는 비(非)국교회 학교인 필립 다드리지 아카데미(Philip Doddridge Academy) 학생들에게 연설한 적이 있는데, 배 안에서 그는 이들에게 이런 편지를

---

[1] *Whitefield: Life and Times*, Volume 1, p. 398.

썼다. "… 국교도든 비국교도든 우리의 주된 관심사는 우리가 하나님께 부름받고 가르침받는 자들임을 확신하는 것이어야 합니다. … 제가 생각하기에 여러분 대다수가 인간에 대한 비굴한 두려움 때문에 필요 이상으로 고개를 숙입니다. … 속된 소망과 세상적 두려움에서 마음이 자유롭지 않은 한, 여러분은 담대히 말해야 할 때 절대 담대히 말하지 못할 것입니다."[2]

윗필드의 이런 편지들에는 사역을 하는 사람이라면 누구나 갖게 되는 책임감, 하나님께서 지상에서 곧 행하실 것이라 여겨지는 일에 관해 자신이 갖고 있는 개념들을 재천명하는 문구가 등장한다. 그중 두 가지 예를 살펴보자.

> 나는 천둥처럼 하나님 말씀을 선포하는 이들을 사랑합니다. 기독교 세계는 깊은 잠에 빠져 있습니다! 오직 큰 음성만이 이들을 그 잠에서 깨울 수 있습니다.[3]

> 오, 어떤 분파에서든 모든 종파에서 참되고 순결한 신앙이 부흥할 수만 있다면! 하나님께서 그 일을 진척시키는 데 나를 도구로 삼으셨습니다! 어떤 일을 하게 되든, 어떤 일을 당하든 나는 상관하지 않으니, 그래야 내 주님의 나라가 능력으로 임하는 것을 보게 될 테니 말입니다.[4]

---

2   *Ibid*., pp. 399, 400.
3   Whitefield's *Works*, Volume 1, p. 67.

윗필드가 배 안에서 쓴 편지들은 기쁨과 안온한 느낌이 가장 큰 특징이지만, 그런데도 전혀 성격이 다른 발언들도 점차 등장하기 시작했다. 그는 "여러 시간 동안 하나님과 친밀히 교제하면서 내 공(公) 사역의 허물을 용서해 주시기를 청할 수 있는 영광스러운 기회를 누렸다"라고 말하면서 엄격한 자기 성찰을 계속해 나갔다. 먼저 그는 인간이 도달할 수 없는 높이에 있는 하나님의 거룩하심에 대해 새로운 안목을 갖게 되었고, 이와 대조적으로 인간의 죄에 대해서도 새로운 시각을 갖게 되었다. 즉, 하나님의 시각에서 보는 죄의 어두움, 타락한 인간 본성에 존재하는 죄, 그리고 무엇보다도 자기 마음속에 거하는 죄를 보게 된 것이다.

이런 체험을 하면서 윗필드는 침체 상태에 빠졌다. 한때는 사역을 포기해야 한다고까지 생각했다. "내가 쓸모없고 자격 없는 자라는 의식이 너무도 무겁게 짓눌러서, 은퇴를 하는 게 최선일 것이라는 생각도 자주 들었다." 심지어 이제 편지 쓰는 것조차 삼가야 할 것 같다는 생각을 비치기도 했다. "나 자신이 참으로 비참하고 불쌍하게 느껴지고, 또 눈멀고 벌거벗은 듯한 느낌이라 사탄이 아마도 나를 유혹하여 누구에게도 편지를 쓰지 못하게 할 것이다." 그는 다시 대중 앞에 나서게 될 날을 내다보면서 "선동가들과 화살과 죽음 가운데로 다시 한번 감연히 나 자신을 던져야 하는가?"라고 물었다. 하지만 결국 그는 "그렇다. 주님의 능력으로 나아갈 수만 있다

4   *Ibid.*, p. 66.

면!"이라는 단언으로 자신의 물음에 답변했다. 런던의 한 비판자는 그를 가리켜 "미쳤는데 자신만만한 윗필드!"라고 했다. 하지만 청년 윗필드는 자신에 대한 확신이 별로 없었던 것이 분명하다. 그보다는 자신의 하나님이신 주님 안에서 능력을 찾았을 뿐이다.

하지만 하나님께서는 이렇게 윗필드가 죄의 본질을 더욱 깊이 들여다볼 수 있게 하심으로써 그분 은혜의 그 넘치는 부요함을 한층 더 새롭고 충실히 이해할 수 있게 하셨다. 몇몇 서신에서 윗필드는 그 두 가지 체험을 서로 연관시켜 이야기하고 있으며, 다음 편지들에서 그 예를 볼 수 있다.

> 나의 실제적인 죄와 타고난 결함에 대한 인식이 나를 지극히 겸손하게 만들었습니다. 그리고 그때, 값없이 풍성하게 주어지는 하나님의 영원한 사랑이 내 영혼에 그 큰 빛과 능력으로 밀고 들어와, 나는 경외감으로 침묵에 빠져들어 아무 말도 하지 못할 때가 많았습니다![5]

> 이번 주 후반, 찬양받으실 주님께서는 내가 그 얼굴의 빛을 다시 볼 수 있게 해 주셨고, 즐거운 입술로 그분을 찬양할 수 있게 해 주셨습니다.

---

5 *Whitefield: Life and Times*, p. 404.

하나님의 은혜를 이렇게 더 깊이 인식하면서 윗필드는 자신이 체험한 진리를 여러 편지에서 이야기하기 시작했다. 그렇게 함으로 그는 자신이 포용하는 신학 체계의 원리를 분명히 선언했는데, 이 신학 체계는 흔히 '칼뱅주의'라고 불리지만, 윗필드는 이것을 '은혜의 교리'(the doctrine of grace)라 부르기를 더 좋아했다.

하지만 윗필드의 믿음은 단순한 지적 이론이 아니었다. 그보다 이는 그의 사고의 틀을 형성하고 일상생활을 지배한 근본 진리였으며, 그는 아메리카로 가는 배 안에서 쓴 편지에서 그 진리를 거듭거듭 천명했다. 다음의 두 인용구는 윗필드의 그런 입장을 단적으로 보여준다.

> 하지만 이것이 나의 위로이니, "예수 그리스도께서 예로부터 나를 아셨고, 나를 존재하게 하셨고, 때가 되자 나를 부르셨으며, 그의 보혈을 믿는 믿음을 통해 나를 값없이 의롭다 하셨고, 성령으로 나를 일부 거룩하게 하셨으며, 종말이 이를 때까지 나를 그 영원한 품 안에 보존하실 것입니다." 오, 이 복된 복음의 진리라니! 실로 이것이 복음입니다. 이것은 들을 귀 있는 모든 이들에게 큰 기쁨을 안겨주는 복된 소식입니다. 들을 귀 있는 모든 사람에게 이는 큰 기쁨의 반가운 소식입니다.[6]

---

6   *Ibid.*, p. 406.

사탄이 나를 고소할 것이니, 그때 나의 대답은 이러할 것입니다. 주 예수님이 나의 의(義)이시니 네가 어찌 감히 하나님께서 택하신 자를 고소하는가? 내가 여기 섰으니 내 옷이 아니라 주님의 옷을 입고 섰습니다. 내가 은혜를 입을 아무 자격이 없건만 그분께서 내게 은혜의 상급을 주시며, 그분께서 내 안에서 나로 행하게 하신 일에 대해 마치 내 능력으로 행한 일인 양 갚아 주시리라는 것을 나는 압니다. 오, 이를 알진대 거룩하신 예수님을 위해 열심과 사랑이 솟아나야 마땅하지 않습니까![7]

윗필드는 이런 진리들을 성경에서 배웠다고 말했다. 그는 한 편지에 쓰기를, "내가 칼뱅주의 체계를 받아들이는 것은 칼뱅이 아니라 예수 그리스도께서 그것을 내게 가르쳐 주셨기 때문"이라고 했다. 그는 친구 제임스 허비(James Hervey, 저술가로 매우 유명해진 사람)에게 이렇게 조언했다. "친애하는 허비 씨에게 한 가지 조언을 하자면, 모든 편견을 내려놓고 사도 바울이 로마와 갈라디아 교인들에게 보낸 서신을 읽고 기도해 보시기 바랍니다. 그리고 이 교리에 대해 어떻게 생각하는지 말씀해 주시기 바랍니다."

윗필드는 이 진리들이 바로 자신의 열심의 원천이라고 밝혔다. 또 한 편지에서 그는 이렇게 말했다.

---

[7] *Ibid.*

우리를 선택하셨고 그리스도 예수 안에서 값없이 의롭다 하셨다는 교리가 … 내 영혼을 거룩한 불길로 채우고, 내 구주 하나님께 대해 더 큰 확신을 갖게 해 줍니다.

[또 다른 편지에서 그는 말했다] 나는 우리가 서로에게서 불이 붙기를, 누가 가장 인간을 낮추고 주 예수를 가장 높이는지 우리 사이에 거룩한 경쟁이 있기를 바랍니다. 오직 종교개혁 교리만이 이일을 할 수 있습니다. 다른 모든 교리는 인간에게 자유의지의 여지를 남기며, 적어도 부분적으로는 인간을 자기 자신의 구주로 만듭니다. 내 영혼아, 너는 그런 것을 가르치는 자들의 비밀에 가까이 다가가지 말지니라. … 나는 그리스도가 모든 것 중에서 모든 것이시며 인간은 아무것도 아님을 압니다. 인간은 지옥에 가려는 자유의지는 있습니다. 반면에 하나님께서 그 사람 안에 역사하셔서 하나님을 기쁘시게 하려는 마음을 주시고 그런 일을 행하게 하시지 않는 한 누구도 천국에 가지 못합니다.[8]

윗필드에게 은혜의 교리는 하나씩 하나씩 받아들여지거나 거부되는 개별적 교의(教義)가 아니었다. 그 교리들은 서로 결합하여 하나의 통일된 신학 체계를 구성했다. 이 점에 관해 그는 이렇게 말했다.

---

8 *Ibid.*, p. 407.

우리가 성자로 말미암아 성부께 영원히 선택되었고, 성자의 보혈을 믿는 믿음을 통해 값없이 의롭다 여김을 받으며, 그 결과로 우리가 성화되고, 또 이 모든 과정의 결과로 우리가 궁극적으로 견인하게 되고 영화롭게 된다고 성령께서 내게 확신을 주시니, 하나님을 찬양합니다. 이 모든 것을 하나님께서 하나로 이어주셨음을 나는 확신합니다. 어떤 인간이나 마귀도 이를 갈라놓을 수 없을 것입니다.[9]

그는 또한 이렇게 말했다.

저주받기에 합당하다는 것 말고 우리 안에 하나님께서 미리 아신 어떤 합당함이 있었습니까? 나는 없다고 믿습니다. 다만 하나님께서 우리를 영원 전에 선택하셨고, 때가 되매 우리를 부르셨을 뿐입니다. 그리고 내가 확신하기로 하나님께서는 우리가 마지막에 믿음에서 떨어지지 않도록 영원까지 우리를 지키실 것입니다. 복음을 이런 관점에서 생각하십시오. 그러면 복음이 하나의 일관성 있는 체계로 드러날 것입니다.

결국 윗필드는 이 교리야말로 뜨거운 구령(救靈) 사역의 토대라고 보았다. 하월 해리스에게 보내는 편지에서 그는 이렇게 말했다.

---

[9] *Ibid*., pp. 407, 408.

선택하시는 사랑이 값없이 주어지며 그 사랑이 영원하다는 사실을 이들에게 명심시키시고, 간절한 마음으로 예수 그리스도의 완전한 의를 믿음으로 굳게 붙들게 하십시오. 이들에게 전하십시오. 오, 모든 것에 넉넉한 그리스도의 은혜의 그 풍성함에 대해 한밤중까지라도 전하세요. 부디 이들에게 이야기하십시오. 이들의 영혼을 위해 그분께서 어떤 일을 하셨는지, 지금 하늘에서 이들을 위해 얼마나 간절히 대언하고 계시는지, 이들에게 이야기하세요. 말씀의 지도를 펴 놓고, 위에 있는 나라, 또한 그 나라의 초월적 영광을 보여주세요. 그리고 전심으로 예수 그리스도를 믿는다면 이것이 이들 소유가 되리라고 확신시켜 주세요.

즉시 그분을 믿으라고 재촉하십시오! 권면하다가 중간중간 기도하고, 기도로써 하늘에서 불이 내리기를, 성령의 불이 내리기를 구하십시오. … 사랑하는 형제님, 늘 이번이 마지막인 것처럼 전하십시오. 할 수만 있으면, 울면서 말씀하십시오. 그리고 이들로 부르짖게 하십시오. "보라, 그가 우리를 얼마나 사랑하시는지!"라고.[10]

윗필드에 관한 책들의 특징이라고 하면 대부분 정확성이 결여되어 있다는 것이다. 그래서 그가 뉴잉글랜드 사람들의 영향을 받기 전까지는 칼뱅주의자가 아니었고 또 자신이 무얼 믿고 있는 것인지에 대한 이해가 거의 없었다고 이야기들을 해 왔다. 따라서 여기

---

10 *Ibid.*, p. 408.

서 강조되어야 할 사실은, 윗필드가 뉴잉글랜드 목회자들을 만나기 전에 이미 위와 같이 선언했다는 점이다. 더욱이 그는 회심 이후 사 년여에 걸쳐 점차적으로 위와 같은 확신에 이르렀고, 또한 그 확신에 대해 매우 실제적인 이해를 갖고 있었다. 즉, 이것을 추상적 사고 체계로서가 아니라 성경의 가르침이요 일상생활의 기본 원리로 이해하고 있었다는 것이다.

대서양을 건너는 동안 이런 체험을 하게 하심으로 하나님께서는 이제부터 펼쳐질 특별한 사역을 위해 자신의 종을 준비시키셨다.

십일 주 동안의 항해 끝에 배는 아메리카의 루이스타운(Lewistown)에 닿았다. 때는 1739년 10월 30일이었고 이때 윗필드의 나이 스물네 살이었다.

삽화 7-1 타이어먼의 윗필드 전기에 실린 스물네 살 윗필드의 초상화

(윗필드는 아메리카에 메소디즘의 토대를 놓았다. 웨슬리 형제도 한때 아메리카에 왔으나 찰스는 칠 개월, 존은 이십이 개월 동안 식민지 조지아의 황무지에 잠시 머물렀을 뿐이다. 윗필드는 아메리카를 일곱 차례 방문했고, 그때마다 장기간 체류하면서 열세 개 식민 주를 여러 번 돌아다니며 사역했다. 대각성을 목격한 1740년의 이 방문은 그 나라 역사상 영적 은혜가 가장 풍성하게 임한 때임이 틀림없다.)

8. 자비의 집

윗필드는 식민 대륙의 지리적 중심지인 펜실베이니아를 향해 길을 나섰다. 그는 조지아에 고아원을 세울 작정이었으나 이에 대한 준비 작업으로 먼저 아메리카를 알고 싶었다.

필라델피아에 도착한 그는 장로교와 침례교 목사들, 그리고 그 지역의 터를 닦은 펜(Penn) 가문 중 그때까지 남아 있던 토머스 펜(Thomas Penn)의 환영을 받았다. 윗필드는 매일 저녁 야외에서 엄청나게 많은 군중에게 설교했으며, "이들은 서 있는 걸 피곤해하는 것 같지 않았으며 나 역시 말하는 것이 피곤하지 않았다"라고 했다. 잉글랜드에서 누린 인기가 이곳에서도 그대로 재현될 것이 분명했다.

그러나 이내 윗필드는 성경의 진리를 위해 대중의 갈채를 기꺼이 희생할 뜻을 밝혔다. 당시 걸출한 장로교 목사인 윌리엄 테넌트(William Tennent)가 윗필드를 찾아왔다. 테넌트는 성경의 진리에서 광범위하게 이탈하는 풍조가 장로교 교단에 오랫동안 만연되어 왔다고 하면서 교단 집회에서 "신앙을 열렬히 옹호했다." 또한 그는 사역자 교육을 위해 '로그 칼리지'(Log College, 통나무 대학)로 잘 알려진 학교를 세웠으며, 자신의 학식과 개인적 열정으로 학생들에게 완벽한 학식과 뜨거운 열심을 구비시켜 줄 수 있었다. 윗필드는 테넌트에 대해 이렇게 말했다.

> 어스킨(Erskine) 씨와 그의 형제들이 에든버러 치리회의 미움을 받고 잉글랜드에서 메소디스트 설교자들이 형제들에게 미움받는 것처럼, 테넌트와 그의 아들들도 총회 대다수 사람에게 은근히 멸시받았다.[1]

이 문제에 관한 논쟁은 장로교 교단뿐만 아니라 침례교·개혁교회·회중교회 교단까지 이미 분열시키고 있었고 이제 윗필드는 이 문제를 자신이 속한 잉글랜드 국교회에까지 확대시켰다. 자신의 주일 오후 집회에 관해 그는 이렇게 말했다. "나는 우리 성직자들의 비기독교적 원리와 행습을 논박하는 증언을 많이 했다. 우리 교파 형제 세 사람이 그 자리에 있었다. … 나는 열의를 가지고 말하려고 했을 뿐만 아니라 온유하게 말하려고 노력했다."

이때 윗필드는 그의 삶에 중요한 의미를 갖게 될 두 인물과 친분을 맺기 시작했다. 한 사람은 뉴욕의 토머스 노블(Thomas Noble)인데, 상당한 재산가인 그는 편지를 통해 고아원 설립을 돕겠다는 의사를 밝히면서 윗필드가 자신을 한 번 방문해 주기를 요청했다. 또 한 사람은 윌리엄 테넌트의 아들인 길버트로, 이번 여정에 윗필드

---

[1] *Whitefield: Life and Times*, Volume 1, p. 433.

와 동행한 열심 있는 설교가였다.

뉴욕에 다녀온 후 윗필드는 필라델피아에서 가장 큰 교회에서 설교하기 시작했으나 그곳도 너무 좁아 다시 야외로 나가는 수밖에 없었다.

윌리엄 수어드는 배가 한 척 있으면 고아원을 위해 아주 유익하게 쓰일 것이라 생각하고 범선 한 척을 구입해 서배너 호(The Savannah)라고 이름 붙였다. 윗필드가 잉글랜드에서 데리고 온 일단의 사람들은 그 배를 타고 조지아로 향했다. 하지만 아메리카에 관해 더 많이 알고 싶었던 윗필드는 이들과 따로 수어드와 비서인 존 심스(John Syms)만 데리고 육로 여정에 올랐다.

기대한 대로 윗필드는 그 여정에서 소중한 체험을 했다. 그는 인구가 많은 지역에서는 많은 사람을 상대로, 그리고 황무지에서는 얼마 안 되는 사람들을 상대로 날마다 설교했다. 포토맥 강을 건널 때는 세 사람 모두 빠져 죽을 뻔했다. 가끔씩 대저택에서 편안하게 하룻밤을 보낼 때도 있었으나 대개는 통나무집 아니면 그냥 바닥에서 잠을 잤다. 윗필드는 윌리엄 앤드 메리 칼리지를 방문하고 크게 즐거워하며 그곳 교수 두 사람이 옥스퍼드 동기생이라고 말했다. 그는 수많은 사람을 만났고 대규모 농장 몇 군데를 보았으며, 특히 농장이 노예들의 노동에 의존한다는 사실을 알게 되었다.

서배너에 도착해 보니 엘리자베스 델라모트의 편지가 기다리고 있었다. 윗필드는 만약 한 여인에 대한 사랑을 허용한다면 하나님을 참으로 사랑할 수 없을 것이라고 생각했고, 그래서 잉글랜드를

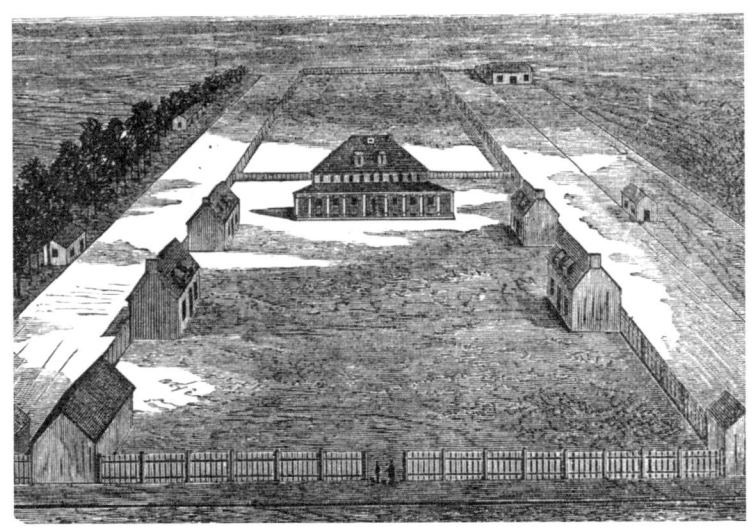

삽화 8-1 윗필드의 고아원

떠나온 이후 엘리자베스를 마음속에서 지워 없앴다고 자신을 타일러 왔다. 그러나 편지를 보자 그녀에 대한 애정이 되살아났고, 그는 다시 내적 갈등에 빠져들었다.

조지아 신탁 위원회가 윗필드에게 200만 제곱미터의 땅을 증여하자 그는 곧 그 땅에다 고아원을 짓기 시작했다. 큰 본관과 그보다 작은 부속 건물 네 개를 짓고, 나머지 땅을 정비해서 헛간과 창고를 만들고, 서배너에서부터 15킬로미터를 가로지르는 도로를 내야 했다. 윗필드는 조지아 땅에서 구할 수 있는 인력은 다 일꾼으로 고용했다. 이 모든 일을 감독해서 완공하고 거기 필요한 경비를 조달하는 일이 다 그의 몫이었고, 이는 많은 에너지를 요구하는 일이었다.

그는 고아원에 '베데스다'라는 이름을 붙였는데, 이는 성경에서

'자비의 집'(A House of Mercy)이라는 뜻이었다.

그런데 당시 상황이 건물이 완공될 때까지 기다릴 수 없는 형편이었기에 윗필드는 서배너에서 가장 큰 집을 빌려 그곳에 고아들을 수용했다. 그는 아이들에게 가정을 마련해 주었을 뿐만 아니라 학교 교육도 받게 해 주었고 순종을 훈련시키고 기독교 교리도 가르쳐 주었다. 여자아이들은 뜨개질과 바느질도 배웠고, 남자아이들은 목공과 농사짓는 법을 배웠다.

베데스다가 건축되는 동안 윗필드는 봄철 순회 전도라고 할 수 있을 만한 여정을 시작했다. 먼저 그는 서배너 호를 타고 필라델피아로 향했는데, 이번에는 일단의 모라비아 교도가 동행했다. 이들은 무기를 들고 조지아를 방어하라는 당국의 지시를 거부한 사람들이었다. 펜실베이니아로 가고자 했으나 그곳까지 갈 여비가 없는 이들을 윗필드가 무임으로 배에 태워 주었다.

배를 타고 필라델피아로 가는 동안 윗필드는 생애에서 가장 중요한 결단으로 손꼽힐 결정을 했다. 엘리자베스에게 청혼 편지를 쓰기로 한 것이다.

윗필드는 서배너에서 받은 엘리자베스의 편지에 이미 답장을 보냈는데 그 편지 첫머리에서 이렇게 말했다. "내가 무엇보다 두려워하는 것은, 세상 일들에 내 마음이 쫓기는 것입니다. 그런 때가 오면 마귀가 정말로 나를 덮칠 것입니다.…"[2] 그러나 편지 마지막 구

---

2   *Ibid.*, p. 468.

절에서 그는 잉글랜드에서 다시 엘리자베스와 함께 있기를 갈망한다는 뜻을 드러냈다.

서배너 호에서 그는 엘리자베스의 부모에게 딸과의 결혼을 허락해 주기를 청하는 편지를 쓴 뒤 엘리자베스에게 보내는 또 한 장의 편지를 동봉하면서, 자신의 청혼을 합당하게 여긴다면 그 편지를 엘리자베스에게 전해 달라고 부탁했다. 엘리자베스에게 보내는 편지에서 그는 자신과 결혼할 경우 어떤 희생을 치러야 하며 어떤 시련을 겪어야 하는지를 쭉 나열했고, 그러고 나서 이렇게 말했다.

> 하나님의 인도를 구한 뒤 … "내게 능력 주시는 그리스도로 말미암아 내가 그 모든 일을 할 수 있다"라고 말할 수 있다면, 당신과 제가 주님 안에서 하나가 되고, 제가 잉글랜드에서 돌아올 때 저와 함께 오셔서 고아원 운영하는 일에 저의 돕는 배필이 되어 주시면 어떻겠습니까? … 당신에게 대단한 고백 같은 것을 하지는 않겠습니다. … 주님 안에서 결혼하고자 하는 이들은 세상 사람들이 구애할 때 흔히들 그러는 것처럼 열정적으로 감정을 표현하는 행동은 피해야 한다고 생각합니다. … 제가 믿기로, 저는 오직 하나님만을 위해 당신을 사랑합니다. … 두려움과 많은 떨림으로 이 편지를 쓰는 바이며, 주께서 틈을 내 주시기를, 그리하여 친애하는 당신의 마음을 움직여 제게 답장을 쓰게 해 주실 때까지 참을성 있게 기다리겠습니다.
>
> — 그리스도 안에서 다정한 형제이자 친구이자 종인 G. W.[3]

필라델피아에 도착한 그는 이 편지들을 부친 후 그 편지가 대서양을 건너가고 다시 답장이 대서양을 건너오기까지 넉 달간의 기다림을 시작했다. 답장을 받기까지 그의 영혼은 그 일에 대한 걱정으로 무겁게 짓눌린 상태였으므로 이후 몇 달간의 그의 활동을 살펴볼 때는 이와 같은 심리 상태를 고려해야 한다.

필라델피아에서 윗필드는 어떤 사람과 특별한 우정을 맺게 되는데 이 우정은 그 후 평생 지속됐다. 그 사람은 바로 아메리카의 철학자이자 정치인인 벤저민 프랭클린이었다. 수 년 후 프랭클린은 이때를 돌아보면서 이렇게 말했다.

> 1739년, 윗필드 씨가 우리에게 왔다. 그의 설교를 듣기 위해 모든 교단, 모든 교파에서 엄청나게 많은 사람이 모여들었다. 나 역시 그중 한 사람으로서 그의 열변이 청중에게 얼마나 특별한 감명을 끼치는지 지켜보고 있노라니 이건 정말 깊이 고찰해 볼 만한 일이었다.
>
> 우리 주민들의 태도가 금방 변화되기 시작하는 광경도 놀라웠다. 신앙에 대해 아무 생각이 없거나 무관심했던 사람들이었는데 마치 온 세상이 다 경건해지고 있는 것 같았고, 그래서 저녁 무렵 동네 거리를 걷노라면 집집마다 시편을 노래하는 소리가 흘러나오는 것을 들을 수 있었다.

3   *Ibid.*, p. 472.

그의 목소리는 크고 맑았고, 단어와 문장을 아주 완벽하게 발음했기 때문에 아주 멀리 떨어져 있어도 그의 말을 듣고 이해할 수 있었다. 특히 그렇게 많은 청중이 모여 있어도 숨소리조차 들리지 않을 만큼 조용했기 때문에 더욱 그랬다. 어느 날 저녁 윗필드 씨는 법원 청사 계단 맨 꼭대기에 서서 설교했는데, 법원 청사는 세컨드 스트리트 서쪽으로 마켓 스트리트 한가운데 있고, 이 두 거리는 법원 청사와 직각을 이루고 있다. 두 거리 모두 그의 설교를 들으려는 사람들로 상당히 멀리까지 가득 찼다. 마켓 스트리트 맨 뒤에 서 있던 나는 그의 목소리가 얼마나 멀리까지 들리는지 궁금해져서 강가 쪽으로 뒷걸음질을 했다. 그랬더니 비록 거리의 소음 때문에 간간이 방해가 되긴 했지만, 프론트 스트리트 근방까지 그의 목소리가 또렷하게 들렸다. 그 뒤 내가 서 있는 곳까지의 거리를 반지름으로 해서 반원형을 상상하고, 거기 사람들이 가득 차 있고 한 사람당 약 0.2제곱미터를 차지하고 있다고 가정하니 그의 목소리가 삼만 명 넘는 사람들에게 들리고 있다는 계산이 나왔다.…[4]

프랭클린은 고아원 후원을 간청하는 윗필드의 말에 어느 정도 설득력이 있었는지에 대해 주목할 만한 증언을 남겼다. 그는 이렇게 말한다.

[4] *Ibid*., p. 439.

삽화 8-3 필라델피아 주 의회 의사당 계단에서 설교하는 윗필드

 윗필드 씨는 … 많은 돈을 모금했다. 그도 그럴 것이 그의 열변은 듣는 이들의 마음을 움직여 지갑을 열게 하는 놀라운 힘이 있었다. 나 자신이 그 한 예다.

 나는 고아원을 세워 운영하겠다는 그의 계획에 반대하지는 않았지만, 당시 조지아는 물자도 부족하고 인력도 부족했다. 그래서 큰 비용이 드는 걸 감수하고서라도 필라델피아에서 물자와 인력을 조달해야 한다는 의견이 있었는데, 내가 생각하기에는 아예 이곳에 고아원을 짓고 아이들을 이곳으로 데려오는 게 더 나을 것 같았다.

 얼마 후, 우연히 그의 집회에 참석해 설교를 듣게 되었는데, 듣고 있다 보니 그는 모금 순서로 예배를 마칠 작정인 것 같았다. 하지만 내게서는 한 푼도 못 얻어낼걸, 하면서 나는 마음을 단단히 먹었다. 그때 내 주머니에는 동전 한 움큼과 은화 서너 개, 그리고 금화 다섯 개가 있었다. 그러나 그가 설교를 계속해 나가면서 나는 마음이 누그러지기 시작했고, 그래서 동전 정도는 기부하기로 했다. 또 한 차례 그의 열변이 휘몰아치자 나는 내 결심이 부끄러워졌고, 그래서 은화까지 내기로 했다. 그러나 그가 찬탄할 만한 말솜씨로 설교를 끝냈을 때 나는 결국 주머니를 탈탈 털어 모금함에 다 넣고 말았다. 금화까지 모두 말이다.

    이 설교 때 우리 클럽 멤버 한 사람도 그 자리에 있었는데, 그도 조지아에 고아원을 짓는 문제와 관련해 나와 똑같은 생각을 가진 사람이었기 때문에 혹시라도 설교 시간에 고아원을 위한 모금 순서가 있을지 몰라 사전 예방 조치로 집에서 나올 때 아예 주머니를 비우고 나왔다고 했다. 하지만 설교가 마무리되어 갈 즈음 그는 기부를 하고 싶은 강한 욕구를 느꼈고, 그래서 옆 사람에게 돈을 좀 빌려 달라고 했단다. 그런데 하필 그 사람이 유일하게 그날 윗필드의 설교에 전혀 감동받지 않은 사람이었던 것 같다. 시종일관 단호했던 그 사람의 대답인즉 이러했다. "이봐, 홉킨슨, 다른 때 같으면 얼마든지 빌려주겠지만, 지금은 아닐세. 왜냐하면 자네는 지금 분별력을 잃은 것 같으니 말이야."[5]

---

5   *Ibid*., pp., 481, 482.

프랭클린은 아메리카에서 윗필드의 단골 출판업자가 되었고 프랭클린을 비롯해 그의 가족들까지도 윗필드를 개인적인 친구로 여겼다. 이 두 사람 사이에 오고 간 편지는 나중에 살펴보기로 하자. 이들의 우정이 두 사람 각자의 삶에서 중요한 공통 테마였다는 사실이 제대로 평가되지 않은 것은 참으로 안타까운 실수다.

잉글랜드의 온화한 기후에 익숙해 있던 윗필드는 아메리카의 더운 날씨를 견디기가 힘들었다. 최초로 윗필드 전기를 쓴 글래스고의 길리스 박사는 이 몇 주간 윗필드의 근황에 대해 이렇게 말한다. "그는 더위와 피곤 때문에 이따금 거의 죽을 지경이 되었다. 하루에 세 번씩 그를 말 위로 끌어올려야 했다. 다른 방법으로는 말에 오를 수가 없었기 때문이다. 그렇게 말을 타고 가서 설교하고는 숙소에 들어와 의자 두세 개를 붙여 놓고 몸을 뉘였다." 그러나 몸이 아무리 고달플지라도 사람들 앞에 서서 복음을 선포할 책임에 직면하면 곧 다시 힘이 솟아나곤 했다. 한 시간, 어쩌면 두 시간씩 몸과 정신으로 강도 높은 활동을 할 때면 그는 믿을 수 없을 정도로 강해졌고, 그 엄청난 일을 마치고 나서는 다시 온몸이 녹초가 되었다.

육신이 이렇게 피곤한 상태는 두 가지 마음의 짐 때문에 더 심해졌음이 틀림없다. 하나는 청혼한 일이 어떻게 결론 날까 하는 걱정이었고, 다른 하나는 존 웨슬리가 잉글랜드에서 일으키고 있는 불화에 대한 염려였다. 필라델피아에서 웨슬리의 편지를 받은 윗필드는 이렇게 답장했다.

가장 경험 많은 분들의 글, 그리고 가장 존경받는 그리스도인들의 체험을 살펴보면 살펴볼수록, 죄를 범하지 않는 것에 대해 선생님이 갖고 계신 개념, 그리고 하나님의 선택과 성도의 궁극적 견인 교리를 부인하시는 것에 대해 저는 점점 더 의견을 달리하게 됩니다.…

이런 진리들을 반대하시는 열정이 지난번 제가 잉글랜드에 갔을 때에 비해 조금이라도 식지 않았다면, 저는 귀국하는 게 두렵습니다. 선생님이 아메리카로 건너오시는 것도 두렵습니다. 선생님이 견지하는 교리와 정반대되는 교리들로 인해 이곳에 (그것도 아주 장엄한 방식으로) 하나님의 역사가 일어나고 있기 때문입니다. … 하나님께서 제가 어떻게 해야 할지를 지도하십니다! 때로 제가 여기 머무는 게 최선이라는 생각이 듭니다. 우리 모두가 똑같은 생각을 하고 똑같은 것을 말하는 이곳에 말입니다. 모든 일이 분열 없이 진행되고 있습니다.…

존경하는 선생님, 제가 이 편지를 쓰는 것은 혈기 때문이 아니라 사랑 때문입니다. 선생님이 주님의 이름으로 풍성한 성공을 거두시기를 진심으로 바라마지 않습니다. … 선생님이 수많은 사람에게 영적 아버지가 되어 주고 계신다는 소식이 들려오기를 갈망합니다. … 분노하지 마시고, 기도해 주십시오.

존경하는 선생님께,
그리스도 안에서 선생님의 자격 없는 형제이자 종인
조지 윗필드[6]

상대방과의 견해차를 드러낼 때 사람들은 보통 상대를 모질게 대하기 마련이다. 그래서 몇몇 작가들은 윗필드도 웨슬리에게 무례한 태도를 보였을 거라고 짐작한다. 그러나 웨슬리에게 보낸 다른 편지들과 마찬가지로 위의 편지에도 화평을 추구하고 사랑이 넘치는 윗필드의 원래 기질이 분명히 드러나 있다. 윗필드가 그런 기질을 가지고 있었다는 것은 찰스 웨슬리의 *Elegy on Whitefield*(윗필드에게 바치는 애가)에도 충분히 표현되어 있다.

윗필드의 타고난 친절함은 그가 이제 아메리카의 흑인들을 도우려는 행동에도 잘 나타난다. 많은 노예에게 행해지는 잔인하고 야만적인 처사를 목격한 윗필드는 "흑인 노예들에 관하여 메릴랜드, 버지니아, 그리고 사우스/노스 캐롤라이나 주민들에게 드리는 편지"를 써서 출판했다. 내용을 일부 소개하면 다음과 같다.

> 여러분은 집에서 키우는 개들을 껴안아 주고 식탁 옆에서 어루만져 줍니다. 그런데 여러분의 노예들은 흔히 개나 짐승의 이름으로 불리면서 개만도 못한 대접을 받습니다. 이들에게는 주인의 상에서 떨어지는 부스러기를 주워 먹는 것조차 허용되지 않습니다. 아니, … 주인의 기분을 조금만 상하게 해도 칼로 살이 베이고 포크가 날아와 꽂힌다고 하더군요. 무자비한 작업 감독이 노예의 등에 쟁기를 지우고 쉴 새 없이 채찍을 휘두르며 긴 밭고랑을 갈게 하

---

6   *Ibid.*, pp. 491, 492.

다가 결국은 죽음에 이르게 할 만큼 비인간적으로 혹사하는 일이 많은 것은 말할 것도 없고 말입니다. 여러분 중에는 그런 잔학한 괴물의 존재가 허용되지 않기를 바랍니다.

불쌍한 노예들이 자기 수고의 열매를 조금이나마 누릴 수 있도록 해 주지 않는다면 그것은 고마움을 모르는 것일 뿐만 아니라 잔인한 행위이지 않을까요? 깨끗하게 개간되고 경작되는 농장, 널찍한 저택들, 그리고 그 농장과 집을 소유한 이들이 날마다 호화롭게 먹고 입는 것을 보면서, 여러분이 누리는 그 안락한 삶은 오로지 여러분이 부리는 노예들의 쉼 없는 노동 덕분인데 그 노예들 중에는 변변히 먹을 만한 음식도 없고 걸칠 만한 의복도 없이 지내는 이들이 얼마나 많은지 생각하니 제 몸의 피가 싸늘히 식는 것 같은 기분이었습니다. … "들으라 부한 자들아 너희에게 임할 고생으로 말미암아 울고 통곡하라." 보십시오, 가엾은 노예들이 농사지은 양식을. 여러분의 밭에서 거둬들였으나 여러분이 주지 않은 "삯이 소리 지르며 그 추수한 자의 우는 소리가 만군의 주의 귀에 들렸"습니다![7]

구약 시대 선지자의 외침처럼 들리는 이 편지는 빠른 속도로 유포되었다. 윗필드는 프랭클린에게 이 편지를 주어 소책자 형식으로 출판하게 했지만, 편지는 곧 식민지 전역의 거의 모든 신문에도

---

7   *Ibid.*, p. 496.

실렸다.

윗필드는 노예들을 물질적으로도 돕고자 했다. 어느 날 일지에 그는 이렇게 썼다. "오늘, 델라웨어로 갈라져 들어가는 곳에 20제곱킬로미터의 땅을 산 뒤, 그곳에 큰 건물을 지으라고 지시했다. 이 불쌍한 사람들을 교육할 곳이다." 윗필드는 그곳에 들어설 건물에 '나사렛'이라는 이름을 붙였다.

윗필드가 조지아에서 데리고 온 모라비아 교도들은 과거 찰스와 존 웨슬리 형제의 회심에 영향을 끼친 페터 뵐러의 지도 아래 있었다. 이들 무리는 페터 외에 남자 셋과 여자 둘, 그리고 남자아이 둘이 전부였지만, 집도 없는 데다가 일자리도 필요한 상황이었기에 윗필드는 나사렛 건물 공사에 이들을 고용하겠다고 제안했다. 이들은 제비뽑기로 하나님의 의견을 구한 뒤 필라델피아에서 64킬로미터쯤 떨어진 건물 부지로 떠났다. 그곳은 황야 한가운데, 적대적인 아메리카 인디언들에게 둘러싸인 곳이었지만, 이들은 도착한 즉시 건물을 짓기 시작했다.

윗필드는 식민 주(州)들을 횡단하는 여행을 하면서 흑인들과 따뜻하고도 우호적인 관계를 맺었다. 그의 설교는 학교 교육을 거의 받지 못한 이 사람들도 쉽게 이해할 수 있을 만큼 쉽고 단순했다. 설교하면서 윗필드는 이들에게 직설적으로 말할 때가 많았다. 그는 '우리의 의(義)이신 주님'이라는 설교에서 "간다게 여왕의 내시에 대해 들어 본 적 있습니까? 여러분과 같은 흑인이었는데요"라고 물었다. 그러고는 이렇게 말했다. "그는 믿었습니다. 주님이 그의 의(義)

가 되셨습니다. 여러분도 믿으십시오. 그러면 여러분도 구원받을 것입니다."

윗필드는 중부 식민 주들을 광범위하게 돌며 설교했고, 자신의 설교를 듣고 많은 백인뿐만 아니라 흑인들도 다수 회심하는 것을 보았다. 예를 들어 필라델피아에서 설교할 때 그는 "오십 명쯤 되는 흑인들이 내 숙소로 찾아와 하나님께서 자신의 영혼을 위해 이루신 일에 감사를 표했다"라고 말했다. 그리고 한번은 큰 병을 앓게 되었는데 그때의 체험에 대해 윗필드는 이렇게 말했다. "가난한 흑인들이 내 방 창가에 모여들어 나를 심히 염려해 주었다. 이들의 주인이 내가 그들의 친구라고 알려 준 것이다."

그러나 나사렛 건축은 윗필드가 기대했던 결실을 거두지 못했다. 그는 나사렛에 한 번도 가 보지 않고 모든 일을 필라델피아에 있는 한 위원회에 일임했다. 그가 계획한 건물은 3층 높이의 대형 석재 건물이었다. 뷜러는 저먼타운에서 사람들을 데려와 노동력을 보충하면서 다섯 달간 공사했으나, 겨울이 오기 전에 건물 지붕을 이는 것은 불가능하다는 것을 깨달았다. 뷜러는 자기 일행이 겨울을 나려고 작은 통나무집을 함께 짓기 시작했고, 계획이 변동된 것을 알리려고 윗필드를 찾아갔다.

뷜러는 영어를 조금밖에 못했고 윗필드는 독일어를 전혀 몰랐기 때문에 두 사람은 라틴어로 대화했다. 윗필드는 모라비아 교도들의 '정적 교리'(the Stillness Doctrine)와 이들이 잉글랜드 국교회 성찬에 참여하기를 거부한다는 것을 웨슬리에게 들어서 알고 있었고, 그 문제에서는 웨슬리의 입장에 동의하고 있었다. 윗필드와 뵐러는 라틴어로 그 문제를 논의했는데, 나중에 윗필드는 "… 따로 따로 하나님의 일을 해 나가는 것이 최선이다. … 하나님께서는 우리가 의견 차이에도 불구하고 서로를 향해 진심에서 우러나는 숨길 수 없는 사랑을 품을 수 있게 하신다"라고 말했다.[8]

윗필드는 그 모라비아 교도들과 호의적인 관계를 유지했으며, 그 우정이 얼마나 깊었는지 얼마 후에는 윗필드 자신이 모라비아 교도가 되었다고 알려질 정도였다. 그런데 이상하게도 그가 "한겨울에 뵐러와 그 일행인 남자와 여자들, 그리고 어린아이들까지 자기 소유지에서 다 쫓아낼 정도로 매정한 모습을 보였다"라는 말이 공공연히 사람들 입에 오르내렸고 그것을 사실로 믿는 이들이 있었다.

어쨌든 윗필드가 나사렛 건물을 완공하는 것은 불가능하다는 사실이 드러났다. 공사 현장 주변 아메리카 인디언들이 공공연히 적대 행위를 했고 무엇보다도 윗필드의 재정 형편상 건축 계획을 지탱해 나갈 수가 없었다. 이렇게 되자 모라비아 교도가 그 부동산을 입수해서 건물을 완공했고, 이 건물은 오늘날 모라비아교 박물관이자 모라비아교 선교사들이 휴가 때 머무는 곳으로 쓰이고 있다.

흑인들을 도우려는 시도는 이렇게 실패로 끝났지만, 그는 다른 면에서 이들을 도울 수 있었다. 그중 가장 중요한 것은 윗필드 설교의 영향으로 흑인 영가(Negro Spiritual)가 탄생했다는 것이다. 윗필

---

[8] *Ibid.*, p. 506.

드는 교육받지 못한 흑인도 듣고 이해할 수 있게 영적 진리를 전했고, 그 설교를 들은 흑인은 고된 노동 현장으로 돌아와 윗필드에게서 배운 진리로 자기 영혼을 위로했다. 그는 그 설교자의 입에서 들은 몇 구절을 거듭 되뇌었고, 똑같은 문구가 반복되면서 어느새 리듬이 실렸고 흑인 특유의 타고난 음악성 덕분에 그 문구에 멜로디가 붙었다. 흑인은 이 노래를 부르고 또 불렀으며 다른 흑인들이 이를 듣고 목소리를 합쳤고, 모든 흑인이 날마다 이 노래를 반복한 끝에 마침내 이는 이들 삶의 일부이자 한 조각이 되었다. 이렇게 해서 성경의 진리를 진심으로 부르는 노래가 흑인들에 의해 탄생했으니 그것이 바로 흑인 영가다.

당시 사람들은 "흑인에게도 영혼이 있는가?"라고 자주 묻곤 했다. 윗필드는 흑인도 백인과 근본적으로 다를 게 없다고 답변했고, 이는 이 문제와 관련해 그 후 널리 유포된 최초의 긍정적 답변이었다. 그렇지만 유감스럽게도 윗필드는 노예 제도가 지극히 악한 제도라는 깨우침에는 이르지 못했고, 그래서 그 유창한 열변으로 백인뿐만 아니라 흑인에게도 '자유와 정의'가 허락되어야 한다고 강력하게 주장하지는 못했다.

우리에게 사도 시대가 다시 임한 것 같다. 그의 회중 가운데 거룩한 성령의 능력과 은혜가 그 정도로 임했고, 그 정도로 열렬하게 그는 복음의 말씀을 증언했다.

윌리엄 쿠퍼
보스턴
1741년 11월

9. 대각성을 위한 노고

일부 비판자들은 윗필드가 아무 계획도 없이 사역을 했으며 그때그때 기분에 따라 이곳저곳으로 다녔다고 추측한다. 그러나 그의 생애를 조금이라도 알게 되면 사실은 정반대였다는 것이 드러난다. 그의 사역 여정이 질서 있게 계획된 것이었다는 사실은 바로 이해의 아메리카 활동에서 특히 더 잘 드러난다.

그는 서배너를 기지 삼아, 방금 우리가 살펴본 것처럼 먼저 중부 식민 주를 돌아다니며 설교했고, 이것이 봄철 순회였다. 다음으로 찰스턴을 중심으로 하는 사역이 이어지는데, 이것이 여름철 순회였다. 마지막으로 가을철 순회 때는 먼저 뉴잉글랜드에서 설교한 뒤 조지아로 돌아가는 길목에 있는 모든 지역에서도 설교했다. 이렇게 지혜롭게 연중 사역을 계획했기에 아메리카에서 사람이 살고 있는 지역들에 효과적으로 접근할 수 있었다.

중부 식민 주들을 돌며 설교하는 동안 윗필드는 찰스턴에 있는 세인트 필립 교회의 주교 대리 가든(Garden)에게 일련의 강력한 공격을 받았다. 가든은 주교에게 위임받은 권한을 최대한 행사할 각오가 되어 있는 사람이었다.

윗필드의 비국교도적인 행위(즉, 국교회가 정한 전도 구역 체계에 따르지 않는 것, 다른 교파 사람들에게 설교하는 것)는 벌써부터 가든의 분노를 불러일으켰다. 윗필드는 "노예 소유주들에게 보내는 편지"에서 가든을 맞받아쳤고, 한술 더 떠서 "대주교 틸롯슨에게 보내는 편지"에서는 "대주교는 참된 기독교에 대해 마호메트만큼도 아는 게 없다"라고 선언했다. 그러자 가든은 본격적으로 행동에 나서서, "조지 윗필드에게 보내는 편지 여섯 통"을 공표해서 분노를 드러냈다.

대주교 틸롯슨은 거의 반세기 전에 세상을 떠났지만, 여전히 사람들의 기억에 남아 크게 존경받고 있었고 그의 저술 또한 여전히 널리 읽히고 있었다. 그런데 휴 브라이언이라는 대농장주가 대주교의 글들을 읽고 나서 오랫동안 영적 어둠에 빠져 있었다고 한 말이 윗필드를 자극했고 그래서 그 대주교를 강하게 논박하는 발언을 하게 된 것이다.

찰스턴에는 신앙 문제에서 친(親)틸롯슨 성향이 강한 시민들이 많았다. 또한 찰스턴은 노예들의 노동으로 부를 축적한 대농장주가 많은 상업 중심지이기도 했다. 따라서 수많은 찰스턴 시민이 윗필드가 쓴 그 두 통의 편지에 격렬히 분노했고, 이에 가든은 윗필드에게 보내는 편지 여섯 통에서 가든 자신의 노여움을 표현할 뿐만 아니라 시민들의 적대감까지 대변하는 역할을 자청했다.

가든이 윗필드를 어떻게 생각하고 어떤 자세로 대했는가는 그의 편지에서 발췌한 다음 구절에 분명히 드러난다. "아! 그대가 지핀 불은 중상모략과 명예 훼손의 불이니, 지옥의 어떤 마귀도, 지상의 그 어떤 예수회 수사(修士)도 그 불을 끄려 하지 않을 것이며, 오히려 있는 힘을 다해 장작을 던져 넣어 불길을 키워서 아주 효과적으로 자신들의 이익을 도모할 것이다." "그대는 그 사기꾼 같은 태도로, 마치 다윗이라도 된 듯 환상에 사로잡혀 골리앗[틸롯슨]을 살해했다. 하지만 그의 공적과 그에 대한 기억은 그대와 그대의 더러운 책자가 망각 속에 파묻힌 뒤에도 오래오래 살아남을 것이다." 가든은 노예 소유주들이 윗필드를 중상모략 죄로 고소해야 한다고 선언하는 한편, "듣자 하니 그대는 자신의 보호 아래 있는 가여운 고아들의 배를 곯리기도 하고 작업 감독이나 여선생을 시켜 등에 쟁기를 메고 긴 밭고랑을 갈게 하는 등 비인간적인 처사로 학대한다고 한다"라고 주장함으로써 노예 소유주들이 노예들을 가혹하게 대한다는 윗필드의 비난을 웃음거리로 만들려고 했다.[1]

윗필드는 가든의 편지에 아무런 응수를 하지 않았으나, 찰스턴 독립 교회 목사인 조시아 스미스가 윗필드 편에 서서, "윗필드, 그의 인품과 설교"(The Character, Preaching, Etc., of the Rev. Mr. Whitefield)라는 제목으로 설교했고, 이 설교는 뉴잉글랜드의 두 걸출한 사역자 쿠퍼(Cooper)와 콜먼(Colman)의 찬사 섞인 서문과 함께 출판되었다. 사람들에게 널리 존경받고 있던 그 두 사람은 윗필드에 대해 이렇게 말했다.

---

[1] *Whitefield: Life and Times*, Volume 1, pp. 511, 512.

> … 그는 시대의 경이(驚異)다. 사람들이 펜을 들어 쓰는 것이 모두 윗필드 이야기이고 대화 내용이 모두 윗필드 이야기다. … 어떤 이들에게는 찬사와 환호를 받으면서 어떤 이들에게는 정죄와 비난을 받는 사람도 윗필드 말고는 없다.[2]

스미스는 윗필드의 설교가 항상 교리에 충실하다는 주장으로 설교를 시작해, 윗필드가 선포하는 교리들을 나열했다. 그리고 나서 그는 계속해서 이렇게 말했다.

> 그의 행동과 몸짓이 얼마나 힘 있고 점잖은지는 굳이 말할 필요도 없고 내 필력으로 다 설명할 수도 없다. 기교에 얽매이지 않는 고상한 자유분방함이 그의 스타일을 관통하기는 하지만, 그는 더할 나위 없이 훌륭한 설교자요 강단 화술의 대가임이 확실하다. 그의 설교는 아주 특별하다. 미리 준비한 것도 아니고, 더구나 우리와 함께 있던 그 잠깐의 시간 동안 그렇게 많은 설교를 했다는 것을 생각하면 더욱 그렇다.…[3]

스미스는 윗필드의 성결한 삶, 능력 있는 기도, 점잖은 태도, 이타심, 부지런함, 자비로움에 대해 계속 이야기한다. "그는 아버지도 어머니도 없고 돈도 친구도 없이 여기저기 떠도는 가엾고 의지할

---

2   *Ibid.*, p. 513.
3   *Ibid.*

곳 없는 고아들을 찾아 데려다가 자기 가족으로 입양한다. … 순전한 신앙에 대한 증거로 '고아…를 그 환난 중에 돌보'는 것보다 더 확실한 증거가 어디 있는가!"

스미스의 설교가 윗필드의 사역을 매우 당당하고 훌륭하게 묘사했기에 가든의 반대 따위는 경박하고 편견에 사로잡힌 행동으로 보인다. 이것이 바로 윗필드가 수많은 시민의 빗발치는 방문 요청을 받고 찰스턴에 도착했을 때의 상황이었다. 때는 1740년 7월이었다.

국교회 예배에 출석하는 평소 습관에 따라 윗필드는 주일 아침 평범한 예배자의 자격으로 세인트 필립 교회에 갔다. 이때 가든은 악의에 찬 말로 윗필드를 공격하면서 그에게 성찬 베풀기를 거절했다. 윗필드는 그날 오후는 물론이고 그 주간 내내 설교했다.

그다음 주일 윗필드는 또 다시 세인트 필립 교회에 갔다. 가든은 이번에는 교회 역사를 샅샅이 뒤져 윗필드에 비길 수 있을 만한 광신자들을 찾아내 언급한 뒤 모두가 잘 알고 있는 혐오스러운 사례 하나를 집어냈다. 그것은 더타트(the Dutarts)라는 찰스턴의 한 집안으로, 이들은 사회에서 버림받은 사람으로 살면서 기묘한 종교 의식을 행하고 근친상간과 살인을 저지른 악명 높은 이들이었다. 그 집안사람들이 교수형당할 때 그 일을 관할하는 사제였던 가든은 윗필드를 바로 그런 사람들에 비한 것이다.[4]

그때까지 잉글랜드 땅 밖에서 교회 법정이 열린 전례가 없었음

---

4 *Ibid.*, p. 517.

에도 가든은 교회 법정을 소집했다. 그는 자신의 모든 권한을 최대한 동원해 윗필드를 공격한 후 쫓아내서 사역을 못하게 할 작정이었다. 가든은 호화로운 법의(法衣)를 입고 양편에 사제들을 대동하고 판사석에 앉았다. 시종일관 온갖 허세와 권위를 과시한 것이 재판의 특징이었다. 그러나 심리 사흘째 되던 날 발언권을 얻은 윗필드는, 가든에게는 자신을 재판할 권리가 없다고 선언했다. 그는 런던의 고등법원에 항소하겠다고 공표하고는 법정에서 나가 버렸다.

이듬해 런던에 온 윗필드는(이야기를 좀 앞당기겠다) 고등 법원이 이 사건을 심리해 줄 것을 거듭 요청했다. 그러나 잉글랜드의 판사들은 가든의 보잘것없는 법정에서 벌어진 사건을 진지하게 받아들이지 않았고, 송사의 내막을 알려고 하지도 않았다.

하지만 가든은 행동을 계속했다. 그는 첫 번째 법정을 소집한 지 "일 년 하고 하루 뒤" 다시 교회 법정을 소집했다. 이번에는 "거창한 말의 향연으로" 윗필드의 사역을 정지시키고 "온 교회가 보는 앞에서 공공연하고도 공개적으로 … 그의 탄핵을 선언했다."[5] 윗필드는 가든이 내린 파문 결정에 조금도 개의치 않았으며 다만 "그를 가엾이 여겨 그를 위해 기도했으며, 주님께서 그를 회심시켜 주시기를 바랐다"고만 했다.

그러나 찰스턴에서 겪은 이 일은 윗필드에게 지속적으로 영향을 끼쳤다. 그는 잉글랜드 국교회 소속 교회당 한두 곳에서 설교했지

---

[5] Tyerman's *Whitefield*, Volume 1, p. 400.

만, 그가 환영받은 곳은 장로교회, 독립교회, 침례교회에서였다. 윗필드는 이 교회들의 몇몇 목회자와 따뜻한 교분을 나눴으며, 아메리카에 머무는 동안 이때부터 주일 아침 잉글랜드 국교회 소속 교회당에 출석하던 관행을 점차 버리게 되었다.

윗필드의 영향으로 특히 혜택을 누린 이들은 남부 식민 주의 침례교도였다. 당시 남부에는 침례교회와 침례교도가 별로 없었고 불신앙 풍조가 유입되어 구령(救靈)을 위한 열심을 가진 사람도 보기 드물었다. 그러나 윗필드의 설교에 감동받은 교회들이 견고한 신앙을 갖게 되었고 새로운 열심이 이들의 특성이 되기 시작했다. 농군 겸 설교자들이 농막이나 외양간, 들판 등에서 설교하면서 교회와 신자의 숫자가 급속히 불어났다. 수많은 영혼이 그리스도께 인도되어 구원받았다.

윗필드가 찰스턴에 있을 때 주교 대리 가든은 '예정론을 반박하며'라는 웨슬리의 설교 사본을 들이대기도 했는데,[6] 이것을 보고 윗필드는 자신의 간곡한 요청에 아랑곳없이 웨슬리가 그 분열을 조장하는 문서를 널리 퍼뜨리고 있다는 것을 처음으로 알게 되었다. 이에 윗필드는 웨슬리에게 답장을 쓸 때가 되었다고 생각했다.

그리고 이보다 더 실망스러운 일이 그를 기다리고 있었다. 청혼 편지에 답장이 온 것이다. 그는 이 답신에 대해 "블렌던 가에서 온

---

[6] 웨슬리의 친구 존 화이트헤드가 자신의 저서 *The Life of John Wesley, M. A. and The Life of Charles Wesley, M. A.* (New York: Worthington, 연대 미상), p. 359 에서 한 말.

편지를 보고 E— D— 양은 이제 겨우 구도(求道) 단계에 있는 사람이라는 것을 알게 되었다"라고만 말한다. 엘리자베스의 부모도, 엘리자베스 본인도 윗필드가 나열한 어려움을 다 감당할 수 있을 만큼 엘리자베스가 성숙한 그리스도인이 아니라고 대답한 것 같다. 그러나 델라모트 집안은 페터 레인 회의 나머지 멤버들과 더불어 모라비아 교도가 되어 이제 웨슬리 형제와 맞서는 입장이 되었고, 그래서 윗필드와도 어느 정도 견해차가 생겼던 것이라고 짐작할 수 있다. 게다가 엘리자베스는 윌리엄 홀랜드라는 청년과 가까이 지내고 있었는데 그는 존 웨슬리가 회심하던 날 저녁에 루터의 글을 낭독한 바로 그 사람으로 알려져 있다. 그 후 다섯 달이 채 지나지 않아 엘리자베스는 홀랜드와 결혼했다. 이렇게 실망스러운 일이 거듭되면서 윗필드의 마음이 어떠했을지 우리는 충분히 짐작할 수 있다. '블렌던의 편지들'을 언급하면서 "지금 나는 울고 있으며, 주님 앞에 큰 슬픔을 쏟아놓았다"라고 하는 말에서 그의 슬픔을 엿볼 수 있다.

윗필드는 이런 깊은 실망에 빠진 채 베데스다로 돌아왔다.

고아원 일을 감독하면서 며칠을 보낸 윗필드는 가을철 순회에 나섰다. 이번 목적지는 뉴잉글랜드였다. 매사추세츠주 총독과 서기관을 비롯해 수많은 평신도와 몇몇 목회자들의 초청을 받고 나선 길이었다.

늘 그랬던 것처럼 보스턴 사람들도 그의 설교를 들으려고 밀물처럼 몰려왔다. 오늘날이라면 윗필드가 교회에서 설교할 때처럼 그렇게 많은 인파가 몰려들어 혼잡을 이루는 행사는 시(市) 관리들이 허용하지 않았을 것이다. 회를 거듭할수록 회중석의 사람들은 불어났고 통로와 계단에까지 사람들로 가득 찼으며 마침내는 강대상 근처까지 사람들이 들어찼다. 그런데 뉴 사우스 교회(New South Church)에서 설교하기로 되어 있던 날, 윗필드가 도착하기를 기다리던 사람들 중 누군가가 간이 좌석을 만들려고 널빤지 한 장을 부러뜨렸고, 그러자 누군가 회랑이 무너지고 있다고 소리를 질렀다. 예배당은 삽시간에 공포의 도가니가 되었다. 사람들이 한꺼번에 출입구로 몰렸고, 많은 사람이 바닥에 쓰러져 밟혔다. 어떤 사람은 창문 밖으로 몸을 던지기도 했다. 다섯 명이 사망하고 몇몇 사람이 중상을 입었다.

이 비극적인 사태에 윗필드는 마음이 몹시 어지러웠지만, 하나님의 도우심을 바라며 보스턴 공유지로 회중을 이끌고 가, "길과 산울타리 가로 나가서 사람을 강권하여 데려다가 내 집을 채우라"라는 말씀으로 설교했다. 그는 날마다 오전 오후로 설교하며 사역을 계속했고 저녁마다 숙소로 몰려드는 사람들에게도 설교했다. 그 주 수요일에 그는 하버드 대학 학생들 앞에서 두 번 설교했고, 주일에는 뉴잉글랜드에 와서 처음으로 모금해서 거의 200파운드를 모았다.

보스턴에서 지내는 동안 윗필드는 매사추세츠주 총독 조너선 벨처(Jonathan Belcher)의 찬탄 섞인 주목을 받았다. 벨처는 엄청난 부자로, 잉글랜드 귀족풍의 삶을 살아온 사람이었다. 그런 그가 이제 윗필드에게 이렇게 부탁했다. "… 통치자라고 해서 목회자들보다 봐주지 마십시오. 우두머리라고 해도 예외는 없습니다. … 저를 위해 기도해 주세요. 윗필드 씨, 제가 의(義)에 주리고 목마르도록 말입니다."

윗필드가 고별 집회로 보스턴 공유지에서 대규모 야외 집회를 하러 갈 때 총독은 자기 마차로 그를 태워다 주었다. 한 신문이 약 이만 삼천 명으로 추산한 그날의 인파는 보스턴 시 전체 인구보다 많았고, 아메리카에서 그처럼 많은 사람이 한곳에 모인 경우는 그때가 처음인 것이 틀림없었다. 이곳 사역을 마치면서 윗필드는 "한 영광스러운 일이 이제 시작된 것이기를, 그리고 하나님께서 신실한 일꾼들을 일으키셔서 그 일을 이루시기를 소망한다"라고 말했다.

보스턴의 열심 있는 목회자 토머스 프린스는 이렇게 말했다. 윗필드가 오기 전에는 "… 전반적으로 신앙이 퇴조하는 현상이 점차 확대되는 듯했다. … 영혼에 대한 염려를 안고 나를 찾아오는 사람도 거의 없었다. 내가 보기에 다른 목회자들의 사정도 마찬가지였다. … 그러나 윗필드 씨가 떠날 즈음에는 자기 영혼 문제에 아주 즐거이 관심을 갖는 이들이 많아졌다. … 강론 모임이나 주일 집회에 모이는 사람의 숫자가 놀랄 만큼 늘어났다."[7] 매주 화요일 저녁마다 정기 집회가 열리기 시작했으니, 이 집회는 '보스턴 지역 최초의 저녁 강론 모임'이었으며, 집회 때마다 늘 사람들로 붐볐다.

보스턴을 떠난 윗필드는(1740년 10월 13일) 조나단 에드워즈 목사가 목회하는 노샘프턴(Northampton)으로 가서 나흘 동안 머물렀다.

[7] Thomas Prince, *Christian History*, Volume for 1744, pp. 379, 386, *Whitefield: Life and Times*, pp. 534, 535.

노샘프턴 지역에 신앙 부흥을 일으키는 일에 이미 하나님께 쓰임받고 있던 이 뛰어난 목회자가 윗필드에게 자기 마을에 와 달라고 특별히 요청한 것이다. 에드워즈는 윗필드에게 이런 편지를 보냈다.

뉴잉글랜드 노샘프턴, 1740년 2월 12일

존경하는 선생님,

예정하신 대로 뉴잉글랜드를 순회하는 중 … 노샘프턴에 들러 주시기를 요청합니다. … 선생님이 가시는 곳마다 하나님의 은혜가 임한다는 것을 들어 알고 있습니다. 이것이 하나님의 뜻일진대 선생님과 선생님의 수고 위에 임하는 그 은혜가 이 마을에도 내려지기를 원하는 마음 간절합니다.…

잉글랜드 국교회의 토양에서 자라신 분이 복음의 신비하고 신령한, 그러나 많은 사람에게 멸시받고 타파된 교리를 부흥시키며, 또 참되고 생명력 있는 신앙을 진작시키려는 열심으로 충만하여 그토록 성공적인 사역을 하고 계신다는 소식은 정말 듣기만 해도 영혼에 새 힘이 솟습니다. 그런 일을 이루신 하나님, 선생님과 함께 계시고 선생님을 도우시며 선생님의 무기를 강하게 만드시는 하나님께 영광을!

선생님과 수어드 씨가 곧장 저의 집으로 오셨으면 합니다. 두 분을 제 집 지붕 아래서 환대할 수 있다면 저는 그것을 하나님의 큰 은총이자 섭리로 여길 것입니다.

선생님의 동역자라 불릴 자격도 없는
조나단 에드워즈 목사 드림[8]

이렇게 해서 윗필드는 노샘프턴으로 가서 금요일 오후부터 주일 저녁까지 머물렀는데 그때 일을 그는 이렇게 기록했다.

> 에드워즈 씨는 견실하고 탁월한 그리스도인인데, 현재는 몸이 병약하다. 생각해 보니, 뉴잉글랜드 어디에서도 그 같은 사람을 본 적이 없다. 그의 강단에 섰을 때 내 가슴에서는 성도들이 누리는 위로와 특권, 그리고 신자들에게 성령이 풍성하게 부어진다는 것 외에 다른 아무 말도 끌어올릴 수 없었다.[9]

그리고 주일 집회에 관해 윗필드는 이렇게 썼다.

> 오늘 아침에 설교했다. 선량한 에드워즈 씨는 설교 시간 내내 울었다. … 교인들 역시 은혜를 받았다. 오후에는 더욱 힘이 솟아났다.[10]

---

8   Iain H. Murray, *Jonathan Edwards: A New Biography* (Edinburgh: The Banner of Truth, 1987), pp. 157, 158.
9   *Whitefield: Life and Times*, p. 537.

에드워즈 부인 역시 윗필드의 설교에 크게 감동받았다. 에드워즈 부인은 오빠인 뉴 헤이븐의 제임스 피어포인트(James Pierpoint) 목사에게 다음과 같은 편지를 보냈다.

> 그분이 성경의 가장 단순한 진리를 선포해서 청중을 매혹시키는 광경을 지켜보면 정말 놀라워요. 천 명도 넘는 사람들이 그의 말을 한마디라도 놓칠세라 숨죽인 채 귀 기울이는 모습을 봤어요. 간혹 조용히 흐느끼는 소리만 그 침묵을 깨뜨렸지요. 그분은 많이 배우고 세련된 사람뿐만 아니라 무식한 사람까지도 감동시킨답니다. … 이곳에서도 수리공들이 가게 문을 닫고 일용 노동자들은 연장을 내려놓고 그의 설교를 들으러 왔어요. 은혜 받지 않고 돌아간 사람이 별로 없었답니다. … 많은 사람, 노샘프턴의 정말 많은 사람이 그분이 그리스도를 전하는 말을 들은 날로부터 새로운 생각, 새로운 소원, 새로운 목적, 새로운 삶이 시작되었다고 생각한답니다.[11]

윗필드와 헤어지는 게 아쉬웠던 에드워즈는 아버지 티모시 에드워즈(Timothy Edwards) 목사의 집이 있는 이스트 윈저까지 이틀 동안 말을 타고 윗필드와 동행했다. 티모시 목사의 교회에서 설교한 뒤 윗필드는 이렇게 말했다. "티모시 목사의 아내는 티모시 목사만

---

10 *Ibid.*, p. 538.
11 *Ibid.*, p. 539.

큼이나 나이가 든 것 같았다. 마치 사가랴와 엘리사벳의 집에 와 앉아 있는 듯한 착각이 들었다. 나는 아쉬운 마음으로 에드워즈 부자(父子)와 헤어졌다."

에드워즈와 헤어진 지 이틀째 되던 날 윗필드는 미들타운에 도착했다. 이곳에서 그의 설교를 들은 네이선 콜(Nathan Cole)이라는 무학(無學)의 농부가 쓴 글은 "윗필드가 와서 설교할 것!"이라는 말 한마디에 사실상 마을 사람 모두가 서둘러 그의 설교를 들으러 모여드는 광경을 잘 보여준다. 콜은 이렇게 썼다.

> 어느 날 아침 갑자기 한 심부름꾼이 와서 윗필드 씨가 … 오늘 아침 열 시에 미들타운에서 설교할 거라고 말하기에 나는 밭에서 일하다 말고 손에 들고 있던 농기구를 던져 놓고 집으로 달려가 아내한테 빨리 나갈 채비를 하고 미들타운에 가서 윗필드 씨가 설교하는 걸 들으러 가자고 한 뒤, 혹시 늦게 가서 설교를 못 들을까 걱정되는 마음에, 있는 힘을 다해 목장으로 달려가 말을 준비해서 아내를 태워 가지고 말이 달릴 수 있는 한 제일 빠른 속도로 달렸고, 말이 숨을 헐떡거리기 시작하기에 나는 내리고 아내만 태운 뒤, 내가 부를 때까지 멈추거나 느리게 가지 말고 달릴 수 있을 만큼 달리라고 시켰고, 그래서 나는 숨이 턱에 찰 때까지 달리다가 다시 말에 올랐다.…
>
> 내 앞에 구름 아니면 안개 같은 게 보였는데 … 가까이 다가갈수록 뭔가 천둥이 낮게 우르릉거리는 소리 같은 게 들렸고, 알고 보니 그건 길을 따라 내려오는 말발굽 소리였고 … 사람들과 말들이 미

끄러지듯이 달리고 있는 게 보였다. 나는 두 말 사이에 우리 말이 끼어들 만한 틈이 생긴 것을 봤고 아내는 "이런! 옷을 다 버리겠네. 이것 좀 봐요"라고 했다. 옛 집회소에 도착해 말에서 내리니 엄청나게 많은 사람이 모여 있었는데 … — 큰 강 쪽을 보니 나룻배들이 바삐 오가는 게 보였다 — 윗필드 씨가 발판 위로 올라오는 모습을 보니, 그는 거의 천사처럼 보이는 젊고 호리호리하고 가냘픈 청년으로 수천 명 앞에서 전혀 기죽지 않는 담대한 얼굴이었고 그가 가는 곳마다 하나님이 함께하셨다는 말을 들으니 마음이 숙연해졌고 … 나를 떨리는 두려움에 몰아넣었는데 그가 마치 … 권세로 옷 입은 것처럼 보이고 그의 이마에는 부드러운 엄숙함이 자리 잡고 있었기 때문이다. … 내 삶의 낡은 터가 박살 났고 나는 내 의가 나를 구원하지 못할 것을 깨달았다.[12] (원문은 문법과 철자가 엉망이다. ⓣ)

윗필드가 설교할 때 어떤 식으로 그렇게 많은 회중이 모였는지 콜이라는 농부가 이렇게 설명해 주었는데, 한편 윗필드의 설교를 들은 또 다른 사람은 윗필드가 어떻게 순간의 상황을 이용해 복음을 설명했는지를 보여준다. 그 사람은 보스턴에서 윗필드의 집회 때 있었던 일을 이렇게 이야기한다. 윗필드가 설교를 시작하자 구름이 몰려왔다. 그러자 그는 구름의 움직임에 따라 생기는 그늘을

---

[12] *The Spiritual Travels of Nathan Cole. William and Mary Quarterly*, 3rd Series, Ⅶ, 1950, pp. 589, 590에서 Leonard W. Larabee를 보라. *Whitefield: Life and Times*, p. 541.

손가락으로 가리키면서 "저기 저 인생의 상징을 보십시오"라고 했다. "구름은 눈 깜짝할 사이에 지나가면서 밝은 하늘을 우리 시야에서 가렸습니다. 그러나 구름은 사라졌습니다. 여러분, 인생이 저 검은 구름처럼 지나가 버리고 나면 그때 여러분은 어디에 있게 될까요? 오, 친애하는 친구들이여, … 얼마 안 있으면 우리 모두 그리스도의 심판대 앞에서 만나게 될 것입니다. 우리는 그분의 보좌 앞에서 모이게 될 큰 무리 안에 속하게 될 것입니다."

이어서 윗필드는 "알맹이 없는 거짓 그리스도인"을 향해, 다음으로 "부자"를 향해, 그리고 마지막으로 "죄인"을 향해 호소했다. 그는 "영원한 지옥의 불길이 여러분을 향해 타오르는 일이 없게 하십시오!"라고 촉구하고는 번쩍이는 번개를 가리키며 "저기를 보십시오! 진노하신 여호와의 눈에서 나오는 섬광입니다!"라고 했다. 천둥이 꽝꽝거리며 울리자 그는 손을 귀에 대고 듣는 시늉을 하며 말했다. "전능하신 주님께서 노를 발하며 지나가시면서 내시는 음성입니다!"

천둥소리가 잠잠해지자 윗필드는 두 손으로 얼굴을 가리고 털썩 무릎을 꿇었다. 아마도 기도를 하려는 것 같았다. 폭풍우가 빠른 속도로 지나가고 해가 불쑥 나타나면서 하늘 저편으로 장엄한 평화의 무지개가 드리워졌다. 젊은 설교자는 일어나 하늘을 가리키며 말했다. "무지개를 보십시오. 그리고 그것을 만드신 분을 찬양하십시오. … 무지개가 영광으로 하늘을 에워쌌고, 지존하신 분의 손이 이를 둥글게 만드셨습니다."[13]

윗필드는 이 설교를 출판할 수 있게 해 달라는 요청을 받기도 했으나, 설교의 의도를 전달하는 데 자연적 요소가 꼭 필요하다고 생각한 그는 이렇게 대답했다. "그러지요. 만일 번개와 천둥까지 글 속에 집어넣을 수 있다면 말입니다."

이즈음에도 그는 여전히 존 웨슬리의 편지를 받고 있었다. 웨슬리는 서로 의견이 다른 사항들을 줄기차게 언급하면서 윗필드를 도발하여 논쟁을 벌이려고 했다. 그러나 1740년 9월 25일자의 답장에서 윗필드는 이렇게 말했다.

> 제가 생각하기에 한동안 저는 성령 안에서 의와 화평과 희락을 누린다는 게 어떤 것인지 경험했습니다. 저는 이것이 하나님 자녀의 특권이라고 믿습니다. 하지만 제 안에 거하는 죄에서 자유롭다고는 말 못하겠습니다. … 존경하는 선생님, 여러 편지를 통해서 들으니 선생님께서 이생에서 '죄 없이 완전한 상태'에 도달할 수 있다고 말씀하신 듯해서 유감입니다. … 저는 제 고개가 꺾이고 숨이 끊어지기 전에는 제 안에 거하는 죄가 소멸되었다 말할 수 있을 것이라 기대하지 않습니다. … 많은 사람이 이 교리를 오용한다는 것을, 어쩌면 일부러 죄에 빠지기도 한다는 것을 저는 알고 있습니다.…[14]

이 편지에서 윗필드가 웨슬리에게 보인 태도는 지금까지의 태도

---

13 J. B. Wakely, *Anecdotes of the Rev. George Whitefield* (London: Hodder, 1900), pp. 344, 347.
14 *Whitefield: Life and Times*, p. 575.

중에서 가장 강경했다. 그는 자기 신념을 지키는 데는 엄격하지만, 태도는 늘 정중하고 논쟁은 가능한 한 피하려 한다.

그러나 이 문제와 관련해서 명백한 오류가 발생했다. 당시 윗필드에게 자주 편지를 보내는 잉글랜드인이 있었는데, 윗필드가 "젊은 W―"라고 부르는 이 사람은 편지에서 번번이 그와 논쟁을 벌이려 했다. 이 사람은 아마 브리스톨에서 윗필드가 관여한 한 신앙 공동체에서 회심한 사람인 듯하다. 윗필드는 그에게 이렇게 시작되는 답장을 보냈다. "친애하는 W― 형제여, 편지마다 그렇게 이의를 제기하는 것은 도대체 무슨 의도입니까? 하나님 은혜로 형제님이 자기 자신을 알게 되기를 바랍니다. 그러면 절대적 완전을 그렇게 변호하지 않을 것이며, 선택 교리를 '마귀의 교리'라 칭하지도 않을 것입니다. … 설령 그렇게 한다 해도 자신은 그리스도 안에서 갓난아이일 뿐임을 기억하십시오. 겸손하시고, 말은 조금만 하고 생각과 기도는 많이 하십시오.…"[15]

윗필드는 이렇게 그 젊은 친구에게 꼭 필요한 꾸짖음을 주었다. 그러나 8년 후 로버트 사우디는 제대로 알아보지도 않고 이 편지가 웨슬리에게 쓴 편지라고 비약해서 단정지었다. 윗필드는 "브리스톨의 W― 씨"에게 이 편지를 보냈건만, 사우디는 "브리스톨의 웨슬리 씨"에게 보낸 것으로 해서 출판했으며, 윗필드가 웨슬리보다 우위에 있는 것처럼 행동하면서 웨슬리를 무례하게 대했다고 비난했

---

[15] *Ibid.*, p. 577.

다. 몇몇 전기 작가들이 사우디의 오류를 그대로 답습해 오고 있다.

윗필드는 하버드와 뉴 헤이븐(예일) 대학에서도 설교했는데, 학생들이 지금 본질상 해로운 책으로 공부하고 있다 주장하고 목회자는 반드시 회심한 사람이어야 한다고 역설했다. 몇 주 후 콜먼 박사는 하버드의 분위기에 대해 이렇게 말했다. "학교가 완전히 달라졌다. 학생들은 하나님으로 충만해져 있다. 많은 학생이 참으로 거듭난 것 같아 보인다. 기도하고 찬양하는 소리가 학생들의 방을 가득 채우고 있다. … 듣기로는, 그날 설교를 들은 백여 명의 학생 중 아무 은혜를 받지 못한 학생은 겨우 일곱 명이라고 한다."

마찬가지로, 예일 대학에 관해서는 조나단 에드워즈가 이렇게 말했다.

> 이 각성은 … 뉴 헤이븐에서 한동안 아주 대단하고도 보편적인 현상이었다. 대학의 변화도 적지 않았다. 학생들은 전반적으로 진지해졌으며, 아주 눈에 띄게 진지해진 학생도 많았다. … 대학 구성원 다수의 마음에 남겨진 감동은 복되고도 영속적인 효과를 낳은 게 분명했다.

예일 대학에서 윗필드의 설교에 감화받은 사람들 중에 데이비드 브레이너드(David Brainerd)가 있다. 다른 많은 학생처럼 그의 태도도 뭔가 극단적으로 변화되었고, 어떤 교수에 대해 "그는 여기 이 의자만큼도 은혜를 못 받았다!"라고 말하기까지 했다. 이 발언 때문에 학교에서 쫓겨나기는 했지만, 이런 행동에도 불구하고 브레이너드는 아메리카 인디언 선교사로 특별하게 쓰임받는 삶을 살게 된다. 세상을 떠나기 전, 그가 자신의 일기 중 대학 시절 체험이 기록된 부분을 태워 없애라고 한 것은 두고두고 유감스러운 일이다.

뉴잉글랜드를 떠난 윗필드는 조지아로 가면서 그 길에 들르게 되는 도시들에서 설교했다. 그는 가는 곳마다 거대 회중 앞에서 설교했으며, 식민 주 전역에서 일어난 영적 흥분은 어느 곳에서든 수많은 사람이 보인 특징이었다.

1741년 1월 16일 그는 잉글랜드를 향해 출발했다. 아메리카에 온 지 14개월 보름 만이었고, 늘 그랬듯이 자신의 설교를 듣고 회심을 고백한 사람이 몇 명이라고 스스로 평가하는 일은 없었지만, 변화된 사람이 많다는 증거는 도처에서 나타났다.

윗필드가 고국으로 떠난 후 아메리카 사역은 다른 사람들이 계속 수행해 나갔다. 조나단 에드워즈는 주목할 만하게 풍성한 사역을 행하면서 글이나 설교를 통해 대각성 운동 전반에 차분한 조언을 했다. 길버트 테넌트는 윗필드의 제안대로 보스턴으로 가서 큰 열심과 능력으로 사역했다. 수많은 목회자가 복음 전도자로 이 교회 저 교회로 초빙되어 다니면서 윗필드가 시작해 놓은 일을 계속해 나갔다. 윗필드가 오기 전에는 그저 정해진 일정에 따라 할 일만 겨우 해 나가던 교회들이 이제는 영적 열심으로 생기 있는 교회가 되었다. 이 운동은 후에 '대각성 운동'(The Great Awakening)이라는 이름을 갖게 되었으며, 비록 흐름이 몇 차례 역류하는 일이 있긴 했지만, 그런데도 몇 년 동안 힘 있게 지속되었다.

존 그린리프 위티어(John Greenleaf Whittier)는 윗필드를 기리며 쓴 시에서 그의 사역과 영향력을 이렇게 묘사한다.

> 감동의 물결은 그토록 깊고 강하여
> > 온 땅을 휩쓸고 지나가며 파란을 일으켰으나
> 삶은 더 거룩해지고
> > 어머니들은 더 자애로워지며 아내들은 더 유덕(有德)해지는 결과를 낳았다.
> 술 취한 남편과 아버지의 발소리에
> > 아이들은 도망치고 아내는 슬피 울었었지
> 화평은 지붕 그늘에서 놀라 달아나고
> > 따뜻해야 할 가정은 거치는 돌이 되었다.
> 그러나 자기 것이 아닌, 한 능력으로 그는
> > 짐승 같은 상태에서 인간의 모습으로 돌아오기 시작했다.
> 악한 꾀와 교만한 마음으로 오래 헤어져 있던
> > 옛 친구들이 서로 부둥켜안았고,
> 참회하는 자는 눈물 어린 눈으로 보았지
> > 두려움의 구름 위에 드리운 소망의 무지개
> 영원한 천국의 약속
> > 괴로운 세상을 위한 하나님의 평강
> 재 대신 화관과 기쁨의 기름이 있으리라는.

친애하고 친애하는 나의 두 형제님

… 어찌하여 논쟁의 주사위를 던지셨습니까? 어찌하여 예정론을 반박하는 설교를 출판하신 것입니까? …

친애하는 형제님들이여, 제가 진리에, 혹은 제가 진리라 생각하는 것에 두 분만큼 관심이 없다고 여기는 것입니까? 하나님이 나의 심판자이시오니 저는 사람들이 저보다 두 분을 더 좋아하기를 늘 바랐고, 앞으로도 그럴 것입니다. 하지만 저는 그리스도의 복음을 전해야 하며, 이제 선택 교리를 말하지 않고는 그 복음을 전할 수가 없습니다. …

오 친애하는 나의 형제님들이여, 마음이 너무 아파 속에서 피가 흐르는 것 같습니다! 잉글랜드로 가서 두 분과 대적하기보다는 차라리 이 바다 위에서 영원히 지체하고 싶은 심정입니다.

잉글랜드로 가는 배에서 윗필드가
존 웨슬리와 찰스 웨슬리에게 보낸 편지
1741년 3월

10. 암울한 시기를 맞은 윗필드

웨슬리와 윗필드 사이에 교리적으로 견해차가 있다는 사실은 이미 살펴보았다. 윗필드가 잉글랜드로 돌아오자 그 차이들 때문에 이들은 결별하게 되었다. 그런데 이 일의 진상이 자주 왜곡되고 있다. 자칭 이 사건의 보고서라는 문서가 빈번히 발행되었지만, 거의 대부분 웨슬리에게 유리한 쪽으로 지극히 편향되게 기록한 탓에 윗필드의 행동은 물론 웨슬리 자신의 행동까지도 매우 그릇되게 제시하고 있다.

따라서, 그런 글을 쓴 사람이나 읽는 사람 모두 이 문제에 싫증을 내기는 해도, 이 그릇된 기록들 때문에 윗필드 생애의 지극히 고귀한 부분이 계속 먹구름으로 가려져 있게 하지 않으려면 이 문제의 진상을 규명하는 수밖에 없다. 하지만 아주 간략하게, 주요 사실들만 살펴보기로 하자.

런던으로 온 윗필드가 가장 먼저 한 일은 오랜 친구 찰스 웨슬리를 만나는 것이었다. 그때 존은 런던에 없었다. 물론 두 사람은 교리적 차이에 대해 논의했고, 두 사람 모두 분열의 위기를 인식했다. 윗필드는 "찰스 웨슬리 씨와 내가 가능한 한 결별만은 피할 수 있기를 기도한 후에 함께 우는 소리를 들었으면 누구라도 마음이 누그러졌을 것"이라고 말했다.[1] 그러나 윗필드가 선택 교리를 옹호하는 만큼 찰스는 그 교리를 강경하게 반대했고, 반대로 죄 없이 완전한 상태에 이를 수 있다는 교리는 찰스가 단호히 지지했고 윗필드가 그만큼 완고하게 반대했다. 찰스는 윗필드와 더는 협력하지 않으려 했고, 그래서 결국 이들은 헤어졌다. 그러나 십 년 후, 찰스의 교리적 확신이 어느 정도 달라져 윗필드의 견해와 상당히 일치하게 된 것은 정말 기쁜 일이다. 이렇게 해서 두 사람은 다시 깊은 우정을 나누게 되며 이 우정은 윗필드가 죽어 찰스 곁을 떠날 때까지 계속되었다.

윗필드가 런던에 돌아와 처음으로 맞은 주일, 수천 명의 열광적인 인파가 그의 설교를 들으려고 무어필즈와 케닝턴 공유지로 몰려들었다. 그러나 그 열광은 곧 사그라졌고, 그 주간 그의 집회에 모인 회중은 겨우 이삼백 명이었다. 더구나 윗필드는 전에 자신의 설교를 들으러 오던 사람들이 손가락으로 귀를 막고 뛰어 지나가는 것을 보았다. 그중 몇 사람이 나중에 귀띔하기를, 이단적 교리를 들어서는 안 된다며 웨슬리가 그렇게 하라고 지시했다고 했다.

그 많던 청중을 잃었다는 것은 윗필드가 복음 사역을 거의 못하게 되었다는 의미였을 뿐만 아니라 고아들을 부양하기 위한 모금 활동의 기회를 빼앗겼다는 의미이기도 했다. 게다가 설교집 판매

1　*Whitefield: Life and Times*, Volume 2, p. 45.

대금을 얼마간 손에 쥘 수 있을 것이라 기대했는데, 출판업자 제임스 허튼이 모라비아 교도가 되어 모라비아교의 가르침과 일치하지 않는 문서는 일체 판매하려 하지 않는다는 것을 알게 되었다.

윗필드를 특별히 슬프게 한 일은 윌리엄 수어드가 세상을 떠났다는 사실이었다. 몇 달 전 하월 해리스와 동행해서 웨일스의 야외집회에 갔던 수어드는 폭도의 손에 크게 다쳤다. 그러나 그 일이 있은 지 얼마 안 되어 수어드는 또 다른 집회에 나갔고, 이번에는 돌멩이가 날아왔다. 그는 돌팔매질을 당하면서 "지옥보다는 이것을 견디는 게 더 낫다!"라고 소리쳤지만, 그 뒤 며칠 만에 기력을 잃고 결국 천국에 있는 집으로 가고 말았다. 수어드는 오랫동안 '최초의 메소디스트 순교자'로 일컬어졌다.

그런데 세상을 떠나기 전 수어드는 고아원 명의로 350파운드의 빚을 졌는데, 이제 그 채무는 윗필드가 떠맡게 되었고, 게다가 빚을 갚지 못하면 감옥에 넣겠다는 위협까지 받았다. 채권자들은 윗필드를 감옥에 집어넣을 기회가 왔다며 쾌재를 불렀고, 윗필드는 어떤 기적적인 방법으로 돈을 구하기까지는 언제든 체포될 위험에 처했다. 게다가 수어드는 자진해서 베데스다 공동 운영자 책임을 맡았음에도 이와 관련해 유언 한마디 남기지 않고 세상을 떠났고 그래서 고아원 운영에 대한 책임도 모두 윗필드 몫이 되었다.

하지만 윗필드에게 무엇보다도 큰 슬픔을 안긴 일은 존과 찰스 형제의 적대적 태도였다. 윗필드는 이렇게 기록했다. "내가 지난번 잉글랜드를 떠날 때 자기 눈이라도 빼어 주려고 했던 많은 사람들,

삽화 10-1 장막

그 많던 나의 영적 자녀들이 친애하는 그 두 분 때문에 편견을 갖게 되었다. W가 선택 교리에 그처럼 끔찍한 색깔을 입혀 놓은 탓에 이들은 내 말을 들으려고도, 나를 보려고도 하지 않으며 조금도 나를 도우려고 하지 않는다. 도와주기는커녕 하나님께서 곧 나를 망하게 하실 것이라고 협박 편지를 보내오는 이들도 있다."[2] 그래도 그는 "… 친애하는, 친애하는 내 오랜 친구들인 존과 찰스 웨슬리를 나는 아직도 내 영혼처럼 사랑한다"라고 했다.[3]

그런데도 윗필드를 돕는 사람이 아주 없지는 않았다. 윗필드의 친구들은 윗필드의 설교를 들으러 온 사람들이 비와 추위를 피할

2   *Ibid*., p. 46
3   *Ibid*., p. 44.

수 있도록 무어필즈 구역에 대형 목조 오두막을 짓기 시작했다. 그런데 오두막의 위치가 웨슬리의 '파운더리'에서 멀지 않은 곳이라 윗필드는 이를 사용하지 않겠다고 했다. 하지만 무어필즈에서 가장 먼저 설교한 이는 바로 자신이라는 데 생각이 미치자 그는 마음을 바꾸어 그 건물을 쓰기로 했다. 그리고 잠시만 사용할 생각으로 그 건물에 '장막'(Tabernacle)이라는 이름을 붙였다.

몇몇 친구들은 주간 소식지를 발행하기 시작했다. 그 소식지는 윗필드의 사역 소식뿐만 아니라 유럽과 아메리카 양 대륙에서 칼뱅주의 정신으로 일하는 다른 사역자들의 소식도 실었다. 윗필드는 이 소식지를 *Weekly History*(위클리 히스토리)라고 불렀다.

윗필드는 웨슬리의 설교 '값없는 은혜', 또는 웨슬리가 말한 대로라면 '예정론을 반박하며'라는 설교에 답변하는 글을 잉글랜드에서 발표할 것인가 하는 문제에 여전히 직면해 있었다. 웨슬리는 열아홉 달 동안 이 설교를 유포시켜 왔고 그와 찰스는 매일 설교할 때마다 윗필드의 확신을 반박했다. 수많은 사람이 이들의 가르침을 받아들였으므로 윗필드는 지면(紙面)으로 이에 답변하는 수밖에 없다고 결정을 내렸다.

윗필드는 어떤 내용이든 웨슬리를 비판하는 글을 발표하기가 내키지 않는다는 말로 이야기를 시작했다.

> … 요나가 제 아무리 니느웨로 가는 게 내키지 않았다 한들, 선생님을 반박하는 글을 쓰기 위해 펜을 손에 든 지금의 저만큼은 아

닐 것입니다. 제 성미대로 말하자면, 그런 글을 쓰느니 차라리 죽는 게 낫습니다. 그렇지만 하나님께 충실하고 제 자신이나 다른 이들의 영혼에 충실하자면 저는 더는 중립적 입장을 취할 수가 없습니다. … 하나님께서 저의 사역을 통해 공들여 자녀 삼으신 많은 이들이 잘못 인도되고 있습니다. 그리고 그보다 더 많은 사람이 저를 부르고 있습니다. 제 의견을 밝혀 달라고 말입니다. 그래서 저는 제가 육체를 따라서 사람을 알지 않는다는 것, 그리고 나의 주님이요 주인이신 예수 그리스도께 대한 나의 의무를 저버리면서까지 사람을 존중하지는 않는다는 것을 세상에 알릴 수밖에 없습니다.[4]

윗필드는 이 답변에서 자신의 주장을 명쾌히 제시하고 있으며, 교리적 확신에 조금도 흔들림이 없다. 하지만 지금까지의 편지들에서 볼 수 있는 것처럼 윗필드가 웨슬리를 대하는 태도의 특징은 존경심이다. 그리고 윗필드에게 웨슬리는 언제나 "존경하는 나의 친구"요 "존경하는 선생님"(Honoured Sir)이었다. 윗필드의 진술은 단호하기는 하되 거친 말은 한마디도 없다.

그런데 윗필드의 답변 중 한 가지 주목해야 할 것이 있다. 웨슬리는 예의 그 설교를 출판하면서 "여기서 제시하는 것은 '예수 안에 있는 그대로의 진리'이며, 나는 이 진리를 필히 온 세상에 선포하

---

[4] *A Letter to the Rev. Mr. John Wesley in Answer to His Sermon Entitled "Free Grace", Whitefield: Life and Times*, Volume 2, p. 552.

지 않을 수 없다는 가장 강력한 신념으로" 이 설교를 하게 되었다는 짤막한 서문을 끼워 넣었다.[5] 이 설교를 읽는 많은 독자는 웨슬리가 이 일을 "필히 할 수밖에 없었다"고 하는 것으로 보아 하나님께 어떤 특별한 사명을 받은 것이 틀림없고, 그러므로 그가 선포하는 교리는 정말 진리임에 틀림없다고 믿게 될 터였다. 이 짤막한 서문은 웨슬리의 교리를 강경하게 역설했다는 점에서 그의 다른 어떤 주장 못지않게 의미가 있었다.

그러나 웨슬리가 말하는 "어쩔 수 없는 의무"란 것은 사실 제비뽑기 결과에 지나지 않았다. 즉, 그런 대로 괜찮은 행동 방침 두세 가지를 별개의 쪽지에 각각 적어 넣어 한데 섞은 후 그중 하나를 집어 들었는데, 그 쪽지에 "설교하고, 출판하라"고 적혀 있었고, 이것이 바로 그에게 부흥 운동을 분열로 몰고 갈 권한을 부여한 것이다.

이에 윗필드는 웨슬리의 그 "어쩔 수 없는 의무"라는 것이 단지 제비뽑기 결과일 뿐임을 자신의 답변서에서 지적했다. 이 문제는 사사로운 것이 아니라 교리에 관련된 일이었기에, 이 문제에서 제비뽑기가 어떤 역할을 했는지 밝혀야만 "어쩔 수 없는 의무"라는 웨슬리의 말이 사람들에게 끼친 그릇된 영향력을 없앨 수 있었기 때문이다. 한 걸음 더 나아가 윗필드는 웨슬리가 전에도 한 번 제비뽑기로 실수를 한 적이 있다고 하면서 그가 제비뽑기 같은 방법을 쓰는 데 좀 더 신중했어야 한다는 뜻을 슬쩍 비쳤다.

5   Wesley's *Works* 어느 판본에나 실려 있는 설교 "Free Grace"의 서문, *Whitefield: Life and Times*, Volume 2 , p. 56.

한편 웨슬리는 브리스톨의 '새 회관'(New Room)과 킹스우드의 학교 사택(School House)을 자기 소유로 삼았는데, 이는 실질적으로 윗필드와 수어드가 모금한 돈으로 지은 건물이었다. 윗필드는 이 일에 대해서도 웨슬리에게 편지를 썼고, 웨슬리는 거친 말투로 장문의 답장을 보냈다.[6] 자신은 불협화음을 일으킬 만한 그 어떤 행동도 하지 않았고, 윗필드가 이 분쟁을 시작해서 지속시키고 있다는 것이 웨슬리의 입장이었다. 웨슬리는 이 전적으로 거짓된 태도를 그 후 평생 유지했다.

그러나 이즈음 윗필드는 한때 잃어버렸던 회중을 다시 얻고 있었다. 이 일로 웨슬리는 지난 열아홉 달 동안 윗필드를 적대시하며 얻은 결실을 상당 부분 잃고 있다는 것을 깨달았으며, 이러한 손실로 그는 격노했다. 웨슬리는 윗필드가 자신에게 교제의 손길을 내밀려 하지 않았으며 또 윗필드가 어느 곳에서든 자신을 반박하는 설교를 하겠다고 주장했다며 사실무근의 왜곡된 비난을 했다. 그러나 웨슬리가 이런 말을 한 것은 자신의 기대가 어긋났기 때문일 뿐임을 쉽게 알 수 있다.

윗필드 측 사람 중에는 윗필드가 웨슬리에게 너무 관대하다고, 왜 새 회관과 킹스우드 학교에 대해 지분을 요구하지 않느냐고 분개하는 이들이 있었다. 그러나 이들의 불평에 대해 윗필드는 이렇게 답변했다.

---

6   *Ibid*., pp. 71-73.

나와 생각이 다른 사람들에게 친절과 우정을 보였다고 해서 내 마음이 나를 꾸짖지는 않습니다. … 나는 그 소중한 진리를 포기할 수 없으니, 그것은 내가 그 진리의 힘을 느꼈고, 그 진리는 내가 사람이 아니라 하나님에게서 배운 것이기 때문입니다. 또한 나는 주 예수를 사랑하는 모든 사람을 사랑하고자 합니다. 비록 어떤 점에서 나와 생각이 다르다 할지라도 말입니다. … 나는 모라비아 형제단에게도, 웨슬리 씨에게도, 또는 오류에 빠졌다고 생각되는 그 누구에게도 굽히지 않았습니다. 단 한 순간도 그런 적이 없습니다. 다만 상대를 설득할 가능성이 없을 때는 논쟁을 벌이지 않는 게 최선이라고 생각할 뿐입니다.[7]

그렇지만 이 논쟁에서 웨슬리가 자기 입장을 충분히 전개한 만큼 윗필드도 자기 입장을 충분히 밝히지 않았다는 것은 정말 유감스럽다. 윗필드는 자신의 생각은 거의 남기지 않았고, 웨슬리의 주장에도 별 이의를 제기하지 않는 편을 택했다. 그래서 이 두 사람의 결별과 이들이 취한 행동에 대해 사실과 다른 개념이 후대에 전해 내려오게 되었고, 그 그릇된 개념이 사람들의 생각 속에 고착되었기에 혹여 누군가 이것을 바로잡으려 한다면 이는 모두 웨슬리에게 편견을 갖고 윗필드에게 아주 유리한 쪽으로 일을 만들어 가려는 행동으로 비칠 것이 틀림없다.

---

[7] *Ibid.*, pp. 76, 77.

십 년 후, 웨슬리 형제에게 어떤 일을 당했는지 우연히 회상할 기회가 생겼을 때 윗필드는 헌팅던 부인에게 보내는 편지에서 이렇게 말했다.

> 가장 가깝고 가장 사랑하던 친구들에게 밀려나고, 멸시당하고, 비난받고, 비방당하고, 비판받고, 급기야 이들에게 결별까지 당한 것이 저에게는 오히려 유익입니다. 그 일로 저는 친구 중의 친구이신 분의 신실하심을 알게 되었으니 말입니다. … 모든 사람의 마음을 다 아시고 모든 소원을 다 아시는 그분께서 이제 … 모든 사람에 대해 제 의도가 정직하다는 것을 아시니 그것으로 저는 만족합니다.[8]

이 시절 윗필드는 존 세닉(John Cennick)이라는 청년의 조력을 받았다. 세닉은 매우 품위 있는 사람인 동시에 능력 있는 설교자였으며 하나님의 기름 부음을 받은 사람이었다. 이때부터 그는 윗필드의 삶에서 매우 중요한 역할을 하게 된다.

윗필드는 사역에 박차를 가했고, 잉글랜드에 돌아온 지 네 달 반쯤 되자 그의 사역은 다시 전처럼 건실한 상태를 회복했다. 그래서 윗필드는 그곳 사역을 잠시 다른 이들에게 맡겨 두고 전부터 여러 번 방문 요청이 있던 스코틀랜드에 다녀와도 되겠다는 생각을 했다.

---

[8] Whitefield's *Works*, Volume 2, p. 466, *Whitefield: Life and Times*, Volume 2, p. 77.

삽화 10-2 존 세닉

윗필드의 스코틀랜드 방문은 가장 복된 결과를 남겼다.

주목하기를 명령할 뿐만 아니라 주목하지 않을 수 없게 만드는 설교 스타일이, 교회에 편만해 있던 생명력 없고 냉랭한 온건주의 속으로 스며들어 전격적인 영향을 끼쳤다. 복음주의파는 그의 설교에 격려를 받고 힘을 얻었다. 분리 교회(Secession)도 그토록 유능하면서도 사심 없는 사람이 자신들의 가장 경건한 신조를 다시 한번 강력하게 옹호해 주었음을 깨달았다. 비록 윗필드 자신은 분리 교회의 울타리 안에 있기를 거부했지만 말이다.

스코틀랜드 교회 역사에서 이는 더 좋은 시대의 시작을 의미했고, 그 시대의 복을 우리는 지금도 계속 누리고 있다.

Sketches of the Life and Labours of the Rev George Whitefield
(조지 윗필드 목사의 생애와 사역 소고)
1850년경

11. 스코틀랜드

윗필드는 1741년 7월 29일 에든버러에 도착했다. 그는 아직 완전히 성숙하지 않은 어떤 특성을 보이기도 했다. 그도 그럴 것이 윗필드는 이제 겨우 스물여섯 살이었다.

윗필드는 몇몇 사람의 초청을 받고 스코틀랜드에 왔는데 특히 그중에 유명한 장로교 목회자 랠프 어스킨(Ralph Erskine)과 에버니저 어스킨(Ebenezer Erskine) 형제가 있었다. 이 형제와 편지를 주고받던 윗필드는 1739년에 이런 말을 했다. "에버니저 어스킨 목사님께 멋진 편지 한 통을 받았다. … 그분은 지난주에 만사천 명 청중에게 설교하셨다고 한다. 하나님을 찬송할지니, 야외 설교하는 사람이 나 말고도 세상에 또 있었다."

이때 어스킨 형제는 스코틀랜드 교회와 갈등 중에 있었다. 스코틀랜드 교회는 몇 년 동안 교리와 행실 면에서 좀 느슨함을 허용하는 경향이 있었는데, 이런 상황을 지지하는 사람들은 '온건주의자'(Moderates)로 알려져 있었다. 이들의 반대편에 '복음주의자'(Evangelicals) 그룹이 대치 중이었는데, 이들은 기독교의 근본 교리를 굳게 지키고 기도의 효력을 믿으며 세상과 떨어져서 사는 사람들이었다. 교회 정치에서는 온건주의자들이 주류를 이루며 중요한 직분을 맡고 있었다.

랠프와 에버니저 어스킨은 온건주의자를 반대하는 측의 지도자였다. 이들은 깊은 학식과 눈에 띄는 외모, 그리고 굽힐 줄 모르는 확신을 지닌 사람들로서, 이들에게는 부모에게 물려받은 귀족의 피가 흐르고 있었다. 1730년대에 이 두 사람을 비롯해 이들과 뜻을 같이하는 목회자 여덟 명이 온건주의자들의 입장에 항거하다가 목사직을 정직당했다. 이에 이들은 '분리 교회'(The Secession Church)라는 독자적 교단을 만들었다. 이들의 교회는 사람들로 차고 넘쳤고, 이들은 스코틀랜드 교회 관리들을 상대로 논쟁하면서 스코틀랜드 대부분의 지역에서 항변을 펼쳤다.

어스킨 형제는 윗필드와의 연합을 환영했고, 랠프는 윗필드를 초청하면서 이렇게 말했다.

> 친애하는 윗필드 씨, 오십시오. 가능하면 오십시오. 제가 다른 누구의 얼굴을 이보다 더 간절히 보고 싶어 할는지요. … 상황이 … 이러한지라, 우리 '연합 장로회'를 만나 함께하실 생각으로 오시지 않는다면 … 귀하의 방문이 우리를 박해하는 자들을 지지하는 것으로 보이지 않을까 두렵습니다. 어느 편으로 가시든, 귀하의 명성 때문에 수많은 사람이 모여들 것입니다.…[1]

---

1 *Whitefield: Life and Times*, Volume 2, p. 86.

답장에서 윗필드는 이렇게 말했다.

> 그 말씀에 저는 전혀 동의할 수가 없습니다. 저는 임시 설교자로 그곳에 가는 것뿐이며, 어느 교파에 속했든 제 설교를 듣고자 하는 모든 사람에게 단순한 복음을 설교할 것입니다. 교회 정치에 관한 어떤 개혁 작업에 동참한다는 것은 저에게는 적절치 않은 행동일 것입니다. … 제가 이 편지를 쓰는 것은 우리 사이에 조금의 오해도 없도록 하기 위해서입니다.[2]

어스킨 형제가 두려워했다시피, 스코틀랜드에는 윗필드를 초청한 사람이 이들 말고 또 있었다. 스코틀랜드 교회의 영적 쇠퇴를 개탄하면서도 선뜻 이를 떠날 마음이 없었던 복음주의자 측 몇몇 사람이 어스킨 형제와 마찬가지로 윗필드에게 스코틀랜드에 와 줄 것을 촉구한 것이다.

사실 윗필드가 에든버러에 도착했을 때 그를 영접한 사람들은 어스킨 형제가 아니라 바로 이 복음주의자들이었다. "저명한 사람 몇 명이 아주 반갑게 그를 영접한 뒤 즉시 에든버러에서 설교를 시키려 했다"고 한다.

윗필드는 나중에 합의를 거쳐, 먼저 랠프 어스킨을 위해 설교하려고 던펌린(Dunfermline)으로 갔으며, 존 세닉에게 보낸 편지에서

---

[2] *Ibid.*, pp. 86, 87.

이렇게 말했다.

> 나를 스코틀랜드로 먼저 초청한 사람은 어스킨 씨 형제이므로 … 먼저 그분들을 위해 내 보잘것없는 설교를 하기로 했습니다. 그래서 어제 던펌린으로 갔더니 친애하는 랠프 어스킨 씨는 그곳에 아주 큰 … 집회소를 갖고 있더군요. 그는 나를 아주 따뜻하게 맞아 주었습니다. 밀물처럼 몰려든 사람들에게 설교했지요. … 기도를 마치고 설교 본문을 일러 주자 모두 일제히 바스락거리며 성경책을 펼치는 소리가 들려서 아주 깜짝 놀랐습니다. 그런 광경은 지금까지 한 번도 본 적이 없거든요.[3]

교회에서 예배를 마친 후 어스킨 형제는 윗필드와 충분히 대화를 나누며 스코틀랜드의 교회 정치와 "엄숙(한) 동맹과 언약(Solemn League and Covenant; 잉글랜드 의회가 스코틀랜드와 맺은 동맹으로 잉글랜드 교회가 스코틀랜드 교회와 같은 신앙고백, 교리문답서, 예배 모범, 교회 조직을 따르겠다는 조건하에 스코틀랜드가 잉글랜드를 위해 군사 지원을 하기로 한 동맹 ⓒ)에 관해 그의 생각을 정립"해 주고 싶다는 뜻을 밝혔다. 윗필드는 그날 저녁 에든버러에서 설교하게 되어 있어서 당장은 안 되고, 수일 내에 다시 와서 연합 장로회 사람들을 만나 보겠다고 답변했다.

---

[3] *Ibid.*, p. 88.

> A SOLEMN LEAGUE AND COVENANT FOR REFORMATION, AND Defence of RELIGION, The Honour and Happiness of the KING, and the Peace and Safety of the three Kingdoms OF Scotland, England, and Ireland.
> Appointed to be renewed By the Acts of the COMMISSION of the GENERALL ASSEMBLY, and the COMMITTEE of ESTATES of the fixth and fourteenth dayes of this moneth of October.

삽화 11-1 『엄숙(한) 동맹과 언약』

교회를 떠날 때 윗필드는 수많은 친구의 전송을 받았으며 그중에는 귀족들도 있었다. 이때 일을 그는 이렇게 말했다.

> 아주 당당하고 잘 생긴 퀘이커 교도 한 사람이 … 내 손을 잡고는 "친구 조지여, 나도 당신과 똑같은 사람입니다. 나도 영존하시는 하나님의 생명과 권능으로 모든 사람을 인도하는 일을 합니다. 그러므로 당신이 내 모자를 가지고 시비를 걸지 않는다면 나도 당신의 가운(gown)에 시비를 걸지 않겠습니다"라고 말하더군요. 모든 교파가 다 이런 마음이면 좋겠습니다.

윗필드는 계획했던 대로 연합 장로회와 만났다. 그는 이들을 일컬어 "위엄 있고 덕망 있는 사람들의 모임"이라고 했다. 이들은 윗필드를 만나자마자 교회 정치와 엄숙한 동맹의 교리를 이야기하기 시작했다. 하지만 윗필드는 그 문제에 관해 전혀 마음의 거리낌이 없으므로 굳이 설명하느라 애쓸 필요가 없다고 말했다. 그리고 자신이 무슨 일을 하면 되느냐고 이들에게 물었다. 이들의 답변은, 앞으로 계속 이들 편에서 설교해 달라는 것이었다. 윗필드는 왜 당신들 편에서만 설교해야 하느냐고 물었다. 이 물음에 랠프 어스킨은 "이들은 주님의 백성입니다"라는 말로 답변했다. 이에 윗필드는 자신은 "길과 산울가로 나가기로 작정했으며 설령 교황이 친히 자신의 강단을 빌려준다 해도 그 강단에서 기쁘게 그리스도의 의를 선포할 것"이라고 했다.

후에 윗필드는 그때 일을 이렇게 말했다.

> 이 모임은 곧 파했습니다. 이런 문제만 아니었더라면 더할 수 없이 존경스러웠을 분들인데, 그중 한 분이 곧장 집회소로 가서는 "파수꾼이여, 밤이 어떻게 되었느냐"라는 말씀으로 설교하더군요. 하지만 그 훌륭한 양반은 고위 성직자들, 공동 기도서, 중백의(中白衣), 추기경의 모자에 그려진 장미 등 외적인 것을 공박하느라 지쳐서, 가엾은 죄인들을 예수 그리스도께로 초청해야 할 부분에 이르러서는 호흡이 가빠 목소리가 거의 들리지도 않았습니다.…
>
> 이 모든 일의 결국은 공개적 결별이었습니다. 저는 홀로 물러나서 울며 기도했습니다. 그리고 들판에서 설교한 뒤 이들과 함께

앉아 식사를 하고는 작별을 고했습니다.[4]

연합 장로회와 결별한 뒤 윗필드는 스코틀랜드 교회의 복음주의자들과 활발한 협력 관계에 들어갔다.

이 중 어떤 이들은 가장 규모가 큰 교회당도 윗필드의 설교를 들으러 몰려오는 인파를 다 감당치 못하리라는 것을 알고 벌써 공원 한곳에 계단식 회중석을 설치하는 등 그를 위해 야외 집회를 준비해 놓았다. 그 주일 저녁에는 만 오천 명가량이 운집했고 그 주간의 저녁 집회마다 거의 그 정도 사람들이 모였다. 2주 뒤 그는 하월 해리스에게 이렇게 편지를 써 보냈다. "지금 그대가 에든버러에 있다면 기뻐서 가슴이 뛸 것입니다. 지금 이 도시에서 예수님을 찾는 사람이 300명은 넘지 않을까 싶습니다. 매일 아침 저는 상처 입은 영혼들을 접견합니다!"

윗필드가 스코틀랜드에서 활동한 것을 보면 그가 얼마나 주도면밀히 계획을 세워 일했는지 다시 한번 입증된다. 에든버러에서 3주를 지낸 그는 이 도시를 기지 삼아 각각 다른 방향으로 일주일씩 일련의 순회 전도에 나섰다. 북서쪽으로는 폴커크(Falkirk)와 스털링(Stirling), 북쪽으로는 퍼스(Perth)와 크리프(Crieff), 그리고 더욱 북쪽으로 쿠퍼(Cupar)와 던디(Dundee)까지 갔다. 넷째 주에는 서부로 가서 글래스고(Glasgow)와 그 주변에서 보냈고, 다섯째 주는 "남쪽

---

4 *Ibid.*, p. 90.

의 갤러실스(Galashiels)와 인접 소읍에서" 보냈다. 그러고 나서 에든버러에서 또 한 주를 보낸 뒤 북동쪽의 애버딘(Aberdeen)으로 향하는 3주 동안의 순회 사역 길에 올랐다. 가는 길에 쿠퍼와 던디 등의 지역에서 잠시 멈추고 설교했다. 그는 몇몇 전기 작가들이 생각하는 것처럼 되는 대로 아무렇게나 사역한 게 아니라 세심한 계획에 따라 움직였으며, 이번 경우에도 그런 계획이 있었기에 스코틀랜드에서 거주민이 있는 도시와 마을을 많이 다닐 수 있었다.

애버딘에 갈 때 윗필드와 동행했던 사람이 윗필드가 어떻게 수고했는지를 다음과 같이 간접적으로 알려 주고 있다.

> 그가 지나가면서 들른 몇몇 곳에서는 주님께서 아주 설득력 있는 방식으로 그를 지지해 주시는 것 같았다. 특히 런디(Lundie)라는 곳에는 … 진지한 그리스도인들이 상당히 많았는데, 이들은 그가 이곳을 지나간다는 소식을 듣고 전날 밤에 함께 모여서 거의 밤새도록 기도했다.
>
> 그곳에서의 설교는 지나가는 길에 잠깐 하는 설교였고, 설교를 마치면 곧 던디로 떠나야 해서, 머문 시간도 서너 시간에 불과했지만, 일단 그가 설교를 시작하자 곧 하나님의 능력이 역사하시는 것을 아주 뚜렷이 볼 수 있었다. 나는 그토록 가슴 뭉클한 예배는 본 적이 없었다. 격렬한 말도 없었고 홍분된 감정의 소용돌이라 할 만한 것도 없었다. 그것은 그저 깊고 진심 어린, 위에 있는 샘에서 솟아나오는 그런 감동임이 분명했다.[5]

스코틀랜드에서 윗필드의 설교를 들으러 모인 사람 중에는 '지체 높은 사람들'도 있었다. 예를 들어 레븐 경(Lord Leven)은 스코틀랜드 항소 법원 판사에다 스코틀랜드 경찰국장, 스코틀랜드 교회 총회에 국왕이 파견한 (국왕) 대리자였다. 하지만 그가 그런 명사였음에도 불구하고 윗필드는 주눅 들지 않고 그의 영혼을 신실하게 대했다. 윗필드가 그에게 보낸 편지들에서 우리는 다음과 같은 구절들을 보게 된다.

> 육신의 본성은 제게 쉬라고 말하지만, 사랑과 감사의 마음은 이렇게 잠잘 시간에 일어나 앉아 경(卿)의 편지에 답장을 쓰게 합니다. … 경은 지금 위험한 상태에 있습니다. 세상의 부유하고 점잖은 사람들은 멸시받을 것에 대한 두려움, 그리고 이른바 명예라는 것에 대한 그릇된 사랑 때문에 신앙을 시대에 어울리지 않는 고리타분한 것으로 취급합니다. 그러나 예수님의 보혈은 전능하며, 사람의 영혼을 정복자 그 이상으로 만듭니다. … 거룩하신 성령께서 지금 경과 씨름하면서 "내 아들아, 네 마음을 내게 다오. 우상을 가지고 더 무얼 하겠느냐?"라고 말씀하고 계십니다.
>
> 경이여, 담대하십시오. 그리고 예수께서 당하셨던 치욕을 똑같이 당하면서, 동지도 없이 십자가에 달리신 예수님을 따르기를 두려워하지 마십시오. … 예수님이나 그분의 복음을 부끄러워하지

---

5   *Ibid.*, p. 93.

마십시오. 오, 경을 구원에 이르게 하는 것은 하나님의 능력임을 깨달으시기를!⁶

윗필드는 스코틀랜드의 다른 귀족들을 대할 때도 이와 비슷한 태도였다.

물론 다른 모든 곳에서와 마찬가지로 스코틀랜드에서도 특정 계층 사람들은 윗필드를 극심하게 반대했다. 특별히 몇몇 성직자들의 적대적 태도가 두드러졌는데 그중 복음주의파의 탁월한 목회자 윌리슨은 이런 글을 썼다.

> 잉글랜드 국교회 측 사람들은 모두 그를 미워하며 반박한다. 우리 목사들(스코틀랜드 교회)도 대부분 그를 폄하하려고 애쓰고 있다. 그가 그리스도와 사람들의 영혼을 위해 쉼 없이 수고하는 것이 그들에게 강한 책망이 된다는 것을 생각하면, 이는 놀라운 일이 아니다. 게다가 그는 회심하지 않은 사역자들을 파송하는 것과 이들이 자기도 잘 알지 못하는 그리스도를 설교하는 것을 공공연히 논박하고 있으니, 이들도 몹시 괴로울 것이다.⁷

신자가 아닌 사람 중에도 윗필드를 적대시하는 이들이 있었다. 윗필드는 모금하기 적당한 곳이라 여겨지면 어디에서든 고아원을

---

6   *Ibid.*, p. 95.
7   *Ibid.*, p. 91.

위한 헌금을 걷곤 했는데, 이를 두고 어떤 이들은 그 돈이 고아들을 위해 쓰이지 않고 그의 주머니로 들어갈 것이라고 떠들어댔다. 윗필드는 이에 대해 이렇게 말했다.

> 윌리슨 씨는 내가 사사로이 착복하는 돈이 있기를 바라지만, 나에게 그런 일은 있을 수 없다. 나는 지갑 같은 것이 없다. 나는 가진 것을 모두 주어 버린다. 거저 받았으므로 거저 주고 싶다. "가난한 자 같으나 많은 사람을 부요하게 하고", 이 말씀이 늘 나의 좌우명이 될 것이다.[8]

윗필드는 스코틀랜드에 딱 삼 개월간 머물렀다. 그가 떠날 채비를 할 무렵, 하나님 아래서 행한 그의 사역이 맺은 열매들이 널리 나타나기 시작했다. 예를 들어, 부랑아들을 수용하는 한 아동 구제소의 보모는 "이제 기도와 찬양 소리에 아침 잠이 깬다"라고 했고, 소년 보호소의 감독 교사는 "매일 밤 아이들과 같이 모여 노래하고 기도한다. 밤에 아이들이 모두 잘 자는가 보려고 방에 들어갔다가 아이들의 경건 시간을 방해하곤 한다"라고 했다.

스코틀랜드를 떠나온 후, 한 목사가 그에게 이런 편지를 보내왔다. "이 도시에 신앙이 부흥하여 꽃피고 있습니다. … 기도 모임과 신앙에 관해 서로 의논하는 모임이 사방에 속속 생겨나고 있습니

---

[8] *Ibid.*, p. 96.

다. 둘러앉아 차 마시며 남을 비방하고 험담하던 사람들이 이제는 신앙적인 대화를 나눕니다. 그리고 그리스도인들은 주님을 자신의 주님으로 고백하기를 부끄러워하지 않습니다.…"

또 한 목회자는 젊은 설교자 윗필드에 대해 이렇게 말했다. "어떤 상황을 만나든 항상 침착하고 차분한 태도를 유지하고, 환난 가운데서 기뻐하는 모습이 어찌나 놀라운지 그를 볼 때마다 주님께서 그를 이곳에 보내셨다는 생각이 든다. … 설교하는 법, 특히 고난당하는 법을 나에게 가르치시기 위해서 말이다."

처음에 윗필드에 대해 다소 비판적이었던 존 윌리슨도 그의 사역을 목격하고 그를 개인적으로 알게 된 후에는 이렇게 말했다.

> 내가 보기에 이 청년은 특별한 사역을 위해 하나님께서 키우신 사람이다. 그는 몸과 마음이 놀라우리 만치 이 일에 최적화되어 있어서, 계획한 일을 끝까지 완수해 내며 크게 낙담되는 일이나 난관 앞에서도 굴하지 않는다.
>
> 나는 그를 모든 면이 조화된 인물로 본다. 박수갈채를 받으면서도 참으로 겸손하고, 온갖 비방과 모욕을 받으면서도 참으로 온유하고 오래 참으며, 원수를 사랑하고, 그리스도를 영화롭게 하고 뭇 영혼들을 구원하고자 하며, 어떤 경우든 결코 초조해하지 않고 하나님의 뜻을 묵묵히 따르며 그러면서도 모든 일에 늘 찬양과 감사를 드리는 그런 사람을 만난다는 것은 정말 보기 드문 일이다.

강단에서는 하나님을 향한 열심으로 뜨겁게 불타오르지만, 단을 내려와 사람들과 대화할 때에는 지극히 편안하고 조용하며, 누구도 불쾌하게 만들지 않으려 조심하면서도 절대 누구의 환심을 사려고도 하지 않는 그런 모습을 한 사람에게서 동시에 볼 수 있다는 것도 참 드문 일이다.

이 귀한 청년은 복음 전도자의 일을 하기에 딱 어울린다. 주님께서 그를 감동시키셔서 그리스도를 위해 자기 생명과 명성과 자신의 모든 것을 위험에 내맡기게 하시고, 조국에서 누릴 수 있는 모든 혜택을 다 마다하고 바다와 뭍에서 온갖 위험을 무릅쓰게 하시는 것을 보노라면 … 그런 일을 하는 그를 우리가 정말 귀히 여기고 사랑하며 매우 존경해야 한다는 생각이 든다.[9]

윗필드는 이렇게 영적 불이 타오르게 해 놓고 스코틀랜드를 떠났다. 그는 레븐 경이 마련해 준 멋진 말을 타고 길을 나섰지만, 말 머리가 향한 곳은 잉글랜드가 아닌 웨일스였다. 그는 곧 결혼할 작정이었다. 열 살이나 연상인 과부와 말이다. 이 이상하고도 특이한 길을 가는 그를 계속 따라가 보겠다.

---

[9] *Ibid.*, pp. 97, 98.

형제들아 내가 이 말을 하노니 그때가 단축하여진 고로 이후부터 아내 있는 자들은 없는 자같이 하며

… 너희가 염려 없기를 원하노라 장가가지 않은 자는 주의 일을 염려하여 어찌하여야 주를 기쁘시게 할까 하되

장가간 자는 세상 일을 염려하여 어찌하여야 아내를 기쁘게 할까 하여

사도 바울
고린도전서 7:29, 32-33

(존 베리지는 확고한 독신자로서, 결혼에 반감을 드러낸 게 한두 번이 아니었고, 워낙 익살스러운 표현을 자주 쓰는 사람이라서 사실을 말하기보다 왜곡된 말을 자주 하곤 했다. 윗필드 부인은 1768년에 세상을 떠났는데, 몇 달 후 베리지는 이렇게 말했다. "… 만일 하나님께서 존과 조지에게 흰 족제비 한 쌍을 보내 주시지 않았더라면 결혼은 이 두 사람을 망쳐 놓았을 것이다." 존 웨슬리 부인이 성미 까다로운 사람이었다는 것은 잘 알려져 있지만, 여러 가지 증거로 볼 때 윗필드 부인은 베리지의 비유에서처럼 이렇게 싸잡아 모욕당할 만한 사람은 절대 아니었다. 윗필드 부부의 결혼 생활은 대다수 부부만큼 행복했다.)

12. 결혼

1735년 회심한 이후 하월 해리스는 이제부터 하나님께만 전적으로 헌신할 것이며 자신의 삶에는 단 한 사람의 이성도 결코 자리할 수 없을 것이라고 스스로 다짐했었다. 그러나 1739년 그는 엘리자베스 제임스(Elizabeth James)라는 웨일스의 과부와 사랑에 빠지고 말았다. 엘리자베스는 열심 있는 그리스도인이었고, 엘리자베스에 대한 해리스의 애정은 너무도 고결해서, 편지에서 그녀를 언급할 때도 이름을 쓰지 않고 그냥 +로 표현하곤 했다. 남자답기 그지없는 이 하나님의 사람에 대한 엘리자베스의 애정 또한 그에 못지않게 강해서, 만일 하월 해리스가 청혼하기만 했더라면 아마 뛸 듯이 기뻐하며 즉각 "예스"라고 대답했을 것이다. 그러나 그는 청혼할 준비가 되어 있지 않았고 오히려 "내 영혼과 하나님 사이에 아무것도 없는" 상태로 되돌아갈 생각을 하고 있었다.

해리스는 이 뒤얽힌 상태에서 벗어날 방도를 윗필드에게서 찾았다. 윗필드를 지극히 존경했고 제임스 부인 또한 지극히 사랑했던 그는 자신은 한 걸음 물러나고 그 두 사람을 서로에게 아주 이상적인 결혼 상대자로 맺어줌으로 그 두 사람 모두에게 더할 나위 없는 호의를 보여줄 수 있을 것이라고 생각했다. 윗필드가 아메리카에서 돌아오자 해리스는 편지로 이 계획을 그에게 알렸고 윗필드는 그를 만나 이야기하기로 했다. 해리스를 만나 대화하면서 윗필드는 그가 정말 제임스 부인과의 우의를 포기할 작정인지 물었고, 정말 그럴 작정이라는 확실한 대답을 얻은 윗필드는 서부 잉글랜드로 사역하러 가는 중 웨일스에 들러 제임스 부인을 찾아가기에 이르렀다. 윗필드는 제임스 부인이야말로 하나님께서 자신을 위해 선택해 주신 사람이라 믿고 스코틀랜드에서 그녀에게 편지를 보냈고, 그 후 앞 장(章)에서 보았듯 이제 그녀와 결혼할 생각으로 웨일스로 향한 것이다.

제임스 부인은 훌륭한 집안 출신으로, 열심 있고 적극적인 그리스도인이었다. 부인은 해리스가 결성한 몇몇 신앙 공동체를 정기적으로 찾아다니며 특별히 여성 회원들을 돌봐주고 이들의 질문에 답변해 주면서 그리스도인으로서 행해야 할 일들을 꾸준히 행하도록 권면하는 일을 하고 있었다. 이 시절에 해리스는 빈번히 여러 적대자들의 격렬한 반대에 부딪혔고, 제임스 부인에게도 이런 일이 닥쳤지만, 부인은 담대하게 이에 대처했다. 해리스는 그런 그녀를 가리켜 "… 아름답지도, 젊지도, 부유하지도 않지만 능력 있는" 여자라고 했다. 제임스 부인은 애버게이브니(Abergavenny)의 자기 소유 작은 집에서 십대 딸 낸시와 살고 있었다.

제임스 부인은 특히 영적인 자질이 뛰어났다. 부인의 편지는 성경에서 인용한 문구들로 가득하고, 영적인 일을 잘 해내지 못한 데 대한 슬픔, 때로는 황홀경에 가까운 기쁨이 뒤섞인 표현들이 풍성하게 등장한다. 제임스 부인에게서는 항상 따사로운 분위기가 넘쳐, 해리스가 실의에 빠져 있을 때마다 힘과 용기를 북돋아 주곤 했다.

윗필드는 약속대로 제임스 부인의 집에 도착해 그곳에서 해리스를 만났다. 그는 당장이라도 부인과 결혼할 준비가 되어 있었다.

그러나 제임스 부인은 윗필드만큼 마음의 준비가 되어 있지 않았다. 해리스가 그녀를 윗필드에게 양보할 뜻을 처음으로 밝혔을 때 부인은 이렇게 말했다.

> … 당신이 내 아버지라 해도 내 뜻과 달리 나를 처리할 권한은 없습니다. … 당신의 말은 나 때문에 마음이 나뉘므로 죽는 날까지 나와 헤어져 있게 하는 것이 주님의 뜻이라는 거군요. 그런 말을 듣고 내 마음이 어떨지 기도하고 생각해 보세요.[1]

이제 세 사람이 부인의 집에서 만났을 때의 상황에 대해 해리스는 이렇게 말했다.

> 윗 형제는 … 넘치는 다정함과 사랑과 우직함으로 그녀를 하나님께서 주신 사람으로 받아들이며[그에게는 육적인 본성 같은 것이 전혀 없었다], 그녀에 대한 사랑이 마음속에 견고히 자리 잡아 뿌리내리는 것을 느끼고 있다.

---

1   *Whitefield: Life and Times*, Volume 2, p. 106.

그녀는 나에 대한 애정 때문에 이의를 제기했고, 여전히 그 애정을 어쩌지 못했다. 하지만 그는 그렇다고 해서 그녀를 덜 사랑하거나 질투하지 않겠다고 했으며 지금 당장이라도 결혼할 준비가 되어 있다고 했다.…**2**

이렇게 해서 제임스 부인은 큰 결단을 내려야 할 상황이 되었다. 웨일스 산지의 용사 하월 해리스가 언젠가는 청혼할 것을 기대하며 계속해서 그와 교제할 것인가, 아니면 국제적으로 명성을 쌓고 있는 복음 전도자 조지 윗필드의 청혼을 받아들여 당장 그와 결혼할 것인가?

이것이 제임스 부인이 마주한 딜레마였다. 윗필드가 애버게이브니에 머문 지 나흘쯤 되었을 때 부인은 마음을 정했다. 윗필드와 결혼하기로 한 것이다. 이 엄숙한 상황은 윗필드의 입장에서 특별한 영적 준비를 필요로 하는 일이었다. 그래서 레븐 경에게 보내는 편지에서 그는 이렇게 말했다. "저는 지금 모든 행동을 조심해야 합니다. 그래서 편지도 쓸 수 없습니다. 하나님께서는 저더러 조용히 자중하면서 내일 있을 결혼식을 위해 마음을 준비하라고 말씀하십니다."**3**

결혼식 하객들(신부를 신랑에게 건네주는 역할을 하기로 한 하월 해리스와 몇몇 친구들을 포함해서)은 결혼식을 치르기 위해 란틸리오(Llantilio)에 있는 교회당을 찾아갔다. 그러나 그곳에서 결혼식을 치르게

2   *Ibid.*, p. 107.
3   *Ibid.*, p. 108.

해 달라는 이들의 요청은 단번에 퇴짜를 맞았다. 그곳 관할 사제가 보기에 윗필드와 해리스는 잉글랜드 국교회에서 쫓겨나 떠도는 사람들이었기 때문이다. 일행은 다시 말을 몰아 우스크(Usk)로 갔으나 거기서도 똑같은 대답을 들었다. 다시 이들은 란로웰(Llanllowel)로 갔다가 역시 거부당하고 저녁 때 칼코트(Calcott)에 이르렀으나 이곳에서도 대답은 마찬가지였다. 그러나 이들 일행이 말을 타고 자신들의 농장과 마을을 지나는 것을 보고 사람들이 모여들기 시작했고 윗필드는 예정에 없던 야외 집회로 그날을 마무리했다.

다음 날 이들은 케어필리(Caerphilly)로 가서 신앙 부흥 운동의 동지인 존 스미스를 만났고, 그는 기꺼이 결혼식을 집례해 주었다.

결혼식이 거행된 날은 1741년 11월 14일이었다. 해리스는 이때 일을 이렇게 적었다.

> … 11시가 지나 결혼식을 위해 윗 형제, +, 그리고 심스 형제 부부와 함께 예배당으로 갔다. 이들을 위해 아주 간절한 기도를 드렸다. 기도 후에는 자리에 앉아 세닉 형제가 지은 결혼 찬송을 불렀다. 그런 다음 성찬을 받았고 … 이어서 윗 형제가 마태복음 9장 12절 말씀을 가지고 놀라운 능력으로 설교했다.[4]

이렇게 마침내 결혼식이 치러졌고, 윗필드와 엘리자베스 제임스

4　*Ibid.*, p. 109.

의 짧고도 특별한 사귐은 결혼으로 행복하게 완성되었다.

윗필드는 이 새로운 생활로 들어가되 이 때문에 자신의 사역이 어떤 식으로도 방해를 받아서는 안 된다고 다짐했다. 길버트 테넌트에게 보낸 편지에서 그는 이렇게 말했다.

> 저는 … 서른여섯 살가량의 과부와 결혼했습니다. … 부자도 아니고 미인도 아니지만, 저는 그녀가 하나님의 참된 자녀라고 믿으며, 또한 세상을 위해 그분의 일을 하는 저를 방해하지도 않을 거라고 생각합니다.[5]

신혼여행은 없었고, 윗필드가 아내의 집에 일주일간 머물면서 주변 지역에서 하루에 두 번씩 설교했다. 그러고 나서 그는 아내와 아내의 딸을 그곳에 남겨 두고 브리스톨과 글로스터, 그리고 마지막으로 런던을 도는 순회 설교 사역에 나섰다. 한 달 후 성탄절을 지내기 위해 애버게이브니에 돌아온 그는 바로 다음 날 아침 다시 길을 떠나 브리스톨과 런던으로 갔다. 그는 이때의 생활 방식에 대해, "조금 자고 조금 먹었으며, 아침부터 한밤중까지 일했다"라고 말했다. 결혼 때문에 마음이 산만해지는 일 없이 사역을 계속해 나가리라는 결심이 성공했다고 느낀 것 같다.

결혼식을 올린 지 삼 개월 만에 엘리자베스는 런던에서 윗필드

---

5   *Ibid.*, p. 110.

와 합류했다. 이는 엘리자베스가 시골집을 비워 두고 윗필드가 런던에 얻어 놓은 셋집으로 들어갔다는 의미다. 또한 이는 엘리자베스가 윗필드의 회중과도 만났다는 뜻이다. 사람들은 윗필드가 결혼을 했으며 신부가 열 살 연상의 과부로 "미인이 아니라"고 한다는 것을 알고 있었다. '장막'에 들어서는 순간, 사람들 특히 여자들이 이러쿵저러쿵 자신을 평가하는 말을 듣고 엘리자베스의 마음이 어땠을지 충분히 짐작이 간다.

어떤 전기 작가들은 윗필드의 결혼 생활이 행복하지 못했다고 추측한다. 그런데 이와 다르게 우리는 윗필드가 아내를 가리켜 "나를 돕는 배필", "나의 귀한 동반자", "나와 한 멍에를 멘 귀한 사람"이라고 하는 것을 보게 된다. 결혼 생활에 아주 만족해하는 한 부부에게 윗필드는 "행복한 한 쌍이군요! 두 분이 어떤 위로를 누리고 있는지 내 달콤한 경험에 비추어 나도 알고 있지요"라고 이야기하기도 했다. 하월 해리스는 엘리자베스를 가리켜 "그 남편에게 복이요 영광"이라고 했으며, "이야말로 하나님께서 손수 지으신 결혼이 아닌가!"라고 했다. 이와 비슷한 발언들을 몇 가지 더 언급할 수 있는데, 하나같이 다 이들의 결혼 생활이 행복했음을 보여 준다.

그러나 윗필드 부부에게도 슬픈 일이 있었다. 결혼한 지 삼 년이 지나 엘리자베스는 아들을 낳았다. '장막'에서 윗필드는 아기 이름을 '존'(John)이라 지었다고 발표했다. 그는 아이가 훌륭한 설교자로 자라 '또 한 명의 세례 요한'(another John the Baptist)이 될 것으로 생각했다. 하지만 윗필드의 말은 아무 근거가 없었음이 드러났다.

엘리자베스와 윗필드는 당시 런던의 셋집에 살고 있었는데, 그 변변찮은 셋집 생활조차도 유지할 수 없을 만큼 돈이 궁했던 윗필드는 엘리자베스와 존을 웨일스에 있는 시골집으로 보내는 것이 최선이라고 결정했다. 그래서 이들 가족은 한겨울에 온기라고는 없는 마차를 타고 길을 나섰다. 길은 딱딱하게 얼어붙어 울퉁불퉁했다. 글로스터에 이르자 윗필드는 출발 전 계획대로 당시 형이 운영하던 '벨 여관'에서 며칠간 묵기로 했다. 그러나 이곳에서 갑자기 아기가 병이 났고, 의사가 최선의 노력을 다했음에도 아기는 그만 죽고 말았다.

설교하려고 출타 중이었던 윗필드는 글로스터에 돌아와 그 슬픈 소식을 접했다. 그는 아내와 더불어 아기의 죽음을 애도하기는 했으나, 함께 있어 달라는 아내의 간청에도 불구하고 "울며 씨를 뿌리러 나가는 자는 반드시 기쁨으로 그 곡식 단을 가지고 돌아오리로다"라는 시편 말씀을 인용하면서 여느 때처럼 설교하러 나갔다. 그 때 일을 그는 이렇게 말했다.

> … 설교를 막 마치는 순간 장례식을 알리는 종이 울렸다. 처음에는 … 나도 인간인지라 조금 흔들렸지만, 하늘을 올려다보며 힘을 되찾았다. … 아기와의 이별은 엄숙히 진행되었다. 우리는 무릎을 꿇고 앉아 많은 눈물을 흘렸다. … 그리고 내가 태어난 곳에서 아들이 세상을 떠났으므로 내가 세례 받았고 처음으로 성찬을 받았으며 처음으로 설교한 교회의 묘지에 아기를 묻었다. … 열왕기에서 선지자가 아들 잃은 여인에게 "너는 평안하냐 … 아이가 평안

하냐"라고 물었을 때 여인이 대답한 말에서 나는 위로를 받았다. 여인은 "평안하다"고 대답했다.[6]

엘리자베스는 동행하는 여인 한 사람 외에는 아무도 없이 웨일스의 집으로 떠날 준비를 했다. 윗필드는 지난번 애버게이브니에서 엘리자베스의 살림을 주변의 궁핍한 사람들에게 대부분 다 나눠 주고 왔다. 아내가 다시 그곳으로 가게 되자 그는 글로스터의 친구들에게 살림살이를 빌리러 다니다가 중고 커튼 한 세트를 얻었다고 크게 기뻐했다. 이것이 바로 고아원 기금을 유용해서 부자가 됐다고 많은 사람에게 비난받은 사람의 모습이었다.

윗필드의 허물 중 가장 두드러지는 것은 순간적 느낌에 의지하는 습관이 있었다는 것이다. 그는 그 느낌들을 하나님께서 주신 것이라 믿었다. 그러나 아들이 또 한 명의 세례 요한이 될 것이라는 확신이 명백한 잘못으로 드러난 이후 그는 그 습관이 그릇된 것임을 깨달았다. 그 뒤로 그런 행동은 두 번 다시 나타나지 않았다.

앞으로 살펴보겠지만, 윗필드 부인은 다음 번 아메리카 행에 남편과 동행하는데, 이때 이들 부부는 거의 사 년 동안 잉글랜드를 떠나 있게 된다. 그러나 그전에 윗필드의 두 번째 스코틀랜드 방문에 동행한 그녀는 캠버슬랭(Cambuslang)에 일어난 신앙 부흥의 능력과 영광을 남편과 함께 목격한다.

---

6   *Ibid.*, p. 168.

캠버슬랭에서의 성찬은 정말 잊을 수 없는 사건이었다. 금요일, 토요일, 주일에는 목회자 열세 명이 참석했고 월요일에는 스물네 명이 참석했다. 윗필드 씨의 설교에는 큰 능력이 있었다. … 몇몇 사람은 소리쳐 울기도 했으며 청중석 전체가 울음바다가 되는 것을 목격할 수 있었다.

성찬상에서 떡을 떼어 줄 때의 그는 하나님의 사랑으로 충만해서 일종의 황홀경에 빠진 것 같았고, 그는 그 복된 기분을 우리에게 많이 나눠 주었다.

윌리엄 매컬록
1742년

13. 캠버슬랭에서의 신앙 부흥

윗필드는 1742년 6월 3일에 에든버러에 도착했다. 지난번에 스코틀랜드를 다녀간 지 일곱 달 만이었으며 그 사이 글래스고 근방의 두 구역, 킬시스와 캠버슬랭에서는 놀라운 일들이 일어났다.

이 두 구역에서 하나님의 일은 한동안 저조했다. 캠버슬랭의 윌리엄 매컬록 목사와 킬시스의 제임스 로브 목사는 "목회자인 우리의 상황도 아주 안 좋아서, 그리스도를 믿는 신자들이 죽어 가고 있는 것을 보면서도 우리 중에 이들을 위로해 줄 수 있는 사람이 별로 없었다"라고 말했다.

매컬록과 로브는 설교 능력이 그다지 뛰어난 사람들이 아니었으나 1741년 자신들의 영적 책임을 깨닫고 점점 부지런히 수고하기 시작했다. 이들은 새로운 열정으로 하나님의 거룩하심과 인간의 죄성과 그리스도의 대속(代贖), 그리고 신생의 필요성을 선포했다.

윗필드가 처음으로 스코틀랜드를 방문한 것이 바로 그 즈음이었다. 그는 글래스고에서 일주일간 설교했고, 그가 떠난 후 캠버슬랭과 킬시스 사람들 사이에서는 성경의 중요 진리에 대한 인식이 좀 더 깊어지고 기도에 대한 관심도 새로워졌다. 이러한 상태는 계속 지속되어, 1742년 2월 18일 매컬록은 성경 강좌가 끝날 무렵 "상당한 고뇌" 상태에 있던 사람 오십여 명이 사택 식당으로 찾아왔고 자신이 "밤새도록 이들을 권면했다"라고 말했다. 그로부터 두 달이 채 지나지 않아 그는 이렇게 각성된 사람이 삼백 명을 헤아린다고 말했다.

이때 킬시스에서도 비슷한 일이 일어나고 있었다. 로브는 1742년 5월 16일 주일의 일을 이렇게 기록했다.

> 설교 말씀에 … 성령의 특별한 능력이 함께했다. 회중은 크게 애통해했다. … 많은 이들이 큰 소리로 울부짖었는데, 여자들만이 아니라 강하고 굳센 남자들도 울부짖었다. … 사람들 숫자가 너무 많아, 하는 수 없이 교회당에 모이게 했다.…[1]

매컬록과 마찬가지로 로브도 이 중 많은 사람이 '그리스도와의 구원에 이르는 만남'을 경험하고 삶이 변화되는 것을 보았다. 기쁨에 넘친 그는 이렇게 외쳤다.

> 오, 하나님을 찬양하십시오. 그리고 모두에게 이르기를 우리에게 내리신 이 자비에 대해 하나님을 찬양할 것이며, 이런 방식으로 역사하신 후에도 그분은 우리와 함께 오래 머무실 것이라 전하십

---

[1] *Whitefield: Life and Times*, Volume, 2, pp. 122, 123.

시오. 오, 이는 참으로 소중한 돌아보심입니다. 주님은 저들의 심령을 아프게 하셨으나 이제 치유하실 것입니다. 오, 하늘과 땅이여! 그분을 찬양하라![2]

이런 일들이 일어났다는 소식을 듣고 경험 많은 목회자들은 이 일이 단순히 감정이 폭발한 것인지 아니면 참으로 하나님의 역사인지 살펴보려고 캠버슬랭과 킬시스를 찾아왔다. 이곳을 시찰한 목회자 중에서 글래스고의 존 해밀튼 박사는 "징벌에 대한 두려움 때문이 아니라 하나님의 영광을 가렸다는 깨달음에서 비롯된 회개"를 목격했다고 보고했다. 또한 존 윌리슨 박사는 "남녀노소 할 것 없이 많은 사람과 대화를 나눠 보았지만, 열광주의[광신적인]에 사로잡힌 기미는 전혀 찾아볼 수 없었다. … 나는 캠버슬랭에서 일어난 대역사를, 성령이 독특하고도 경이롭게 부어진 일로 본다"라고 했다.

이렇게 캠버슬랭과 킬시스를 필두로 남부 스코틀랜드의 여러 도시가 윗필드의 사역을 위해 준비되었다. 윗필드 부인이 이번 방문에 동행했다. 이들은 연안을 운항하는 배 편으로 스코틀랜드에 왔는데, 이때 윗필드는 이런 기록을 남겼다. "배에서는 대부분 혼자 기도하며 시간을 보냈다. … 내가 나 자신의 눈에 아주 작게 보이도록, 귀하신 내 주님의 영광을 조금이라도 빼앗는 일이 없도록 기도하라."

---

2   *Ibid.*, p. 123.

그는 도착하는 즉시 사역에 나서, 에든버러의 오편 하우스 파크(Orpahn House Park)에서 하루에 두 번씩 설교하고 저녁마다 성경을 강해했다. 또한 글래스고를 방문해서 '20,000명의 이름으로' 환영을 받았으며 가는 길에 있는 몇몇 마을에서도 영적 결실을 목격했다.

윗필드는 에버니저 어스킨에게 편지를 써 보내기도 했다.

삽화 13-1 들판에서 설교하는 윗필드

"저는 목사님을 지극히 존중하고 존경합니다. … 저는 하나님을 위한 목사님의 열정에 박수를 보냅니다. 어떤 부분에서는 저를 공개적으로 저격하신다고 생각되는 점도 있지만, 그래도 저는 전혀 분노를 느끼지 않으며, 기쁜 마음으로 앉아 목사님과 다른 형제님들의 설교를 들을 것입니다. … 목사님과 다른 형제님들을 위해 저는 간절히 기도합니다. 눈물이 흐르려 하는군요. 오, 파수꾼들의 의견이 일치할 날은 언제 올까요?"[3]

윗필드가 캠버슬랭에 도착하자 사람들 사이에 열기가 더욱 고조되었다. 천연의 대형 계단식 극장에서 예배를 드렸는데 첫날 하루

---

3   *Ibid.*, pp. 124, 125.

동안 그는 세 번이나 설교했다. 이날 일을 그는 이렇게 말한다.

> 그런 소동, 그것도 밤 열한 시에 그런 소동이 벌어진 것은 전례가 없는 일이었다. … 예배가 진행된 약 한 시간 반 동안 사람들은 눈물을 흘렸고, 많이들 깊은 영적 비탄에 빠져들어 그 괴로움을 다양하게 드러냈다.…
>
> 매컬록 씨는 내가 설교를 마친 후 새벽 한 시가 넘을 때까지 설교했는데, 예배가 끝났으니 이제 돌아가라고 해도 사람들은 좀처럼 자리를 뜨지 않았다. 그날 밤 들판에는 밤새도록 기도하고 찬양하는 소리가 들렸다. 동이 틀 무렵 한 귀부인은 젊은 숙녀들이 그때까지 하나님을 찬양하고 있는 것을 보고는 한데 어울려 찬양을 하기도 했다.[4]

그다음 주일에는 성찬식이 거행되었다. 최근에 회심한 수많은 사람이 열렬한 열심으로 이 예식에 참여하려 하는 것을 볼 수 있었는데, 매컬록의 표현을 빌리자면 성찬식은 "이들을 사랑하시고 또 이들의 사랑을 받으시는 주님, 이들 안에서 다스리시고, 이들 위에서 다스리시며, 이들을 위해 다스리시는 그리스도"를 말해 주는 것이기 때문이었다. 목회자들도 몇 명 찾아왔고, 설교단 두 곳이 설치되었다. 성찬에 참여할 생각으로 온 사람들은 목회자들의 심사를 받

---

[4] *Ibid.*, p. 125.

았고, 거듭났다는 증거를 보이는 사람에게만 성찬에 참여해도 좋다는 금속제 증표를 주었다.

예배는 토요일 내내 진행되었고 주일에는 설교와 더불어 성찬이 거행되었으며 월요일에는 마지막 대예배로 모든 순서를 마쳤다. 존 세닉에게 보낸 편지에서 윗필드는 이렇게 말했다.

> 안식일에는 사람들이 이만 명은 넘게 모인 것 같았습니다. 들판에서 거룩한 성례가 거행되었지요.
> 제가 떡과 잔을 돌리기 시작하자 사람들이 한꺼번에 몰려드는 바람에 어쩔 수 없이 중단한 채 천막으로 설교하러 갔고, 그동안 다른 목사님들이 계속해서 성찬식을 진행했습니다. 목사님들이 한 사람 한 사람씩 하루 종일 설교했고, 저녁이 되어 성찬식이 끝나자 목사님들의 요청으로 제가 전 회중에게 설교했습니다.
> 월요일 아침에도 설교했는데 누구라 할 것 없이 모두 격한 감정의 소용돌이에 빠지는 그런 광경은 난생처음이었습니다. 여기 계셨더라면, 창에 찔린 구세주를 애통해하며 수많은 사람이 눈물에 젖어드는 광경을 보셨을 겁니다.[5]

이런 상황에 감격한 매컬록은 먼저 윗필드가 캠버슬랭에 오기 전의 일에 관해 이렇게 말했다.

---

[5] *Ibid.*, p. 126.

내가 믿기로 그 다섯 달 사이에 오백 명 넘는 사람들이 각성해서 자기 죄를 깊이 깨닫고 자신이 길 잃은 상태라는 것을 자각했다. 또한 나는 이들 대다수가 구원에 이를 만한 수준으로 하나님을 똑똑히 깨닫게 되었을 것으로 믿는다. 단순히 죄를 깨달은 척하는 사람이나 지옥을 두려워하는 것 외에 별다른 신앙 행위를 하지 않는 사람은 이 숫자에 포함하지 않았다.…

그리고 윗필드가 사역하는 동안 회심한 사람에 대해서는, 그 수효를 "다 헤아린 척할 수 없기 때문에" 위의 숫자에 포함시키지 않았다고 했다.

그 후 윗필드는 스코틀랜드의 다른 지역에서 계속 설교했고, 한 달이 지나 또 한 차례의 성찬 예배를 위해 캠버슬랭으로 돌아왔다. 스코틀랜드 방방곡곡에서 사람들이 몰려왔고, 장거리를 걸어서 온 사람들도 많았다. 모인 사람들의 총수는 삼만여 명으로 추산되었다. 예배는 주일 아침 8시 30분에 시작되었는데 성찬상에 놓인 맨 마지막 떡은 해가 질 무렵에야 떼어 줄 수 있었다. 이번에는 설교단이 세 개나 설치되었고 설교는 하루 종일 이어졌다.

이 예배에 참석한 목회자 중 존 보나르(John Bonar)라는 원로 목사는 우리가 잘 알고 있는 호레이셔스 보나르(Horatius Bonar)와 앤드루 보나르(Andrew Bonar)의 고조부다. 병약한 몸의 보나르는 토피컨(Torphichen)에 있는 집에서 30킬로미터 거리를 사흘 동안 말을 타고 왔다. 그러나 "부축을 받으며 설교단에 오른 그는 세 번이나 설교했고, 아주 생기 있는 모습이었다."

캠버슬랭에서 수많은 사람이 뜨거운 감격을 표현하는 것을 보고 여러 목회자들은 그런 감격을 체험한 사람들을 다시 검토해 보지 않을 수 없었다. 알렉산더 웹스터 박사는 이렇게 말했다.

> 이들은 죄를 고통스럽게 자각하며 말하되 피조물이 타락한 것뿐만 아니라 친절하고 자애로운 하나님의 영광을 가린 것 또한 죄라고 말했다. … 이들은 그렇게 오랫동안 하나님의 아들을 거부하고 복음에 제시된 그분의 애정 어린 부르심을 멸시했다는 생각에 견딜 수 없어 한다.
>
> 그분이야말로 유일한 구속주이심을 확신한 이들은 그분의 모든 성품을 좇아 호흡한다. 세상을 다스릴 권세로 옷 입고 보좌에 앉으신 왕이요, 구원의 능력을 부여받고 십자가에 달리신 제사장으로서의 그분을 열망한다. … 자신들에게는 믿을 능력이 전혀 없음을 의식한 이들은 "우리 마음의 영원한 문을 여소서. 들어오소서. 거룩하신 주님이여, 우리의 하나님, 우리의 분깃이 되어 주소서"라고 얼마나 간절히 기도하는지 모른다.[6]

캠버슬랭에서 이 역사가 일어나는 동안 어떤 사람들은 극한의 감격을 경험했고, 어떤 사람들은 너무 오래 운 나머지 거의 의식을

---

6 *Ibid.*, pp. 129, 130.

잃을 지경이 되기도 했지만, 제임스 로브의 지적에 따르면 이런 사람들은 이때 회심을 체험한 것으로 보이는 전체 숫자의 오분의 일에 지나지 않는다고 했다. 대다수의 체험은 이보다 훨씬 온건했고, 이 사건들을 보고한 글들은 "대체로 점잖고 질서정연했다", "이 엄숙하게 드러난 영적 영광", "온 회중의 얼굴에서 보이는 깊은 경외심" 등의 말로 이때의 분위기를 표현했다.

그리고 이때 설교 본문으로 쓰인 성경 구절은 특별히 심판을 말하는 구절이 아니었다. 이 두 번째 성찬 때 윗필드는 "내가 너를 씻어 주지 아니하면 네가 나와 상관이 없느니라"는 말씀으로 설교했고, 로브는 "여호와께서 그에게 상함을 받게 하시기를 원하사 질고를 당하게 하셨은즉"이라는 말씀으로 설교했다. 노(老) 보나르 목사의 설교 본문은 "내 마음으로 사랑하는 자를 너희가 보았느냐"였고, 다른 목사들은 "누가 능히 하나님께서 택하신 자들을 고발하리요", "너는 하나님과 화목하고 평안하라", "신랑의 음성을 듣는 친구가 크게 기뻐하나니" 등의 말씀으로 설교했다. 이 말씀들은 신자가 그리스도와 연합하는 영광을 그리는 말씀들로서, "말로 다 할 수 없고 영광으로 충만한 기쁨"이라는 말이 캠버슬랭 부흥 관련 기록들에 자주 등장한다.

그러나 윗필드는 이렇게 하나님의 복을 체험하는 동안에도 여전히 반대자들에게 시달렸다. 연합 장로회 측 사람들이 "반(反)로마가톨릭, 반(反)루터교, 반(反)고위성직제, 반(反)윗필드파, 반(反)에라스투스주의, 반(反)분파주의를 위해 고난받는 남은 자인 스코틀랜

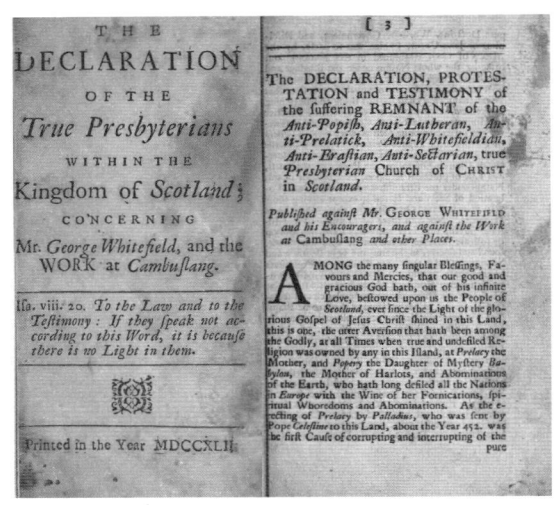

삽화 13-2 『스코틀랜드 참 그리스도의 장로교회 선언』(1742)

드 참 그리스도의 장로교회 선언·항변·증언"이라는 32쪽짜리 소책자를 발행했다. 이들은 윗필드가 "고위성직제를 지지하는 더러운 손"으로 장로교인들에게 성찬을 시행했다고 주장했으며, "[윗필드는] 우상 숭배교인 잉글랜드 국교회 일원이므로 추악한 우상 숭배자에 지나지 않고, 그는 적그리스도의 수족이며 수퇘지요 사나운 짐승"이라고 했다.[7] 또한 이들은 윗필드가 고아원을 위해 모으고 있다고 주장한 돈이 대부분 그의 주머니로 들어갔다는 오랜 유언비어를 되풀이해서 주장했다.

윗필드는 이 사람들에게 아무 대꾸도 하지 않았으나 한 친구에

---

7   *Ibid.*, p. 131.

게 보내는 편지에서 이렇게 말했다. "친애하는 어스킨 형제가 나에게 아주 검은색 옷을 입혀 놓았습니다. 아, 가엾은 사람들."

이와 비슷한 소책자가 스코틀랜드에서 일곱 가지가 더 등장했는데 한결같이 윗필드를 희화화하는 내용이었다. 이때 아메리카에서 집필된 소책자 두 종류도 스코틀랜드에 유포되고 있었다. 이 책자들은 윗필드가 사역한 결과 식민 주(州)들에서 해로운 광신적 행태가 생겨났으며 몇몇 청년들이 자칭 그 행태의 전파자라 하면서 청중을 모아 광적(狂的)인 믿음 상태로 끌어들이고 있다고 했다. 캠버슬랭에서 극단적 감정이 격발되는 것을 본 스코틀랜드 사람 중에는 그런 비난을 사실로 믿으려 하는 이들이 많았다.

그런 주장들이 있었음에도, 캠버슬랭에서 일어난 신앙 부흥의 크고 신령한 가치는 도처에서 분명하게 나타났다. 그것은 선정주의나 쇼맨십, 흥행 사업의 결실이 아니었다. 매컬록이 말했다시피 "… 이 일은 기독교의 위대하고도 본질적인 교리의 영향 아래 시작되고 이행되었다." 이것이 바로 매컬록과 로브, 그리고 캠버슬랭의 대역사에 참여한 여러 사람들, 그리고 누구보다 윗필드가 가르치고 전한 진리였다.

9년 뒤 매컬록은 자신이 목격한 그 운동을 다시 한번 평가하면서 이렇게 말했다.

> 이 역사는 … 모든 계층, 모든 연령, 그리고 도덕적으로 어떤 상태에 있는 사람이든 그에 상관없이 모두를 포용했다. 저주하고 욕하

고 술 취해 다니던 사람들은 이 일의 위력 아래서 그 모든 행위를 다 포기했다. 이 일은 불의한 행위를 뉘우치게 했다. 복수심에 사로잡혀 있던 사람은 용서를 베풀었다. 목회자와 신도들이 더욱 강한 공감대를 형성했다. 각 가정마다 가정 제단을 쌓았다. 사람들은 하나님의 말씀을 배우는 학도가 되었고 하늘에 계신 아버지와 교통하려는 생각을 품었고 그 목적을 위해 노력하게 되었다.

알곡 중에 쭉정이가 끼어 있었던 것도 사실이지만, 사역자들이 경계하며 이를 알아차리고 즉시 뽑아 버렸다.

캠버슬랭에서의 대역사 때 회심한 겸손한 사람들은 그 후로도 오랫동안 흠 없는 그리스도인의 이름으로 이웃들과 어울려 살다가 그 부흥의 시절 주님이요 구주로 부를 줄 알게 되었던 분의 품에 안겨 평화롭게 죽었다.[8]

---

8   *Ibid.*, pp. 136, 137.

그곳에는 산 돌들(living stones)이 많으므로, 이들을 한데 연합시키는 것을 생각할 때인 듯합니다. 교회를 세우시는 위대한 건축자께서 우리를 인도하시고 방향을 지시하시기를.

윗필드가 하월 해리스에게
1742년 9월

모든 일을 침착하고 지혜롭게 행하고 주님을 좇으면서 교회를 운영해 나가는 법을 배우는 그의 놀라운 지혜에 입이 다물어지지 않았다.

하월 해리스가 윗필드에 관해
1743년

14. 메소디즘을 최초로 조직화하다

런던으로 돌아온 윗필드는 지금까지 해 오던 일, 즉 복음을 선포하는 일과 공동체를 결성하고 조직화하는 일에 몰두했다.

물론 그의 사역 본부는 무어필즈에 있는 '장막'(Tabernacle)이었다. 기록을 보면, 그곳에 모이는 회중의 수는 이천 내지 삼천 명에 이르렀고 특별한 경우엔 그보다 더 많은 사람이 몰려들었다. 오늘날 같으면 관계 당국이 집회를 허용치도 않았을 정도로 많은 인파가 이곳으로 몰려든 것이다.

'장막' 건물 외에 윗필드는 이미 '회관'(Society Room)이라는 건물을 세웠다. 보통 예배에는 일반인들도 참석했지만, 회관 입장은 공동체 회원에게만 허락되었고, 회원은 공동체 모임에 꾸준히 출석하며 성결한 삶을 삶으로써 회원 자격을 주기적으로 갱신해야 했다. 신앙 공동체는 반회(bands)와 속회(classes)로 나뉘었다.

'장막'은 학교 두 곳(여학교와 남학교)을 운영했고 도서실을 보유했으며 가난한 사람들을 돕는 기관 한 곳을 운영했다. 또한 작업장과 소규모 직업소개소도 있었다. 이 모든 활동은 계획성 있고 질서 있게 관리되었다. 하월 해리스는 이에 대해 이렇게 말했다.

독신 남자들은 반회에서 모이고, 기혼자들도 별개의 반회에서 모인다. 이들은 일주일에 한 번씩 함께 모인다. … 각 반회의 지도자도 사역자를 만나고, 사역자는 이들을 통해 각 회원들의 동정을 알게 된다. 여자 회원도 똑같은 규칙으로 운영되며, 남성 반회와 여성 반회는 일주일에 한 번씩 전체 모임을 갖는다.

마찬가지로 가난한 사람들도 몸과 영혼을 세심히 돌봄 받으며 이 일을 전담하는 사람들이 따로 있다. 회계원은 돈의 출납과 예산을 관리하는데, 모든 것이 질서정연하게 운영되기 때문에 만사가 자연스럽고 수월하며, 서두를 필요가 없다.

그리고 이곳에는 남학생, 여학생 합쳐 100명 넘는 장학생들이 교육받고 있으며, 교사에게는 침대 등이 구비된 방이 제공되기 때문에 이곳 생활은 천국과 같다.[1]

Minutes of the Tabernacle(장막 회의록)에는 '주간 사역 과제'라는 항목이 있는데, 이 난에는 '장막' 소속 직분자들의 설교나 각 기관 집회 등 사역자와 보조자 한두 명이 매주 이행해야 하는 열아홉 가지 과제가 소개되어 있다. 설교자들은 '장막'에서 먼 거리에 있는 공동체에서 설교하는 경우도 있었기 때문에 자연히 여행할 일이 많았는데, 이런 활동 일정은 윗필드가 계획해서 정했으며 이렇게

---

1   Gomer Morgan Roberts , M. A.가 옮겨 쓰고 주(註)를 붙인 *Selected Trevecca Letters,* 1742-1747 (Caernarvon: The Calvinistic Methodist Bookroom, 1956), p. 40.

해서 정해진 일정은 매우 엄격하고 규칙성 있게 진행되었다.[2]

잉글랜드에는 '신앙 공동체'(Religious Societies)라고 불리는 모임들이 있었는데, 사역을 시작한 이후 윗필드는 줄곧 영적으로 각성하고 회심한 사람들은 다 그런 공동체에 참여하기를 촉구해 왔다. 그 덕분에 오래된 공동체 몇몇은 규모가 아주 커졌고 또 새로운 공동체들도 많이 결성되었다.

윗필드가 두 번째 아메리카 선교를 마치고 돌아올 즈음에도 여전히 새 공동체들이 결성되기 시작했고, 그전에 결성된 공동체들이 그랬던 것처럼 이 새 공동체들도 윗필드의 지도를 받고 싶다는 뜻을 비쳤다. 그런 공동체의 수가 눈에 띄게 늘어나자 윗필드는 "공동체들을 몇몇 지역에 정착시켜야 할 것 같다"라고 말했다. 그에 따라 1742년 말에는 그렇게 일정한 지역에 정착한 단체들이 많이 생겼는데, 사람들은 그 단체들을 통틀어 '윗필드의 메소디스트 공동체'(Whitefieldian Methodist Societies)라고 했다. 물론 메소디즘이 어떤 독립된 교파가 된 것은 아직 아니었고, 이들은 스스로를 잉글랜드 국교회 내의 한 운동으로 여겼다. 이들 공동체는 복음주의 신앙에 충실하고, 성결한 삶을 살며, 공격적으로 복음을 선포하는 것으로 유명했다. 그러나 다른 교파, 이를테면 독립교회나 장로교, 침례교, 퀘이커 교에 속해 있으면서도 위의 원칙을 지키는 사람들 또한

---

2   *Two Calvinistic Methodist Chapels, 1743-1811*, "The London Tabernacle and the Spa Fields Chapel", ed. Edwin Welch (London: London Records Society, 1975), pp. 14, 15.

'메소디스트'라 불렸다. 더욱이 이 무렵 존 웨슬리도 자신의 사역을 일컫는 이름으로 '연합회'(The United Societies)라는 명칭을 거의 사용하지 않고 대신 '메소디스트'라고 부르는 경우가 점차 늘어났다.

윗필드의 공동체들은 짧은 시간 내에 결성되었으면서도 잉글랜드 내 여러 지역에 자리를 잡았다. 런던 근교에는 '장막'을 비롯해 네 개의 공동체가 더 있었고, 브리스톨과 글로스터의 상황도 비슷했다. *Minutes of the Tabernacle*에는 "윗필드의 관리 아래 하나로 연결되는 신앙 공동체에 관한 보고서"(An Account of the Societies in Connexion together under the Care of the Reverend Mr Whitefield)라는 항목이 있는데, 이 난에는 이 세 요충지의 공동체들뿐만 아니라 1743년까지 데본, 콘월, 옥스퍼드 주, 월트셔, 버킹엄셔, 스태포드셔, 슈루즈버리에 세워진 서른여섯 군데 공동체의 동정을 알리는 글이 실렸다.[3]

이 난에는 또한 '공동체가 정착되지 않은 곳의 설교 장소' 명단이 실렸으며, 그런 지역으로 스물다섯 곳을 더 언급했는데 이 지역들 역시 잉글랜드 내에서 다양한 분포를 보이고 있다.

60여 곳이 넘는 공동체와 설교 장소들로 구성된 이 그룹에서 50명 이상의 설교자들이 사역했다.[4]

이 중 열다섯 명가량은 이 영적인 일에 전적으로 몰두하는 전임 사역자였고 그 외에는 대부분 다른 생업에 종사하면서 주중에 몇

---

3   *The Tabernacle Minutes.*
4   *Ibid.*, p. 18.

번씩 설교하는 사람들이었다. 이 중에는 주일에 지정된 곳에서 설교하기 위해 토요일마다 몇 킬로미터씩 걸어가야 하는 사람들도 있었다. 웨일스에서 해리스의 사역을 도우면서 잉글랜드에서 윗필드의 일에 관여하는 사람도 몇 명 있었는데, 그중 존 세닉·존 크룸·앤드루 킨스먼·윌리엄 호그 등 네 사람은 비범한 영적 능력을 발휘하며 사역했다. 이 네 사람의 삶은 좀 더 폭넓게 연구해 볼 가치가 있으며 이들의 업적은 우리가 계속해서 기릴 만하다.

이들을 일컬어 사람들은 '윗필드의 설교자들'(Whitefield's preachers)이라고 했으며, *Weekly History*가 발간될 때마다 '윗필드 씨와 관련된 권면자들과 조력자들'이라는 난에 이들이 소개되었다. 바로 이 사람들이 나중에 '메소디스트 순회 기마 설교자들'(the Methodist Circuit Riders)로 널리 알려진 단체의 시작이었다.

1750년에 윗필드는 이 운동의 지도자 역할을 그만두었지만, 그래도 수많은 사람이 여전히 그의 추종자를 자처했다. 윗필드를 적대시하던 한 잉글랜드인은 1756년에 기록한 글에서 이렇게 말했다.

> 윗필드 씨에게는 십만 명가량의 추종자가 있는 것으로 널리 알려졌는데 이들 대부분이 그의 설교를 듣기 전에는 상스럽기 짝이 없는 사람들이었으나 지금은 건전하고 경건한 사람들이요 사회의 훌륭한 일원이자 왕의 충직한 신민(臣民)이 되었다고 한다. 웨슬리 씨의 설교 또한 그에 못지않게 많은 사람에게 좋은 영향을 끼쳤다고들 한다.[5]

윗필드의 조직체가 얼마나 광범위하게 분포되어 있었는지는 윗필드의 비서인 존 심스(John Syms)가 1743년에 다음과 같이 말한 것에 잘 나타난다. "잉글랜드나 웨일스의 마을치고 한 가지 역사라도 시작되지 않은 곳은 거의, 혹은 전혀 없다." 마찬가지로 1744년에 '옥스퍼드 펨브룩 칼리지의 한 신사'는 윗필드가 "… 온 나라를 돌아다니면서 신기한 공동체를 세운다"고 했다. 그리고 같은 해에 아메리카의 하버드 대학 총장 에드워드 위걸스워스(Edward Wigglesworth)는 윗필드에게 이렇게 말했다. "귀하는 자신의 관심이 미치는 한 잉글랜드와 웨일스의 구석구석까지 다니며 추종자들로 반회와 연합체를 결성했고 … 이들에게 권면자와 감독자와 심방인을 세워주었으며, 귀하 자신은 그 모든 일을 관할하는 대조정자(Grand Moderator)입니다."

"모든 일을 관할하는 대조정자"라는 위걸스워스의 말은 상당히 일리 있는 말이다. 윗필드는 정말 유능한 리더십을 발휘했기 때문이다. 그러나 그의 리더십은 명령하는 리더십이라기보다 풍성한 애정과 거룩한 본을 보이는 리더십이었다. 윗필드의 조직체에 속한 교인과 설교자는 대부분 그의 설교를 듣고 회심한 사람들로서, 윗필드를 지극히 존경했고 또 자신이 이상적인 그리스도인이라 생각하는 모습이 바로 윗필드에게서 구현(具現)되는 것을 두 눈으로 보면서 행복한 마음으로 그를 추종했다.

5 Tyerman's *Whitefield*, Volume 2, p.287.

윗필드가 주도하는 이 운동은 네 개의 협회(Associations)로 나뉘어 있었다. 협회 모임은 일 년에 네 번씩 런던·브리스톨·윌트셔·글로스터에서 번갈아 열렸다. 협회마다 감독 한 명이 휘하 권면자들을 감독했다. 각 협회는 런던의 존 심스에게 보고서를 보냈고 심스는 그 보고서의 내용을 윗필드에게 알렸다.

윗필드의 조직화 능력은 웨일스의 형제들에게도 필요했다. 이들은 사역을 좀 더 효율적으로 조직화하기 위해 1741년 12월에 회집하기로 계획을 세우는 한편, 그 모임에 윗필드도 참석해 주기를 부탁했다. 그러나 이 요청에 응할 수 없었던 윗필드는 다음과 같은 편지를 썼다.

> … 여러분이 만나 의논하려는 일은 아주 중요한 일입니다. 한 가지 중대한 일은, 예수 그리스도께서 여러분 각 사람에게 어떤 직분을 맡기셨으며 여러분 각 사람을 어떤 특정한 역할로 부르셨는지 알아야 한다는 것입니다. … 사람마다 하나님에게 받은 은사와 은혜가 다릅니다. 어떤 이는 대규모 청중을 대상으로 하는 사역에 적합한 은사가 있습니다. 어떤 이는 비교적 좁은 영역에서 최고의 기량을 발휘하며, 이런 사람은 비공개 공동체 모임에서 아주 유익하게 쓰임받을 수 있을 것입니다.
>
> 대중적인 방식으로 사역하도록 부름받은 사람은 그 일에 전적으로 헌신해야 한다고 생각합니다. … 개인적인 섬김의 일만 할 수 있는 사람은 자신의 생업에 전념하면서 여가 시간을 바쳐 교

회를 섬길 수 있을 것입니다.

여러분이 전부는 아니라 해도 일부만이라도 매달 모이셨으면 합니다. 저는 지금 브리스톨과 런던에서 매달 만나 각 지역에서 보내온 편지들을 돌려 읽고 편지 내용에 따라 함께 기도하는 모임을 정착시킬 생각입니다. 여러분도 월례회를 갖고 권면자들과 일꾼들이 서로 성공 사례를 나누고 그 내용을 요약해서 잉글랜드로 보내 주시면 저희도 월례회에서 다룬 내용들을 요약해서 여러분에게 보내 드리겠습니다. 그렇게 해서 우리가 하나라는 의식이 증진되고, 사랑이 커질 것이며, 서로 힘을 북돋아 주게 될 것입니다. … 이 모든 일은 기존 국교회와 공식적으로 결별하지 않고도 할 수 있는 일들입니다.[6]

초기 감리교의 중요 요소가 된 관행들, 즉 '대중' 권면자와 '개인' 권면자를 구별하는 것, 월례회, 그리고 편지를 회람하는 날을 두는 것 등이 이 편지에서 최초로 언급되는 것을 볼 수 있다.

웨일스 사람들은 계획대로 모임을 하기는 했으나 생각대로 일이 잘되지 않았다. 이들은 다시 한번 윗필드에게 편지를 보내, 다음 번 모임에는 반드시 참석해 주어야 하며 그 날짜는 직접 정해 달라고 요청했다. 하월 해리스는 윗필드가 와서 "모든 일을 질서 있게 처리할 수 있도록" 해 주기를 원한다고 말했는데, 이 말은 이들이 윗

---

6 *Whitefield: Life and Times*, p. 156.

필드에게 특별히 원하는 역할이 무엇이었는지를 보여준다. 그리하여 마침내 이들은 1743년 1월 5일 남웨일스의 왓퍼드(Watford)에서 모였다. 모인 사람은 여덟 명으로, 네 명은 임직받은 사람이었고 네 명은 일반 신도였다. 이들은 만장일치로 윗필드가 회의를 주재하고 매일 아침과 저녁에 설교를 해 주기를 원했다.

조화와 일치가 특징이었던 이 모임에서 여러 가지 규정과 규칙의 광범위한 체계가 잡혔다. 임직받은 사역자들은 '감독'(overseer)이 되어 각각 한 '지방'(district)을 맡아 관할하게 되었다. '감리사'(superintendent)와 '권사'(exhorter) 직분을 두어 적임자를 임명한 뒤 일정한 책임 영역을 할당했다. '권사'는 '개인적으로' 권면하는 사람과 '공개적으로' 권면하는 사람 두 범주로 나눈 뒤 권사가 될 수 있는 자격 요건 또한 규정했다. 이들은 각 지역 단위로 월례회를 가져야 했고, 이 지역들이 모여 분기별 회의를 가졌으며, 부흥 운동권 전체가 모이는 연례 회의를 열어야 했다.

그 후에도 윗필드는 그런 회의에 다시 한번 참석해 줄 것을 요청받았다. 왓퍼드에서 모였던 사람들이 석 달 후 다시 한번 모임을 가졌으며, 이 회합에서 웨일스 지부와 잉글랜드 지부가 연계하여 '칼뱅주의 메소디스트 협회'(The Calvinistic Methodist Association)로 알려진 조직을 만들게 되었다. 윗필드가 이 모임의 종신 의장으로 지명되었으며, 그의 부재시에는 해리스가 의장직을 대행하기로 했다.

이는 정말 역사적인 업적이었다. 메소디스트 조직은 웨슬리가 주도해서 만들었다는 추정이 보편화되어 있는 상황에서 루크 타이어먼(Luke Tyerman, 강력한 웨슬리 편향 역사가)의 말은 한번 주목해 봄 직하다. "주목할 만한 사실은, 웨슬리가 최초의 메소디스트 협의회를 개최하기 열여덟 달 전에 이미 최초의 칼뱅주의 메소디스트 협회가 열렸다는 것이다."

사람들이 윗필드를 제대로 알지 못한 채 대해 왔기에 그는 조직자로서의 능력도 없고 공동체를 결성한 적도 없다고 오랫동안 추측해 왔다. 그러나 사실은 그 반대였다는 증거를 우리는 지금 살펴보고 있다. 윗필드의 삶은 질서와 계획성에 지배되었으며, 윗필드가 바로 메소디즘을 최초로 조직화한 사람으로 밝혀진 것이다.

삽화 14-1 약 31세 때(1745)의 윗필드 초상화

메소디즘이 불량한 하층민들과 접촉하지 않았더라면 구원을 가장 절실히 필요로 하는 잉글랜드 사람들에게까지 영향을 끼치지 못했을 것이다. '신앙 공동체들'은 방문을 닫아걸고, 나라를 개혁하려는 움직임을 전혀 보이지 않았다.

그래서 일단의 영웅적인 사람들이 들고 일어나 가장 거칠고 사나운 사람들과 용감하게 맞부딪치며 이들에게 죄의 의미를 이야기해 주고 십자가의 그리스도, 심판 보좌의 그리스도를 보여줄 필요가 있었다.

메소디스트 설교자들이 끊임없이 폭도의 습격을 받았다는 것은 이들이 대중에게 손을 내밀고 있었다는 사실을 보여준다. 메소디스트 설교자들은 전쟁터에서나 볼 수 있는 보기 드문 용기로, 자신들을 공격하는 사람들의 적의가 닳아 없어질 때까지 끈기 있게, 폭도에게 쫓겨나온 곳으로 몇 번이고 되돌아갔다. 그러자 한때 사납게 날뛰던 사람들 중에서 주께서 마음을 감동시키신 사람들이 모여들기 시작했다.

존 S. 사이먼
The Revival of Religion in England in the Eighteenth Century
(18세기 잉글랜드의 신앙 부흥)

15. 폭도들을 만나다

초기 메소디즘 지도자들은 비록 교리적 신념은 서로 달랐지만, 한 가지 일에서만은 서로 같은 입장이었다. 이들은 모두 단호한 용기로 물리적 위협에 맞섰다.

먼저 하월 해리스가 그러했다. 웨일스에서 해리스는 불량배들의 공격을 받았고 성직자들의 미움을 받았으며 관리들 앞에 불려 가기까지 했다. 1741년 발라(Bala) 마을에서는 그 지역의 성직자가 큰 길가에 맥주통을 가져와 열어 놓고 그것을 미끼로 삼아 폭도들에게 해리스를 공격하라고 사주하는 일까지 있었다.

> 여자들도 남자들 못지않게 그악스러워서, 한 패거리는 그에게 진흙을 던졌고 … 다른 한 패거리는 주먹과 곤봉으로 후려쳐서 그가 지나는 길이 붉은 핏자국으로 얼룩질 만큼 다치게 만들었다. 원수들은 그가 기진맥진해서 땅바닥에 쓰러질 때까지 막대기와 장대로 내리치는 등 계속 그를 박해했다. 그가 땅에 엎어져 있는데도 그들은 여전히 욕설을 퍼부었다.…[1]

런던에서 해리스는 '장막'에서 설교하는 도중에도 폭력적인 일을 당했다. 예배 중에 폭도들이 '장막' 건물의 문을 부수고 난입해서 사람들을 헤집고 다니며 몽둥이를 휘두른 것이 한두 번이 아니었다. 그러나 이런 위험 가운데서도 해리스는 조금도 동요하지 않았다. 한 예로 그는 다음과 같은 사건을 기록하기도 했다.

> 나를 향해 총탄이 날아온대도 나는 미동도 하지 않을 것이라 생각했다. 폭도들은 광분했다. 나는 목소리를 높였고, 얼마나 힘을 주어 말을 했는지 머리가 깨질 것 같았지만, 그런 열심으로 나는 외쳤다. "내 몸이 산산조각 나서 쓰러질 때까지 나는 그리스도를 선포할 것이오!"라고.[2]

해리스는 남성다운 강인함이 있었으므로 그런 담대함을 기대할 수 있었겠지만, 온유하고 부드러운 사람이었던 세닉도 똑같이 이런 담대한 모습을 보였다. 세닉은 윌트셔의 스윈든 마을에서 해리스와 함께 설교하다가 당한 일에 대해 이렇게 말한다.

> 폭도들이 우리 머리 위로 총을 쏘았는데, 총구를 우리 얼굴에 얼

---

1 *Whitefield: Life and Times,* Volume 2, p. 161, Hugh J. Hughes, *Life of Howell Harris* (London, 1892), pp. 142, 143.
2 *Whitefield: Life and Times,* p. 162, Howell Harris, *Reformer and Soldier,* ed. Rev. Tom Beynon (Caernarvon: Calvinistic Methodist Historical Society, 1958), p. 35.

마나 가까이 들이댔는지 우리 두 사람 모두 탄약 가루로 얼굴이 시커멓게 됐다. 우리는 두려워하지 않았고, 오히려 가슴을 펴고 이들에게 말했다. 우리는 목숨을 내놓을 각오가 되어 있다고…. 그러자 이들은 고약한 도랑물 냄새를 풀풀 풍기는 동력기를 우리를 향해 작동시켰다. 이들이 해리스 형제에게 동력기를 돌려 대는 동안에는 내가 설교했고, 방향을 바꿔 나를 향해 동력기를 돌릴 때에는 그가 설교했다. … 다음 날 이들은 우리가 묵은 로렌스 씨 집으로 몰려와 창문이란 창문은 모두 다 돌을 던져 깨뜨리고, 그의 가족 넷을 모질게 쳐서 상처를 입혔으며, 그의 딸 하나를 기절시켜 버렸다.[3]

또 한 번은 세닉이 '그리스도의 피'에 대해 설교한다는 말을 듣고 한 푸줏간 주인이 "피를 원한다면 내가 원 없이 주겠다!"라고 소리치고는 자기 가게로 달려가 양동이에 피를 하나 가득 담아 가지고 왔다. 그는 이 양동이를 세닉에게 쏟아부으려 했으나 옆에 있는 사람이 이를 말리자 옥신각신하다가 결국은 그 양동이를 자기가 뒤집어쓰고 말았다.

이런 폭력 앞에서도 세닉의 용기, 혹은 주님 안에서 누리는 기쁨과 의기양양함은 줄어들 줄 몰랐다.

물론 존과 찰스 웨슬리의 일지에서도 이런 폭력에 성공적으로

---

[3] Cennick의 원고 *Memorable Passages Relating to the Awakening in Wiltshire* (미간행), entry of June 23, 1741.

대응한 사례들을 많이 인용할 수 있다. 예를 들어 존은 월솔(Walsall) 마을에서 폭도들의 공격을 받은 일에 대해 이렇게 말한다.

> 설교를 계속하려고 했지만 헛일이었다. 사방에서 마치 파도가 으르렁거리는 듯한 소리가 들려왔기 때문이다. 이들은 그렇게 나를 질질 끌고 마을까지 갔다. 한 커다란 집의 문이 열려 있는 것이 보여서 그리로 들어가려고 했더니 한 남자가 내 머리채를 움켜쥐고 나를 폭도들 한가운데로 끌어냈다. 이들은 여기서 멈추지 않고 나를 큰길로 끌고 나가서는 마을 이 끝에서 저 끝으로 끌고 다녔다.
>
> 그 와중에도 나는 내 목소리가 들리는 사람은 들으라는 심정으로 계속 말씀을 전했다. 아무런 고통도, 고단함도 느껴지지 않았다. 마을 서쪽 끝 어떤 가게의 문이 반쯤 열려 있기에 … 그곳으로 들어가려고 했지만, 가게 안에 있던 신사는 저들이 가게를 다 부숴 버릴 거라며 나를 가로막았다. 하지만 나는 문 앞에 서서 물었다. "여러분은 제가 하는 말을 들으시겠습니까?" 많은 사람이 "집어 치워라! 저자의 머리를 박살 내 버려. 때려 눕혀! 당장 죽여 버려!"라고 말했다.[4]

폭도들은 거듭 존에게 덤벼들었으며 만일 그가 땅에 쓰러지기라도 했다면 아마 다시는 일어서지 못하게 만들었을 것이다. 그러나

---

[4] John Wesley's *Journal*, Volume 3, pp. 99, 100.

처음부터 끝까지 그는 더할 수 없이 침착했다. 이런 사례들은 그의 일지에서 얼마든지 인용할 수 있다.

찰스 웨슬리도 폭력 앞에서 마찬가지로 담대했다. 그런 몇 가지 사례 중 아래의 경우가 눈에 띈다.

> 세인트 아이브스 교회에서 설교 본문[사 40:1]을 막 일러준 순간 … 일단의 폭도들이 난입했다. … 이들은 매우 광포하게 날뛰며 사람들을 죽여 버리겠다고 위협했다. … 이들은 벽에 걸린 촛대를 부수고, 유리창을 박살 내고, 덧문과 걸상과 헌금함 등 석벽을 제외한 모든 기물을 다 부수었다. 나는 잠자코 서서 바라보고 있었지만, 내 눈은 주님을 향해 있었다. … 이들은 여자들, 특히 나이 많은 할머니 한 분을 때리며 끌고 다녔고, 무자비하게 여자들을 짓밟았다. … 시간이 흐를수록 이들은 더 광포해졌다. … 불한당들은 자기들끼리 싸움이 붙어 읍사무소 서기(이들의 우두머리)가 머리를 다쳤고, 결국 서로를 예배당 밖으로 밀쳐 냈다.[5]

윗필드도 이런 일을 겪었다. 그는 자기 교인들이 햄프턴(Hampton)에 지어 놓은 집에 "백여 명의" 폭도들이 난입한 사건에 대해 이야기한다. 이들은 목사인 토머스 애덤스를 습격해서 건물에서 끌어낸 후 연못에 빠뜨려서 크게 다치게 만들었다. 애덤스는 윗필드

---

5 Charles Wesley's *Journal*, Volume 1, pp. 324, 325.

에게 편지를 써, 이 습격 사건을 알렸다.

폭도들은 윗필드가 햄프턴에 나타나면 그를 주요 표적으로 삼겠다고 공언했다. 그런데도 윗필드는 서둘러 애덤스를 도우러 왔으며, 이 일에 대해 이렇게 기록했다.

> 마을로 들어서자마자 신호음이 들려왔다. 나팔을 불고 종을 치며 폭도들을 불러 모으는 소리였다. … 나는 넓은 풀밭에서 "그가 이르러 하나님의 은혜를 보고 기뻐하여 모든 사람에게 굳건한 마음으로 주와 함께 머물러 있으라 권하니"라는 말씀으로 설교했다.
>
> 설교를 끝내고 축도를 하는데 폭도들의 우두머리가 난입했다.…
>
> 나는 집회소로 들어가 계단에 서서, 진지한 많은 영혼들에게 말씀을 전했다. 그러나 이들 이스라엘을 괴롭히는 자들이 곧 따라 들어와서 우리를 조롱하고 야유하기 시작했다. 그러나 … 위로부터 능력이 주어지는 것을 느낀 나는 날아갈 듯이 계단을 뛰어내려갔고, 그러자 불한당들이 모두 달아나기 시작했다. 하지만 이들은 한밤중까지 집회소를 맴돌며 시끄럽게 굴었고, 예배를 마치고 집으로 돌아가는 사람들을 괴롭혔으며 … 한 젊은 숙녀의 팔을 두 군데나 부러뜨렸다.
>
> 이들은 애덤스 형제를 두 번째로 연못에 던져 버렸고, 그는 다리를 크게 다쳤다. 제2의 버니언(Bunyan)인 존 C[room]도 심각하게 생명을 위협당했다. 이들은 젊은 W— H—를 손수레에 실어

연못가로 끌고 갔고, 그의 형제를 절름발이로 만들고 몇몇 사람에게 중상을 입혔다.

듣자 하니 마을에 성직자 두세 사람이 있고 그중 하나가 치안 판사라고 하기에 나는 이들을 찾아갔다. 그러나 이들은 이 사태를 수습해 주기는커녕 오히려 그 모든 분란의 원인을 내게 돌렸다. 하지만 하나님의 도우심으로 나는 계속 꿋꿋이 설교할 것이며 참으로 성령의 감동을 받은 이들에게 계속 힘을 북돋아 줄 생각이다.[6]

복음을 전하는 일에 바쳐진 윗필드의 전 생애는 그 자체가 그의 육신적 담대함의 증거였다. 그는 웨일스는 물론 잉글랜드에서도 숱한 물리적 폭력을 당했으며, 아일랜드에서도 그런 일을 당하는 것을 나중에 살펴보게 될 것이다.

거의 날마다 그 극악한 무리의 폭력에 시달린 가엾은 메소디스트들과 그 자녀들에게 우리는 연민을 느끼지 않을 수 없다. 윗필드는 엑서터(Exeter)에서 점차 활동을 늘려갔는데, 이 엑서터 공동체에서 폭도들이 저지른 한 대형 사건을 제3자의 시선에서 기록한 글이 있다.

폭도들은 메소디스트 집회소로 거칠게 들이닥쳐 추잡한 말로 설교자의 설교를 중단시키고는 미친 듯이 그를 때리고 발로 차서

---

[6] *Whitefield: Life and Times*, Volume 2, pp. 165, 166.

쓰러뜨렸다. 이들은 닥치는 대로 사람들을 폭행하고 말로 다 할 수 없이 모욕했다.

그러나 무엇보다 심각한 것은 이들이 가엾은 여인들을 가증스러울 만큼 욕보였다는 것이다. 어떤 여자는 완전히 발가벗겨졌다. 어떤 여자는 불한당들의 힘센 손아귀에 붙들려 날카로운 비명을 질렀으며, 어떤 자들은 여자들의 페티코트를 머리 위까지 들어 올린 뒤 그 상태로 서 있게 했다. … 가엾은 여자들은 진흙과 오물 사이로 질질 끌려 다녔다. … 날이 저물 무렵 한 폭도가 한 여자를 회랑 한가운데로 끌고 들어가 그 여자를 능욕하려고 세 번이나 덤벼들었다. 여자는 발버둥 끝에 그 남자에게서 빠져나와 회랑을 뛰어넘어 도망갔다.

… 난동은 몇 시간이나 계속되었다. 폭도들은 사방을 휘젓고 다녔다. 가엾은 사람들을 구하려고 달려오는 치안 판사 한 사람 없었다. … 실제로 살해당한 사람은 없었지만, 온 공동체가 다 큰 위험에 빠졌고 생명을 잃을지도 모른다는 두려움을 느꼈다.[7]

이와 같은 폭력 사태는 부흥 운동의 모든 분파가 공통적으로 겪는 일이었다. 해리스의 지도를 받는 사람들, 윗필드의 사람들, 웨슬리의 사람들, 그리고 모라비아 교도들까지 모두 폭도들의 손에 수난을 당했으며, 이에 1743년 윗필드는 폭도들을 법정에 세울 때

---

[7] Tyerman's *Whitefield*, Volume 2, p. 115.

가 왔다고 생각했다.

먼저 그는 자신에게 지도받는 설교자들을 모두 런던에 모이게 한 다음 기도하고 의논하는 시간을 가졌다. 그리고 자신의 인도 아래 있는 모든 공동체에 공문을 보내 이 일에 관해 기도를 많이 해 줄 것을 요청했다. 그러고 나서 그는 토머스 애덤스와 그의 공동체에 폭력을 휘두른 사람들을 고소하는 일에 착수했다.

그런데 피고인들은 변호사 두 사람과 증인 몇 명을 동원해서 다음과 같은 주장을 펼쳤다. 1) 메소디스트들은 어디서나 광신자로 알려져 있다. 2) 피고인들은 마을의 안녕을 위해 메소디스트들에게 대항한 것이다. 3) 메소디스트들이 피고인을 먼저 공격해서 소요를 일으켰고 피고인들은 그저 방어만 했을 뿐이다.

당국은 증인 다섯 명을 출석시켰는데, 그중 세 사람은 메소디스트가 아니었다. 심리 결과 배심원들은 피고인들의 공소 사실을 모두 인정하고 유죄 판결을 내렸다. 메소디스트 측의 완전한 승리였다.

이제 윗필드는 난동자들에게 손해 배상을 요구할 권리를 갖게 되었다. 그러나 난동을 부리면 잉글랜드 법정에서 처벌받을 수도 있다는 것을 폭도들에게 보여주는 것이 목적이었던 만큼, 윗필드는 이들을 용서하기로 했으며 이로써 이 소송은 종결되었다.

이 승리는 초기 메소디즘 역사에서 전략상 아주 중요한 의미가 있다. 난동이 저지당하지 않고 계속되었더라면 부흥의 역사가 큰 피해를 입었을 것이다. 이후로 폭력 사태가 당장 그치지는 않았지만, 법의 처벌을 피해 갈 수 없다는 것을 이제 폭도들이 알게 되었으므로 이때부터는 폭력 사태의 규모와 빈도가 점차 줄어들었다.

1744년 초, 윗필드는 곧 아메리카에 다시 갈 수밖에 없게 되었다. 대각성의 현장에 광신주의가 퍼져 나가기 시작한 것에 대해 사람들이 그에게 책임을 묻고 있었다. 물론 이는 근거 없는 책임론이긴 했지만, 직접 가서 해결하는 수밖에 다른 도리가 없었다.

떠날 준비를 하던 그는 자신이 잉글랜드에 없는 동안 사역을 인도할 사람으로 누구를 세워야 하는가 하는 문제에 부딪혔다. 물론 하월 해리스를 생각하긴 했지만, 해리스는 웨일스에서 그 나름의 사역에 바빴다. 윗필드가 차선책으로 택한 사람은 존 세닉이었다. 세닉은 설교자로서 뛰어난 능력을 소유했을 뿐만 아니라 사람들을 대하는 태도도 늘 자애로웠다. 그러나 윗필드는 세닉이 여러 권면자들 사이에서 발생할지도 모르는 문제들을 잘 풀어 나갈 수 있을지, 그리고 그 방대한 운동권을 잘 이끌어 나갈 만큼 강한 리더십을 발휘할 수 있을지 스스로에게 묻지 않을 수 없었다. 이런 문제들에 의구심이 생기긴 했으나 주위에 세닉만한 인물도 없었으므로 윗필드는 자신이 돌아올 때까지 '장막' 일을 돌보고 윗필드 진영의 메소디즘을 감독하는 일을 맡아 달라고 세닉에게 부탁하기에 이르렀다.

윗필드는 플리머스(Plymouth) 항을 출발해 아메리카로 향할 예정이었고, 아내도 데리고 갈 생각이었다. 그러나 플리머스 항에 도착한 이들은 프랑스와의 전쟁이 발발한 관계로 해군 호위함이 도착하기 전에는 배가 떠날 수 없다는 것을 알게 되었다. 상황이 이러했으므로 이들은 호위함이 도착하기를 기다릴 수밖에 없었고 그 기다림은 장장 6주 동안이나 계속되었다.

그 6주 동안의 기다림은 한 무도한 자의 습격과 더불어 시작되었다. 이 습격 사건으로 윗필드는 하마터면 목숨을 잃을 뻔했다. 어느 날 밤 군함에서 한 장교가 그의 숙소로 찾아와 면담을 요청했다. 윗필드는 이미 잠자리에 들어 있었지만, 여관의 여주인에게 일러 그를 자기 방으로 올라오게 했다. 이들은 곧 대화를 시작했으나 그 장교는 이상한 태도를 보였다. 윗필드는 이때 일을 이렇게 말한다.

> … 그가 갑자기 벌떡 일어나더니 더할 수 없이 상스러운 말을 해대며 나를 개, 사기꾼, 망나니 등으로 부르면서 손잡이가 금으로 된 지팡이로 나를 사정없이 후려쳤다. 내가 "살인이다"라고 비명을 지르자 안주인과 딸이 그 소리를 듣고 방으로 달려와 그의 멱살을 잡았다. 하지만 그는 이들을 밀쳐 내고 다시 나를 때리기 시작했다.[8]

두 번째 습격자가 나타나 가세했지만, 두 사람이 윗필드를 더 크게 다치게 하기 전, 소동 소리에 주변 사람들이 다 깨어 몰려들었고, 그러자 이들은 겁을 먹고 줄행랑을 쳤다. 이들은 윗필드를 죽일 생각이었던 것이 틀림없었다. 윗필드의 삶에 대해 잘 모르는 일부 작가들은 그가 이 사건 때 여자 둘에게 구조되었다고 하면서 그

---

[8] *Whitefield: Life and Times*, Volume 2, p. 174.

를 겁쟁이라고 비난한다. 이들이 이렇게 생각하게 된 것은 윗필드가 평소에 편지를 주고받던 나이 많은 여성도에게 이 사건을 편지로 알리면서 그 여관 여주인과 딸을 칭찬했기 때문이다. 윗필드가 그렇게 두 여인을 칭찬한 것은 그의 성품상 너무도 자연스러운 일이었다. 변함없는 용기가 그의 사역 전반을 지배하고 있었다는 것은 너무도 자명한 사실이다.

출항을 기다리는 동안 윗필드는 매일 세 차례씩 설교했으며, 한 편지에서 이렇게 말했다. "수천 명의 회중에게 설교했습니다. 방문 요청과 초대, 그리고 감동적인 선물들이 쏟아졌어요. … 저는 계속 설교에 힘썼고, 많은, 수많은 각성된 영혼들과 개인적으로 대화를 나누었습니다." 전에 플리머스에 한 번도 와 본 적이 없었음에도 불구하고 6주가 다 지났을 무렵 그는 그동안 수고한 결과로 아주 강력한 공동체 하나를 뒤에 남겨 놓을 수 있었고 그곳에서 3킬로미터 떨어진 '선착장'(the Dock)에도 또 하나의 공동체를 결성할 수 있었다. 호위함이 도착하기를 기다리는 동안 그는 그렇게 시간을 보냈다.

8월 7일, 배는 떠날 준비가 완료되었고 윗필드와 엘리자베스는 배에 올랐다. 엘리자베스는 이제 난생처음 바다를 건너는 여행을 경험하려는 순간이었고, 윗필드는 이제 아메리카에서 대각성 운동이 진행되는 동안 생겨난 상처들을 치유하기 위해 매우 어려운 상황에 뛰어들어야 했다.

윗필드의 뉴잉글랜드 지역 일주(一周)는 화평케 하는 여행이었다. 그는 지난번과 똑같은 교리를 똑같은 감동적 힘을 가지고 설교하는 한편, 사람들이 전반적으로 신앙적 관심사에 눈을 뜸에 따라 되살아난 극단적 행동들을 단호히 경계시켰다.

… 시간이 많이 흘렀고 그동안 그는 엄청나게 많은 일을 해냈지만, 그렇다고 해서 그의 열심이 약해지지는 않았으며, 그가 사용하는 어휘와 몸짓에도 여전히 감칠맛 나는 묘미가 살아 있었다. 그러나 그의 친구들과 대적들이 동시에 지적한 사실은, 전에 젊은 개혁자 시절 강단에서 그가 하는 말들의 가치를 손상시킨 그 신랄한 말투가 사라지고 이제는 점잖은 관용이 그 자리를 대신한다는 것이었다.

C. H. 맥슨
Whitefield the Pacificator(화평케 하는 사람 윗필드)
1920년

16. 아메리카에서 상처를 치유하고 사역을 완수하다

폭풍우가 쉴 새 없이 몰아닥치는 위험한 바다 대서양을 천신만고 끝에 건넌 윗필드는 뉴햄프셔의 요크(York)에 상륙했다. 1744년 10월 26일, 그의 나이 스물아홉이었다.

지난번 아메리카에 다녀간 후 거의 사 년이 흘렀고, 그동안 대각성 운동에는 여러 가지 중요한 변화들이 있었다. 사 년 전 아메리카를 떠날 때, 영광스러운 영적 역사가 진행되고 있었고, 이 일은 그가 떠난 후에도 계속되었다. 길버트 테넌트는 보스턴에서 수고했고, 올드 사우스 교회(Old South Church)의 토머스 프린스(Thomas Prince)는 "석 달도 안 되어 우리 교회의 성찬 참여자 수가 육십 명 늘어났다. 이들 대다수가 성령께서 자신의 영혼에 어떤 일을 이뤄 주셨는지 한층 정확히 설명했다"라고 했다. 프린스는 그 도시에 계속되고 있는 변화를 이렇게 묘사했다.

> 윗필드 씨가 다녀간 뒤 거의 일 년 반 동안, 이 거룩한 역사는, 내가 기억하기로 이 마을이나 이 지역에서 분열을 알리는 잡음 하나 없이 성공적으로 진척되었다.[1]

코네티컷 주 라임(Lyme)에서 사역하던 조너선 파슨스(Jonathan Parsons)도 이렇게 말했다.

> 성경을 아는 지식이나 죄를 깨우치시고 거듭나게 하시고 거룩하게 하시는 성령의 역사에 대한 참된 교리를 이해하는 면에서 사람들은 육 개월 만에 큰 진전을 보였다. 내가 구 년 동안 사역하면서 이룬 것보다 더 많은 변화가 그 육 개월 사이에 일어났다.[2]

몇몇 목회자들도 자신의 마음, 자신의 교회, 그리고 자신의 마을에서 진행된 영적 역사에 관해 비슷한 말들을 했다. 토머스 프린스 목사는 이러한 증언들을 폭넓게 보고하는 매체의 필요성을 인식하고 *The Christian History* (크리스천 히스토리; 아메리카 최초 기독교 잡지 ⓒ)라는 주간지를 발행하기 시작했다. 앞에서도 말했다시피, 이 운동은 "윗필드가 아메리카를 떠난 후 일 년 반 이상" 힘 있게 지속되었음이 분명하다.

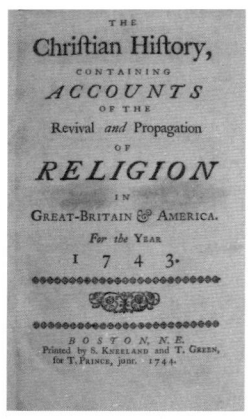

삽화 16-2 *The Christian History* 표제지

---

1 *Whitefield: Life and Times*, Volume 2, p. 180, *Christian History*, 1744, pp. 395-397.
2 *Whitefield: Life and Times*, Volume 2, p. 181, Joseph Tracy, *The Great Awakening*, pp. 136-142.

그렇지만 이 일에는 또 다른 요소들도 개입되었다. 예를 들어 교회에서 예배드릴 때 시끄러운 소리를 내거나 혼란을 일으키는 관습이 생겨난 것이다. 이런 관습은 성령께서 많은 사람의 심령에 죄에 대한 자각을 주셔서 죄인들이 그 깨달음의 무게를 도저히 견딜 수 없어 크게 소리치며 울게 만드신 데서 생겨났다. 그런데 어떤 사람들은 이런 극단적 체험이 신앙 부흥의 필수 요소라 생각하고 예배 중에 큰 소리를 치거나 예배당 바닥에 쓰러지거나 하면서 이를 흉내 내려고 했다.

게다가 이른바 '권면자'로 알려진 여러 청년의 활동에도 위험 요소가 있었다. 이들은 기본적으로 열심 있는 사람들이긴 했으나, 대개가 교육을 못 받은 사람들이었고 언사가 상스러운 사람들도 있었다. 이들은 허가받지도 않고 권사로 행세했을 뿐만 아니라 여러 목회자를 공공연히 비난하는 것을 주된 임무로 삼기도 했다. 물론 이 권면자들의 노고가 대각성 운동의 진전에 도움이 되기도 했지만, 이들의 활동은 대개 규율도 없고 제멋대로여서 부흥 운동에 큰 손해를 끼쳤다.

예배 때 발생하는 혼란 상태, 그리고 이 권면자들의 활동 때문에 대각성 운동의 평판이 나빠지기 시작했다. 그러나 무엇보다도 큰 어려움은 제임스 대븐포트(James Davenport)라는 한 목사의 행동에서 비롯되었다.

대븐포트는 한때 병을 앓고 심신이 쇠약해진 사람이었다. 그러나 목회의 길로 들어선 그가 참으로 큰 열심을 보이자 주변의 목회자와 성도들은 그를 '지극히 독실한 사람'으로 인정했다. 그러던 차에 대각성 운동을 접하게 된 그는 큰 열정으로 이 운동에 뛰어들었다. 하지만 그의 심신은 그런 새로운 감격에 대처할 수 없는 상태라는 것이 곧 분명해졌다.

대븐포트의 병적인 상태는 자신이 직통 계시로 인도받는다는 고백에서 제일 먼저 드러났다. 그는 자기 자신을 위대한 개혁자요 하나님의 특별한 은총을 입은 사람으로 생각했으며, 하나님께서 자신에게 꿈과 이상으로 말씀하신다고 말했다. 그가 설교할 때마다 사람들이 경련을 일으키거나 기절하는 일이 자주 일어났는데, 그는 이런 현상들을 하나님의 능력이 역사하는 것으로 여겼다. 오랫동안 열병을 앓아온 그는 밤새도록 기도를 한다거나 스물한 시간씩 계속 설교하는 등의 기괴한 행동을 했고, 이 때문에 그의 상태는 더욱 악화되었다. 다른 지역에 가면 그곳 목회자를 찾아다니며 영적 체험을 이야기해 보라고 하고서는 자신이 생각하는 어떤 수준의 체험을 하지 못한 목회자는 모두 회심하지 못한 자라고 공공연히 비난했다. 자신의 추종자들에게 그는 계속 그런 식으로 일해 나가라고 촉구했다. 설령 그것이 식민지 법률을 무시하는 것이 될지라도 말이다. 한때 그는 당국에 체포되기도 했는데, 그를 심문하는 사람들을 보호하기 위해 민병대가 소집되기도 했다. 그는 "세상적인 일들을 사랑하는 사람들을 치료"한다는 명목으로 사람들에게 "가발, 외투, 총개머리, 두건, 가운, 반지와 보석류' 등을 가져오라고 한 뒤 여러 복음주의 서적과 함께 이 물건들을 불태워 버렸다.

후에 대븐포트는 자신의 그 어리석은 행동들을 사과하기는 했지만, 그가 끼친 폐해는 쉽사리 사라지지 않았다. 그에게는 추종자가 상당수 있었는데, 이 중에도 하나님께서 자신에게 직접 말씀하시며 또 자신은 윗사람의 허가를 받고 행동할 필요가 없다고 주장하는 자들이 많았다. 대븐포트 편에 서는 사람들도 있었지만, 그를 반대하는 사람이 더 많았고, 그래서 가정과 교회와 마을에 분열이 발생하기 시작했으며, 회중교회 교인과 장로교인, 침례교인도 각각 양쪽으로 나뉘었다.

그런데 윗필드가 바로 그런 극단적 행동과 분열을 불러일으킨 사람으로 비난을 받고 있었다. 그리고 윗필드를 이렇게 비난하는 이들이 아무 근거 없이 그런 주장을 하는 것은 아니었다. 지난번 아메리카 방문 때 윗필드는 자기 마음에 어떤 인상이 주어지는 것에 대해 이야기했는데, 바로 그것이 직통 계시를 주장하는 근거로 이용되었다. 또한 그는 모든 그리스도인은 복음을 널리 알리는 일에 바빠야 한다고 말했고 또 사역자들이 주중에도 날마다 설교하도록 영향을 끼쳤는데, 앞서 말한 권면자들은 윗필드의 이런 말을 구실 삼아 자신들이 그렇게 활동할 권한이 있다고 주장했다. 윗필드는 죄인들이 죄를 깊이 깨닫는 것을 보면서 기뻐했고 사역자 중에 회심하지 않은 자들이 있다고 비난하기도 했는데 그를 대적하는 사람들은 이것이 혼란과 분열을 초래했다고 주장했다.

자신에게 쏟아지는 이런 비난에 관해 윗필드는 이렇게 말했다. "… 성직자와 평신도 가운데 여러 선한 사람들이 한동안 환상을 믿음으로, 상상을 계시로 착각하여 심히 방자하게 행동하는 죄를 지었다. … 지난번 내가 뉴잉글랜드를 떠날 때에는 이런 일들이 그다지 많지 않았는데 이제 이런 사태의 제1 원인으로 나에게 모든 책임이 돌려지고 있다."

이제 윗필드는 바로 이런 상황을 바로잡아야 했다. 건강 상태가 매우 안 좋았음에도 그는 여러 곳에서의 설교 요청을 즉각 받아들였다. 그러나 곧 그는 몸져눕고 말았다. 병상에 누워서도 그는 "하나님께서 나를 지극히 너그럽게 대하셔서 나는 내 동물적 생명과 확연히 구별되는 거룩한 생명을 감지했으며, 그 생명 덕분에 고통을 비웃을 수 있었다.…"라고 말했다. 윗필드는 병석에서 일어나 설교하러 갔다가는 곧 죽을 사람처럼 보이는 모습으로 돌아왔다. 그는 혼수상태에 빠졌는데, 이때 한 흑인 여인이 찾아와 그의 얼굴을 간절한 시선으로 쳐다보면서 말했다. "주인님, 방금 천국 문에 이르셨군요. 그런데 예수님이 말씀하십니다. '내려가라, 내려가. 아직 이곳에 와서는 안 된다. 우선 가서 불쌍한 흑인들을 더 불러와라!'" 그는 점차 회복되었으나 여전히 병약한 상태에서 자기 앞에 놓여 있는 중요한 일을 시작했다.

보스턴으로 간 윗필드는 광신주의에 대한 책임이 자신에게 있다는 소문 때문에 예전의 후원자들이 자신에게 의혹을 품고 있다는 것을 알게 되었다. 수얼(Sewall) 박사, 콜먼 박사, 토머스 팍스크로프트(Thomas Foxcroft), 토머스 프린스 등 네 사람의 훌륭한 목회자가 윗필드를 찾아와 진상을 밝혀 주기를 요구했고, 이때 일을 윗필드는 이렇게 이야기한다.

> 이들이 하는 말을 듣고 나는 알게 되었다. … 내가 뉴잉글랜드를 떠난 후 거의 이 년 동안 하나님의 역사가 지극히 찬란한 방식으로 진척되었다는 것을….
>
> 이들은 내가 분열을 조장할까 봐 불안해했고, 내가 보기에 설교자들 대다수가 자기도 알지 못하는 그리스도를 전하고 있고, 대학은 영적 어둠에 잠겨 있다는 것을 알게 되고, 또한 회심하지 않은 자가 사역하는 것은 위험하다고 말하면서 죽은 사람이 어떻게 살아 있는 아이를 낳을 수 있느냐고 말해서 일부 사람에게 분열을 부추겼다고 걱정했다.
>
> 나는 내가 한 말이 만에 하나라도 분열을 조장하는 도구가 되었다면 유감이라고 말했다. 나는 분열하지 않는 것을 원칙으로 삼는 사람이고, 뉴잉글랜드에 온 것도 평화의 복음을 전하고 모든 사람 가운데 자비와 사랑을 증진시키기 위해서 온 것이라고 말이다.
>
> 우리는 몇 가지 문제에 대해 기탄없이, 화기애애하게 이야기를 나누었고, 그 덕분에 이들은 나에 대해 경계심을 푼 것 같았으며, 콜먼 박사는 자신의 집회소에 와서 설교해 달라고 요청했다.[3]

이 토론 후, 그리고 윗필드의 설교를 듣고 난 후, 보스턴의 이 목

---

3   *Whitefield: Life and Times*, p. 195.

사들은 그에 대한 신뢰를 회복했다. 이들은 윗필드가 지난번 아메리카를 방문할 당시 겨우 스물네 살의 청년이었다는 사실을 새삼 깨달았고, 이제 더 성숙했고 또 지혜도 생겼으므로 이제 지나치게 과격한 표현은 삼가리라고 믿었다.

이렇게 해서 이들에게 받아들여진 윗필드는 뉴잉글랜드에서 지난번과 다름없이 광범위한 사역을 전개했다. 그는 보스턴의 여러 교회에서 연이어 설교했고, 어느 곳을 가든 교회당 건물은 사람들로 붐볐다. 사람들의 요구에 부응하여 그는 아침 여섯 시에 한 차례 예배를 드리고 일곱 시에 또 한 번 예배를 드리기 시작했으며, "여덟 시나 아홉 시까지 침대에 누워 있곤 하던 사람들이 추운 겨울철 동틀 무렵부터 말씀을 들으러 달려오는 광경이" 얼마나 기뻤는지 모른다고 이야기했다.

윗필드가 이런 식으로 사역을 전개해 나가자 사람들은 그가 대븐포트 같은 행동을 계속해 나갈 생각이 전혀 없다는 것을 점차 깨닫게 되었고, 따라서 그에 대한 편견도 눈에 띄게 줄어들었다. "내 행동과 내 설교는 오로지 사랑만을 호흡했다"라고 그는 말했다.

윗필드가 보스턴에 다시 오자 그를 논박하는 인쇄물들이 쏟아져 나오기 시작했다. 그중에는 아주 신망 있는 곳에서 발행한 것도 있었다. "하버드 대학 총장 · 교수 · 강사 · 히브리어 전임강사가 조지 윗필드 씨와 그의 행실을 논박하는 증언"(이하 "증언")이 바로 그것이었다. 이 "증언"은 윗필드가 "광신자요, 트집 잡기 좋아하고 무자비한 사람, 대중을 기만하는 사람"이라고 주장했으며, 이에 대한 증거로 저자들은 그가 꿈과 느낌(impressions)에 의지한다고 말했고, 또 그가 하버드와 예일 대학이 '영적 어둠'에 빠져 있다고 주장한 말을 인용했다. 또한 이들은 그가 고아원 재정 상태를 제대로 밝히지 않음으로써 대중을 기만하고 있다고 주장했다.

몸이 계속 아팠음에도 윗필드는 이 "증언"에 대해 답변을 썼다. 이 글에서 그는 과거 자신의 행동에 미숙한 요소가 있었음을 시인하고 사과했다. 그러면서 그는 하버드 대학 총장 에드워드 홀리오크(Edward Holyoke) 박사의 설교를 인용했는데, 이 설교에는 "증언"이 윗필드를 비난하는 근거로 삼았던 윗필드의 발언과 똑같은 내용이 담겨 있었다. 윗필드는 결코 타협하는 자세를 취하지 않았다. 그의 입장은 확고했다. 하지만 그의 어투는 침착하고 화해 지향적이었다. 주목할 만한 점은, "증언"을 쓴 사람들은 윗필드를 대하는 자신들의 태도야말로 "트집 잡기 좋아하고 무자비한" 태도임을 깨닫지 못했다는 것이다.

"하버드가 그를 논박하는 글을 발행했다"는 사실은 지금까지 사람들의 입에 수도 없이 오르내리고 있지만, 윗필드가 하버드에 끼친 유익에 감사를 표하기 위해 훗날 그 대학이 발행한 기록 문서는 거의 알려져 있지 않다.

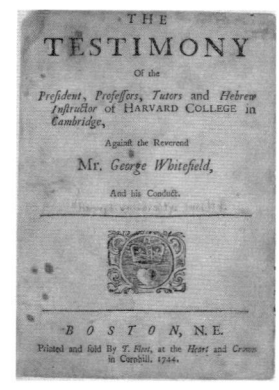

삽화 16-3 "… 조지 윗필드 씨와 그의 행실을 논박하는 증언" 표제지

윗필드가 보스턴에 있는 동안 사람들은 계속 머물러 달라고 아우성을 쳤고, 그를 설득하기 위해 당시 아메리카 전역에서 가장 큰 교회를 지어 주겠다는 제안을 하기도 했다.

　윗필드는 뉴잉글랜드에 아홉 달 머물렀으며, 그 기간 동안 그는 광신적 관습을 조장하려 한다는 비난을 자신의 삶으로써 말끔히 떨쳐 없앴다. 그는 끊임없는 열심이 특징이되 신중한 자제력이 지배하는 사역의 본을 보였다.

　뉴잉글랜드를 떠난 윗필드는 다시 길을 나섰다. 목적지는 조지아의 고아원이었고, 가는 길에도 계속 설교를 할 작정이었다. 윗필드가 뉴욕에 닿았을 때 신문에서는 윗필드에 대해 긍정적으로 말하기도 하고 부정적으로 말하기도 했지만, 그가 설교할 때에는 여느 곳과 다름없이 많은 사람이 몰려들었다. 필라델피아 사람들은 일 년 중 여섯 달만 자신들에게 설교해 주면 연봉 800파운드를 주겠다고 제의하기도 했다. 그러나 보스턴에서 그랬던 것처럼 그는 이 제안 역시 정중히 거절했다.

　버지니아에서 윗필드는 활자화된 자신의 설교가 아주 효율적으로 이용될 수 있다는 주목할 만한 증거를 얻었다. 새뮤얼 모리스라는 벽돌공이 사람들을 자기 집에 모아 놓고 윗필드의 설교를 읽어 주는 일을 시작했는데, 얼마 지나지 않아 그의 집은 사람들로 붐비기 시작했고, 그래서 그는 이 일을 위해 새 건물을 지었다. 그런데 이 건물 역시 사람들로 가득 차고 넘쳐 두 번째, 세 번째, 네 번째로 그런 '낭독의 집'(Reading House)이 계속 건축되었다. 그리고 새 건물은 완공되자마자 곧 사람들로 가득 찼다. 그곳에서 윗필드의 설교가 낭독되는 것을 듣고 어떤 사람들은 섧게 울기도 했고, 많은 사람이 확실하게 회심했다. 윗필드는 모리스와 그의 집에 모인 사람들을 방문해서 닷새 동안 함께 머물렀다. 이 일을 시초로 버지니아에 장로교단이 생겨나게 되었다. 활자로 인쇄된 윗필드의 설교가 어떤 가치를 지녔는지 따져 보려면 반드시 새뮤얼 모리스와 그의 '낭독의 집' 이야기를 살펴보아야 한다.

베데스다에 도착한 윗필드는 자신이 없는 동안 공사가 눈에 띄게 진척되어 있는 것을 보았다. 건물과 마당은 보기 좋게 완공되어 있었고 몇 군데 자질구레한 부분만 마무리하면 되는 상태였다. 고아원과 농장도 아주 질서 있게 잘 운영되는 중이었다.

그러나 아메리카에 도착한 이후 윗필드는 적대적인 여론 때문에 헌금을 한 푼도 받지 못했고 그래서 고아원의 재정난이 아주 절실하고 급박한 문제가 되었다. 그래서 그는 베데스다에 정기적으로 기부금을 내기로 했던 잉글랜드인과 아메리카인 몇 사람에게 지원을 받았다. 그중엔 목회자도 있었고 사업가도 있었다.

벤저민 프랭클린은 고아원을 운영하느라 윗필드가 큰 짐을 지고 있는 것을 안타까이 여겨, 일종의 호소문을 작성하여 자신이 발행하는 신문과 양 대륙에서 발간되는 다른 신문들에 게재하자고 했다. 그러나 윗필드는 고아원의 재정난을 그렇게 널리 알리면 하나님께서 이 일에 실패하신 것으로 보일 수도 있다고 생각해서 그 제안을 거절했다. 그러자 프랭클린은 개인적 기부 형식으로 75파운드

를 보내왔다.⁴

　윗필드는 프랭클린의 처음 제안을 받아들이지는 않았지만, 그 호소문 사본을 몇몇 친구들에게 보내 개인적으로 활용하게 했다. 그러나 이는 별 효과가 없었다. 왜냐하면 이 계획이 우편에 의존하고 있었기 때문이다. 당시 잉글랜드는 전쟁 중이었고, 그래서 대서양을 오가는 우편물이 분실되는 경우가 많았다. 같은 아메리카 내에서도 서배너처럼 먼 곳으로 보내는 편지는 특히 더 믿을 수가 없었다. 설상가상으로, 베데스다 운영을 돕고 싶다면서 윗필드에게 돈까지 빌려주었던 토머스 노블이 자기 전 재산을 모라비아 교도에게 주겠다는 유언을 남기고 세상을 떠나 버렸다. 유언 집행자는 빌려 간 돈을 육 개월 안에 갚으라는 편지를 보내왔고, 이런저런 일들에 지쳐 버린 윗필드는 이렇게 답변했다. "[육 개월 안에 빚을 갚는 것은] 유감스럽게도 제 능력을 넘어서는 일입니다. 우리는 같은 주님을 섬기는 형제이고 빚도 그분을 위해 진 것인 만큼, 사정을 좀 봐주시기를 소망합니다."

　이 와중에 윗필드는 잉글랜드에서 아주 곤혹스러운 일이 일어났다는 보고를 받았다. 존 세닉이 윗필드와 윗필드의 일을 버리고 떠났다는 것이었다.

　그는 세닉을 '장막' 목회자이자 잉글랜드 전역 '윗필드파 메소디즘' 감독으로 세워 두고 아메리카로 왔는데, 세닉은 그 엄청난 직무

4　*Ibid.*, p. 212.

를 감당할 수가 없었다. 물론 그는 설교자로서 비범한 능력이 있었고 거룩한 삶, 불굴의 용기, 지칠 줄 모르는 열심이 특징인 사람이었지만, 윗필드가 그에게 맡긴 책임들은 그가 감당하기에 너무 벅찬 것으로 드러났다. 힘 있는 동반자가 필요하다고 생각했지만, 윗필드는 언제 돌아올지 알 수 없었다. 그런 상황에서 오래전부터 모라비아 형제단과의 교제에 즐거움을 느껴오던 그는 결국 그 단체로 들어가 버리고 말았다.

세닉은 윗필드에게 편지를 보내, 이제 충성을 바칠 대상을 바꾸었다고 알렸다. 세닉을 잃음으로 윗필드의 사역은 심각한 손실을 입었고, 이 때문에 윗필드는 크게 실망했지만, 그래도 그는 다음과 같이 답장을 썼다.

친애하는 존,
저는 아주 아프고 허약한 상태지만, 예수님으로 인해 형제님에게 빚진 사랑 때문에 형제님의 지난번 친절한 편지에 답장을 쓰지 않을 수가 없군요.
가엾은 죄인들에게 측량할 수 없는 그리스도의 풍성함을 전하는 것이 형제님의 음료와 양식이었습니다. 부디 그 계획을 유지하시기를 바라며, 형제님을 보든 안 보든 ⋯ 저는 주님의 역사가 형제님의 손에서 번성하기를 늘 기도할 것입니다. ⋯ 원하는 곳 어디든지 가십시오. 하늘 아래 가장 순결한 공동체에 들어간다고 해도, 결국 가장 훌륭한 인간(best of men)도 기껏해야 한 인간(men

at the best)일 뿐이라는 사실을 알게 되겠지만 말입니다.[5]

존 세닉을 잃은 뒤 '장막' 직분자들과 하월 해리스는 윗필드가 속히 잉글랜드로 돌아와 주기를 거듭 촉구했다. 그러나 아메리카의 영적 필요를 고려한 그는 아직 떠날 수 없다고 판단했다.

베데스다의 재정적 궁핍은 여전히 그에게 큰 부담이었다. 그래서 몇몇 친구들이 한 가지 계획을 실천에 옮기기 시작했는데, 분명 큰 도움이 될 거라는 이 계획에 대해 윗필드는 이렇게 말했다. "하나님께서 사우스캐롤라이나 친구들의 마음을 움직이셔서 이 지역에 농장과 노예를 살 수 있도록 아낌없이 기부하게 하셨다. 여기서 나오는 수익은 베데스다를 운영하는 데 쓸 생각이다. … 이 농장에는 '프로비던스'라는 이름을 붙였다."

이렇게 해서 윗필드는 노예 소유주가 되었다!

우리는 노예 제도에 대해서는 깊이 개탄하지만, 최소한 윗필드와 똑같은 관점에서 그 제도를 이해하려고 해야 한다. 사실 그때까지만 해도 노예 제도를 공공연히 반대하는 사람은 몇몇 유력한 퀘이커 교도들밖에 없었다. 인류 역사의 대제국들은 다 노예 제도 위에 세워졌고, 당시까지도 노예 제도는 사실상 지상의 모든 나라에서 여전히 시행되던 관습이었다. 그리스도인들도 대체적으로 그 제도에 찬성했고, 아메리카의 거의 모든 목회자 가정에서도 대부분의

---

5   *Ibid.*, p. 233.

허드렛일은 다 노예가 했다. 존 뉴튼(John Newton)은 회심한 후에도 몇 년 동안이나 아프리카에서 아메리카로 노예들을 강제로 실어오는 배의 선장 노릇을 했다.

'프로비던스'의 흑인 노예들은 분명 친절하게 대접받았을 것이다. 이웃 농장에서 이곳으로 옮겨오게 되기라도 하면 기뻐서 환호했을 것이 틀림없다. 하지만 우리는 윗필드가 노예 제도를 반대하지 않았다는 서글픈 사실을 간과해서는 안 된다. 그는 그 시대의 상황에 동의했으며, 이 문제만 아니면 흠 없을 수도 있었을 그의 인생 경력에 하나의 오점을 남기고 있다.

윗필드는 특히 남부와 중부 식민 주에서 쉴 새 없이 사역을 이어 나갔다. 몸은 늘 고단했지만, 복음을 선포하는 일에서 인생의 가장 깊은 기쁨을 느꼈고, 발걸음을 좀 늦추라는 친구들의 조언에도 불구하고 그는 계속 걸음을 재촉했다. 당시 그가 쓴 편지에서 발췌한 다음 구절들을 살펴보자.

> 모든 주인 중에서도 최고의 주인을 섬기는 일로 숲속을 누비고 다녔다. 주님께서는 주님의 일을 하는 것이 날마다 내게 기쁨이 되게 하신다. 거의 모든 곳마다, 설교를 할 수 있는 문이 열려 있다. 많은 사람이 설교를 들으러 모여들고, 하늘에 오르신 구주의 권능이 말씀과 함께한다.

> 주님께서 사람들의 편견을 잠재우시고, 전에 나를 지독히 대적하

던 원수들과 화평하게 만드시는 것을 보면 정말 놀랍다

내 설교는 가엾은 영혼들에게 복이 된다. 놀라운 사랑! 메릴랜드에서도 은혜로운 주님께 회심하는 이들이 생기고 있다.

나에게 거액의 생활비를 제안하는 이들이 있다. … 내가 이 제안을 받아들이기만 한다면 말이다. 하지만 나는 영광 가운데 안식할 때까지는 어느 한곳에 안주할 생각이 없다.

참기 어려운 더위다. 그러나 주 예수께서 … 능력 주셔서 내가 말 타고 장거리를 다니며 하루에 두 번씩 설교할 수 있게 해 주신다.

오, 주님을 위해 더 많은 일을 할 수 있다면! 오, 내가 순결한 불꽃이요 거룩한 불길이라면, 천 번쯤 살면서 그것을 다 귀하신 구주님을 섬기는 데 바칠 수 있다면 … 날마다 수많은 영혼이 죽어 가는 광경에 내 마음이 심히 아프고, 할 수만 있다면 북극에서 남극까지 다니며 주님의 구속하시는 사랑을 전하고 싶다.[6]

그러나 아메리카의 최고 의사 에드워드 쉬폰(Edward Shippen, 열심 있는 그리스도인이자 윗필드의 개인적 친구) 박사는 윗필드가 일정 기

---

6   *Ibid.*, p. 220.

간 휴식을 취해야 한다고 주의를 주었다. 이 경고의 말에 그는 "쓰러질 때까지 계속하겠다"고 대답했지만, 며칠 동안 침대에서 일어날 수 없는 상황이 되자, 하는 수 없이 한동안 쉬는 시간을 갖기로 했다. 조시아 스미스(Josiah Smith)는 버뮤다에 가면 가장 편안히 쉴 수 있을 거라고 제안했고 이에 그는 얼마 동안 그 섬에 가서 지내기로 했다. 윗필드 부인은 선박 여행을 특별히 좋아하지 않았기 때문에 그냥 필라델피아에 남기로 했다. 그는 버뮤다에 갔다가 곧 아내에게로 돌아와 함께 잉글랜드로 갈 작정이었다.

아메리카에서 지낸 이 기간 내내 윗필드는 참으로 힘든 길을 걸었다. 그는 열심과 신중함이 조화를 이룬 사역을 했고, 불필요한 갈등을 없애느라 애쓰긴 했지만, 교리적 신념과 타협하는 일은 조금도 없었다. 그는 열심을 발휘하되 지혜로웠으며, 이렇게 본이 되는 모습 앞에서 전에 아메리카의 대각성 운동을 훼손시킨 광신주의는 대부분 흩어져 없어졌다.

1748년 3월 초, 지치고 병약해진 몸으로 윗필드는 버뮤다행 배에 올랐다. 다음과 같은 벤저민 프랭클린의 말에 수천 명의 아메리카인들이 공감했을 것이 틀림없다.

> 윗필드 씨가 우리 각계각층 사람들에게 그처럼 널리 존경받은 것도 전에 없는 일이었고, 그가 떠나는 것을 보며 부디 행복한 여정을 마치고 무사히 이곳으로 돌아오기를 그토록 많은 사람이 간절히 빈 것도 전에 없는 일이었다.

윗필드와 해리스가 칼뱅주의 메소디스트의 수장(首長)으로 계속 활동했더라면 어떤 결과가 생겼을지 상상할 수 없다.

분명한 사실은, 1748년 아메리카에서 돌아온 지 두 달이 못되어 윗필드는 칼뱅주의 메소디스트들과 공식적인 관계를 끝내기로 했다는 것, 이 결심은 점차적으로 이행되었고, 인생의 마지막 이십 년 동안 그는 새로운 위치에서 활동했다는 것이다.

루크 타이어먼,
The Life of George Whitefield(조지 윗필드의 일생)
1877년

17. "윗필드라는 이름은 사라지게 하라"

버뮤다에 도착한 윗필드는 열렬한 환영을 받았으며, 도착하자마자 설교를 요청받았다. 이에 그는 두 번 설교했고, 그곳 총독과 저녁 식사를 한 후에는 그 섬의 의회와 고관들 앞에서 또 한 번 설교했다.

그 뒤로도 그는 여러 교회와 집회소와 가정집과 야외에서 하루에 두 번, 또는 세 번씩 설교를 계속했다. 윗필드는 마을뿐만 아니라 정착 주민이 없는 지역에서도 설교했으며, 이런 행적들을 통해 또다시 하나님의 임재와 능력을 목격했다.

버뮤다에 머무는 동안에도 그는 어서 잉글랜드로 돌아와 주기를 재촉하는 편지를 받았다. 윗필드의 메소디즘은 존 세닉이 떠나가서 큰 손실을 입었는데, 최근에는 똑똑한 젊은 설교자 윌리엄 커드모어(William Cudmore)마저 삼백여 명을 데리고 '장막'을 떠나, 가까운 곳에 독자적 공동체를 세웠다. 하월 해리스가 윗필드 진영을 지도하고 있었으나 그가 낼 수 있는 시간에는 한계가 있었고, 그래서 그를 비롯한 '장막' 직분자들은 가장 빠른 배 편으로 속히 잉글랜드로 돌아와야 한다고 윗필드에게 강력히 촉구했다.

그런데 이들의 말대로 윗필드가 버뮤다에서 곧장 잉글랜드로 간다는 것은 아메리카에 남겨진 윗필드 부인 혼자 뒤따라와야 한다는 뜻이었다. 하지만 아내가 자신의 사역에 절대 방해가 되지 않겠다고 동의했으므로 그는 아내를 아메리카에 남겨 둔 채 혼자 잉글랜드행 배에 올랐다.

윗필드는 쉬어야 한다는 의사의 지시에 따를 생각으로 버뮤다에 왔으나 그곳에 머무는 두 달 동안에도 계속 설교했다. 그리고 고국으로 돌아가는 배 안에서도 복음을 전하게 될 것을 예상하고 "오, 하나님께서 나와 함께 항해하는 사람들의 영혼을 모두 내게 주시기를!"이라고 기도했다.

윗필드는 사 년 동안 잉글랜드를 떠나 있었다. 윗필드를 따르던 사람들은 그가 돌아오기를 고대하고 있었고, 런던에 돌아온 그는 수많은 인파의 환영을 받았다. 이들은 살아 있는 윗필드의 모습을 보면서 특별히 더 기뻐했다. 왜냐하면 그가 아메리카에서 오랫동안 병을 앓고 있다는 소식에 뒤이어 세상을 떠났다는 소문까지 들려왔기 때문이다. 예를 들어 *The Gentleman's Magazine*(젠틀맨스 매거진) 최근 호의 부고 난에는 '유명한 순회 설교자이며 메소디즘 창시자 조지 윗필드'라고 그의 이름이 실렸고, 다른 신문들도 그와 비슷한 부고를 실었다.

'장막' 사역은 즉시 활기를 되찾았다. 흥분했으나 경건한 태도를 잃지 않는 회중이 예배 때마다 차고 넘쳤고 윗필드의 야외 설교장인 무어필즈에도 구름떼 같은 군중이 모여들었다. 그는 글로스터와 브리스톨을 찾아갔고, 두 곳 모두 그에게 열렬히 환호했다.

그러는 한편 윗필드는 이제 과연 어떤 진로를 택해야 할지 깊이 고민하지 않으면 안 되었다. 그 한 가지 이유로 그는 자기 삶의 무게 추가 아메리카 쪽으로 크게 기울어져 있으며 따라서 영국 사역에는 시간을 조금밖에 낼 수 없다는 것을 알고 있었기 때문이다.

더 나아가 윗필드는 다시는 싸움에 말려들지 않기로 했다. 앞서 1741년에서 1744년까지 잉글랜드에 있는 동안 간신히 웨슬리를 달래 화해 분위기를 조성했지만, 그런데도 그는 여전히 경쟁의식이 존재하는 것을 느꼈다. '파운더리'와 '장막' 사람들 사이에도 그런 경쟁의식이 있었으며, '장막' 측 사람들은 윗필드의 사역이 다시 한 번 융성하기를 바라고 있었고, 그것을 기회로 삼아 웨슬리와 그 추종자들에게 승리했다고 의기양양해 하려는 것이 분명했다.

그러나 윗필드는 하나님의 백성들 사이에 그런 경쟁 심리가 있다는 것을 지극히 개탄하면서, 그런 상황을 극복해 보리라 결심했다.

먼저 그는 아르미니우스주의 메소디즘과 칼뱅주의 메소디즘이 연합할 수 있다면 많은 어려움을 피할 수 있을 것이라 생각했다. 그러나 하월 해리스에게 이 이야기를 꺼내자, 해리스는 적극 호응하지 않았다. 해리스는 "연합은 이뤄지지 않을 겁니다. 어느 편도 상대 진영 우두머리인 웨슬리 씨나 윗필드 씨에게는 복종할 수 없을 테니까요."라고 했다.[1]

이때 존 웨슬리는 런던에 없었으므로 윗필드는 그의 동생 찰스

---

[1] *Whitefield: Life and Times*, Volume 2, p. 249.

와 이 일을 의논했다. 이때 찰스는 상당히 성숙해 있었고 신학적 입장도 많이 달라져서 어떤 설교자들은 그가 예정론에 관해서나 그리스도인의 완전 교리에 반대한다는 면에서 윗필드의 입장에 동의했다고 존에게 알려 줄 정도였다. 찰스가 이 각각의 교리에 대해 원숙한 견해를 갖게 되었고 또 윗필드의 입장에 전보다 훨씬 더 가까워진 것은 사실이지만, 위와 같은 보고는 과장이었다. 오랜만에 만난 찰스와 윗필드는 따뜻하고 달콤한 우정을 나누었으며 찰스는 기꺼이 윗필드와 좀 더 긴밀히 협력하겠다고 말했다.

윗필드는 존 웨슬리에게도 편지를 썼다. 편지 내용을 일부 소개하면 다음과 같다.

> 존경하고 친애하는 선생님께,
> 런던에서 선생님을 못 뵈어 아쉬웠습니다.…
>
> 연합에 대해 어떻게 생각하시는지요? 외적 연합이 실행 불가능하다는 게 유감입니다. 선생님의 설교를 통해 저는 교리 면에서 우리의 견해 차이가 생각보다 크다는 것을 알게 되었습니다.…
>
> 저는 아메리카 사역에 애착을 느끼는 만큼, 잉글랜드에는 오래 있지 못할 것 같습니다. … 잊지 말고 저를 위해 기도해 주시기를 바랍니다.
>
> 존경하고 친애하는 선생님을 늘 기억하는 자요, 그리스도 예수 안에서 지극히 다정한 벗인 G. W.[2]

윗필드와 해리스는 이 문제를 깊이 있게 의논하려고 회의를 열기로 했다. 참석한 사람은 존 웨슬리와 찰스 웨슬리, 윗필드와 해리스였다. 해리스는 이 일에 대해 이렇게 말한다.

> … 우리는 쟁점에 관해 마음을 열고 이야기를 나누었으며 서로를 인정할 가능성을 보았다. … 논쟁적 태도를 지양하고 가능한 한 상대방의 표현 방식을 최대한 채택하고 각자 포기할 수 있는 부분은 다 포기한다는 것이었다. 그리고 이것을 기준 삼아 사랑의 법을 더는 어기지 말자고 뜻을 모았다.
>
> 나는 그(J. W.)가 영향력을 행사해서 우두머리가 되고 하나의 분파를 만들지 않을까 하는 염려를 언급했다. 윗필드 씨는 그가 메소디스트라는 이름을 독점하는 것에 반대 의사를 표명했다.

그러나 이렇게 협력 분위기가 올라가도 메소디즘 두 분파가 연합할 가능성은 별로 없다는 것을 윗필드는 인지하고 있었다. 양 진영 사이에는 깊은 적대감이 자리 잡고 있었으며, 게다가 하월 해리스와 헌팅던 부인의 말처럼, 행정 능력이 뛰어난 존 웨슬리는 첫째가 아니고는 만족하지 않으리라는 것을 윗필드는 잘 알고 있었다.

그래서 윗필드는 참으로 큰 자기희생적 결단을 내리기에 이르렀다. 그는 칼뱅주의 메소디즘의 수장(首長) 지위를 포기하기로 마음

---

2   *Ibid.*, pp. 250, 251.

먹었으며, 자신의 공동체와 따뜻한 우애 관계는 유지하되 이들을 한 운동으로서 이끄는 일은 더 이상 하지 않기로 했다. 더 나아가 그는 적당한 인물을 찾아 '장막' 목회자로 세우고자 했으며 '장막' 행정은 주요 직분자들이 관할하게 했다.

이렇게 함으로 윗필드는 어떤 것에도 속박당하지 않고 조직체에 대한 책무도 없이 자유롭게 복음을 설교하고자 했으며, 그가 말한 것처럼 "… 단순히 모든 사람의 종"이 되고자 했다. 이렇게 함으로써 그는 메소디즘 운동이 분쟁을 면하게 하려 했고 존 웨슬리가 메소디즘의 단일 수장이 되는 것을 용인하고자 했다.

이어서 윗필드는 하월 해리스에게 '장막' 목회자 직을 맡아 달라고 요청했다. 그러나 해리스는 이를 거절했다. 윗필드는 다른 세 사람에게 공동으로 이 일을 맡아 줄 것을 제의했으나 이 제안 역시 받아들여지지 않았다. '장막' 사람들은 윗필드 외에는 누구도 자신들의 목회자로 받아들이지 않을 것이 확실했다. 결국 '장막' 사역은 윗필드가 계속 맡기로 했다. 그러나 윗필드는 칼뱅주의 메소디스트 연합 의장직을 맡을 사람은 구하지 않았고, 따라서 이 연합 소속 공동체들은 계속 존속했으나 연합회 자체는 소멸되기 시작했다.

윗필드 진영 사람들은 그가 자기 지위를 그렇게 포기하는 것을 강력히 반대했다. 이들은 그가 아메리카에 가고 없는 사 년 세월을 견뎌 왔고, 이제 그가 돌아왔으므로 사역을 계속하면서 새로이 업적을 쌓는 광경을 보고 싶어 했다. 그러나 윗필드의 단호한 의사 표시에 이들의 소망은 물거품이 되었다. 몇몇 사람은 이제 윗필드가 명성을 잃을 것이며 결국은 후세대에게도 잊히는 존재가 될 거라고 주장했다. 그러자 윗필드는 이렇게 답변했다.

> 윗필드라는 이름은 잊히게 하고, 그럼으로써 예수님이 영광 받으시게 하라.
>
> 내 이름은 도처에서 죽어 없어지게 하라, 친구들마저 나를 잊게 하라, 그래서 거룩하신 주님의 대의가 진작될 수 있다면.
>
> 그러나 도대체 칼뱅은 무엇이고 루터는 또 무엇인가? 이름과 분파 그 이상을 보자. 예수님을 우리의 모든 것으로 삼자. 그리하여 그분이 전파되도록 하자. … 나는 누가 제일 높은 자리에 있는지는 관심 없다. 나는 내 자리를 안다. … 그것이 설령 모든 사람의 종이 되는 자리일지라도.
>
> 내가 어떤 사람이었는지 심판 날 명쾌히 밝혀지기를 기다리는 데 만족한다. 내가 죽은 뒤 묘비에는 그저 이렇게 기록되기를 바란다. "여기 조지 윗필드가 눕다. 그가 어떤 사람이었는지는 큰 심판 날이 밝혀 줄 것이다."³

---

3   *Ibid.*, pp. 257, 258.

윗필드가 이처럼 도량 넓게 자신의 지위를 포기한 것을 그의 전기 작가들은 사실상 그냥 간과해 왔다. 그러나 한 사람, 메소디즘 역사가인 루크 타이어먼 목사는 이 사실을 넌지시 언급했다. 그래도 우리는 "교회사의 과연 어느 부분에서 그런 엄청난 희생정신의 예를 찾아볼 수 있겠느냐"라고 물어야 할 것이다. 그런 고귀한 행위를 우리는 들어본 적이 없다.

바로 이 행위로써 윗필드는 당시의 신앙 부흥 운동을 더 큰 불화와 갈등에서 건져냈다. 그리고 이 때문에 오늘날 조지 윗필드가 아닌 존 웨슬리가 '메소디즘 리더요 창시자'로 알려지게 되었다.

그러나 윗필드는 '모든 사람의 종'으로서 자신의 특별한 사명을 완수하려고 새롭게 출발했다.

윗필드는 유별나게 예의를 중시하는 시대에 살았고, 이런 면에서 어느 한 부분도 부족하지 않았다. 그래서 요람에서부터 예절을 배운 귀족과 궁정의 신하들도 이 겸손한 메소디스트 전도자의 타고난 기품이 자기들에 비해 뛰어나면 뛰어났지 뒤지지 않는다고 생각했다.

익명의 스코틀랜드인 필자
1850년경
Sketches of the Life and Labours of the Rev George Whitefield
(조지 윗필드 목사의 생애와 사역 소고)

18. 잉글랜드 귀족 사회에 복음을

18세기 잉글랜드 귀족들은 복음에 이끌릴 것 같지 않은 사람들이었다. 대부분 귀족들의 삶은 불경건함이 특징이었다. 그러면서도 이들은 상류 사회의 예절, 평민들에 대해 공공연히 우월한 지위를 주장하는 관습을 아주 중요시했다. 이들은 대개 조상에게 물려받은 엄청난 부와 명성을 소유했지만, 술 취하여 도박이나 하고 부도덕을 저지르는 것이 다반사였다.

하지만 어느 계층에서나 마찬가지로 이 명성 높은 엘리트 중에도 생활 방식이 다른 사람들이 물론 있었다. 이 점에서 특히 두드러져 보이는 사람이 헌팅던 백작 부인이었다. 헌팅던 부인은 어릴 때부터 동년배들이 즐기는 추잡한 쾌락과는 거리가 먼 생활을 했으며, 자기 의(self-righteousness)가 자신에게 구원을 안겨 줄 것이라 믿으며 살았다. 그러나 이런 확신은 병석에 누웠을 때 사라졌다. 병상에 누워 자신의 곤핍함을 절실하게 느낀 헌팅던 부인은 하나님을 부르며 "주님! 제가 믿습니다! 저의 믿음 없음을 도와주소서!"라고 부르짖었다. 이리하여 부인은 예수 그리스도께 자신을 맡겼고 구원을 완전히 확신하게 되었다.

헌팅던 경과 헌팅던 부인은 윗필드가 사역을 처음 시작할 때부터 그의 집회에 참석했다. 그러나 헌팅던 경은 곧 세상을 떠났으며, 남편이 죽자 헌팅던 부인은 하나님의 일에 새롭고도 깊게 헌신했다. 부인은 진정한 성경학도이자 믿음으로 기도하는 여인이 되었다.

칼뱅주의 메소디즘 지도자 직분을 포기한 윗필드에게는 이제 또 다른 문이 열렸다. 먼저 헌팅던 부인이 윗필드를 자신의 지도 목회자(chaplain)로 임명함으로써 그의 사역을 인정하고 그의 교리적 입장에 동의한다는 뜻을 표했다. 그런 다음 부인은 자신의 집에 초청한 귀족들에게 설교를 해 달라고 윗필드에게 요청했다. 상당히 부담이 큰 일이었지만, 윗필드는 이를 수락했고, 그의 설교를 다시 듣고 싶다고 한 귀족들도 있었다. 이에 헌팅던 부인은 윗필드가 일주일에 두 번씩 자신의 집에서 설교할 수 있도록 자리를 마련했고, 그리하여 부인의 저택 거실은 호화로운 보석으로 치장하고 짙은 향수 냄새를 풍기며 우아하게 차려입은 귀족들로 항상 붐볐다.

이러한 청중의 존재가 오늘날 독자들에게는 별 의미가 없을지도 모르지만, 이 일에 윗필드가 어떤 부담을 안고 있었는지 알려면 이 귀족들의 면면과 또 이들이 어느 방면에 어떤 위업을 이룬 사람들이었는지 주목해 보아야 한다. 이 모임에 어떤 사람들이 참석했는지 일부만 살펴보기로 하자.

조지 1세의 궁정에서 오랫동안 미(美)의 여왕으로 손꼽혔던 패니 셜리 부인, 아질 공작 부인, 베티 캠벨 부인, 페러스 부인, 소피아

토머스 부인, 말버러 대공의 딸 몬테규 공작 부인, 카디건 부인, 링컨 부인, 보스커웬 부인, 피트 부인, 리치 양, 피츠월터 부인, 캐롤라인 피터샴 부인, 클래런든 백작의 딸로서 뛰어난 미모와 위트와 쾌활함으로 알렉산더 포프와 조너선 스위프트, 매튜 프라이어에게 칭송받은 퀸즈베리 공작 부인, 맨체스터 공작 부인, 할리팩스 후작의 딸 타네트 부인, 세인트 존 부인, 시인 셴스톤과 편지를 주고받는 친구인 럭스버러 부인, 몬슨 부인, 대정치가의 아내로 재치 만점에 쾌활한 성격인 로킹엄 부인, 버클리 백작의 딸로 엄청난 부를 지닌 존 저메인 경을 남편으로 둔 베티 저메인 부인, 엘레노어 버티 부인, 과부인 앵카스터 공작 부인, 역시 과부인 하인드포드 부인, 서머셋 공작 부인, 체스터필드 부인의 자매인 델리츠 백작 부인, 몬테규 공작의 손녀인 힌친브로크 부인, 샤우브스 부인.

이런 "다수의 지체 높은 여인들" 외에 남자들도 있었다. 건축에 많은 돈을 쓰는 것으로 유명한 벌링턴 백작, 왕세자의 친구이자 총신(寵臣)으로 값비싼 저택이 늘 문인(文人)들로 붐볐으며 나중에 멜콤 경이 된 조지 버브 더딩턴, 당시 유행하던 재치 있는 농담들은 거의 다 지어낸 괴짜 조지 어거스터스 셀윈, 홀더니스 백작, 할아버지 조지 1세의 이름을 따서 조지라 불렸고 뛰어난 육군 장성이자 의회 의원이 되고 마침내 육군 원수가 된 타운센드(나중에 후작이 됨), 정치가인 에드먼드 버크가 "하원의 기쁨이자 명예요, 참석해 주는 것만으로도 영광이며 모든 개인적 모임을 더욱 매력 있게 만들어 주는" 인물이라고 했던 찰스 타운센드, 볼링브로크 경의 이복형제 세인트 존 경, 에버딘 백작, 로더데일 백작, 프러시아 왕에게 파견됐던 특별 대사 하인드포드 백작, 스코틀랜드 국무대신 트위즈데일 후작, 왕세자 프레더릭의 비서인 리틀턴 경, 그 유명한 초대 체이텀 백작인 윌리엄 피트, 초대 국가 재정위원회 위원장 노스 경, 킹스턴 공작 이블린, 트렌섬 자작, 마아치 백작, 해딩턴 백작, 보리유 백작, 흄 남작, 나중에 스페인 궁정 대사와 해군본부 수석위원과 국무대신이 된 샌드위치 백작, 뛰어난 능력을 지닌 인물로 정치가요 철학자였지만 회의론자였던 볼링브로크 경.[1]

잉글랜드 역사에서 일개 복음 전도자가 이렇게 유명하고 까다롭고 비판적인 청중 앞에 선 경우는 보기 드물다.

윗필드는 "귀족들에게 복음을 전해 예수 그리스도께로 인도한다는 게 얼마나 어려운 일인지 알기에 나는 두렵고 떨리는 마음으로 이들 앞에 나간다. 하지만 하나님의 은혜가 나에게 족하다"라고 고백했다. 자기 자신은 약하지만 하나님께서 보내셨으며 그분의 대사(大使)로서 선다는 확신을 갖고 강하고 담대하게 귀족들 앞에 나서는 그의 모습이 눈에 보이는 듯하다. 그는 이 귀족들이 영적으로는 매우 궁핍한 자들임을 알고 있었다. 물질적으로는 부자이지만 죄의 습관에 묶여 있는 이들이 많고 또 노쇠한 탓에 곧 유한한 이 세상을 떠나 곧 영원한 세상으로 들어갈 사람들도 있었기 때문이다.

---

1   Tyerman's *Whitefield*, Volume 2, pp. 209, 210, *Whitefield: Life and Times*, Volume 2, pp. 265, 266.

"큰 기쁨의 좋은 소식", 곧 예수 그리스도의 복음을 선포할 때 그의 입에서는 이들의 마음을 감동시키는 사랑과 긍휼의 말들이 쏟아져 나왔다.

윗필드는 메시지를 전할 때 먼저 이 지적(知的)인 사람들의 마음을 연 뒤 기본 진리 몇 가지를 그 마음에 심어 주고, 그리하여 정서적인 감동을 일으킨 다음에 의지를 움직인다는 계획을 세웠다.

볼링브로크 경은 윗필드의 설교를 처음 듣고 나서 그에게 다가와 "신(神)의 속성을 아주 제대로 다루었다"라고 말했다. 그리고 나중에 헌팅던 부인에게 보내는 편지에서 이렇게 말했다.

> 윗필드 씨는 우리 시대의 가장 특별한 사람입니다. 지금까지 누구에게서도 들어본 적 없는 당당하고 설득력 있는 화술을 지녔더군요. 그의 능력은 여러 면에서 꽤 상당합니다. 누구도 막을 수 없는 그 열심, 그 순전하고 더할 나위 없는 경건과 탁월함이라니…[2]

그 자신도 유명한 웅변가였던 체스터필드 백작도 이렇게 말했다.

> 윗필드 씨의 열변에는 경쟁 상대가 없고 그의 열심은 지칠 줄 모른다. 그 달변, 그 열심에 경탄하지 않는다는 것은 안목이 전혀 없다는 증거일 것이다.[3]

---

[2] *Whitefield: Life and Times*, p. 269, *Life and Times of Selina, Countess of Huntingdon*, Volume 1 (London, 1840), p.179.

18세기의 가장 능력 있는 의회인으로 손꼽히는 바스(Bath) 백작은 윗필드의 설교를 처음 듣고 크게 감동받아 그에게 다가와서는 다음에 또 와 주기를 청했다. 또 한 번 그의 설교를 들은 뒤 백작은 헌팅던 부인의 집에서 정기적으로 모이는 모임의 멤버가 되었다. 비슷한 경우로, 세인트 존 경도 윗필드의 설교를 듣고 신자가 되었다. 그러나 그는 곧 세상을 떠났으며 그가 승리하는 죽음을 맞은 후 헌팅던 부인은 윗필드에게 보내는 편지에서 이렇게 말했다. "선하신 나의 친구여, 이것이 그 풍성한 추수의 첫 열매이니, 저는 위대하신 농부께서 이 나라의 귀족들 가운데서도 수확을 거두실 것이라 믿습니다."[4]

윗필드의 설교를 듣고 체스터필드 부인도 심령의 변화를 체험하여 삶이 변화되었다. 부인은 '공식적 활동을 하지 않는 당대의 훌륭한 음악가'였고 헨델과 쟈르디니(Giardini) 같은 사람들을 친구로 두고 있었다. 하지만 부인은 상류 사회와의 교분을 기꺼이 끊었으며 그리스도를 증언한다는 이유로 세상 사람들이 퍼붓는 비난을 기꺼이 감당했다. 마지막으로 왕궁에 들어가던 날, 부인은 체스터필드 경이 외국에서 가져다준 드레스를 입고 나갔다. 그런데 왕이 부인에게 다가와 말했다. "나는 그 옷을 누가 골라 주었는지 알지. 윗필드 씨 아닌가? 듣자 하니 일 년 반이나 그의 뒤를 봐주고 있다더군." 그러자 부인은 "네, 그렇습니다. 그리고 저는 그분을 아주 좋아

---

3   *Whitefield: Life and Times*, p. 269.
4   *Ibid.*, p. 270.

합니다"라고 대답했다. 왕은 그대로 가 버렸고 부인은 더는 아무 말도 하려 하지 않았으며 부인의 왕궁 출입은 그것이 마지막이었다.

윗필드의 영향력은 왕가에까지 미쳤는데 특히 웨일스 공 프레더릭이 그의 영향을 많이 받았다. 그러나 프레더릭은 복음의 영향 아래 있게 된 지 약 이 년 만에 갑자기 세상을 떠나고 말았다. 헌팅던 부인은 그에 대해 이렇게 말했다. "왕세자께서는 … 볼링브로크 경과 자주 토론을 벌이신다는데, 경의 생각에 세자께서는 급속히 메소디즘으로 기울어지고 계시답니다. … 세자께서는 개인적으로 윗필드 씨의 설교를 들으러 두어 번 갔었고, 윗필드 씨를 매우 좋아하신다고 합니다."[5]

불가지론으로 오늘날 잘 알려진 데이비드 흄도 윗필드의 설교를 들었다. 흄은 "윗필드 씨는 이제까지 내가 접해 본 설교자 중 가장 재능 있는 설교자다. 그의 설교는 정말 30킬로미터를 걸어가서라도 들을 만한 가치가 있다"라고 했다. 그는 윗필드가 어느 날의 설교를 끝맺을 즈음의 모습을 이렇게 묘사한다.

> 그러고 나서 그는 죄인인 인간을 죽기까지 사랑한 구주의 사랑을 아주 단순하되 힘이 넘치는 말로 설명하기 시작했다. 그러자 좌중은 온통 눈물바다가 되었다. 이제까지 그 어떤 설교자에게서도 보거나 들은 적이 없는 생동감 있고 자연스러운 동작이 곁들인 그

---

[5]   *Ibid*., p. 271.

런 설교였다.⁶

윗필드는 편지로도 여러 다양한 귀족들에게 복음을 전하고자 했다. 예를 들어 육군 장교인 레이(Rae) 경에게는 "예수 그리스도의 선한 군병이 되는 것 말고 경에게 더 바랄 것이 무엇이 있겠습니까? 예수 그리스도의 싸움에 참여한다는 것은 복된 일입니다"라고 써 보냈다. 마찬가지로, 바스 경의 장인인 검리(Gumley) 대령에게는 "대령님께서 회심했다는 소식은 스코틀랜드의 여러 귀족들 귀에까지 들어갔습니다. 주 예수께서 대령님을 견실하며 흔들리지 않고 항상 주의 일에 더욱 힘쓰는 분이 되게 해 주시기를 바랍니다"라고 썼다. 그리고 한 백작 부인에게 보내는 답장에서는 이렇게 말했다. "부인의 편지를 보니 주님의 은혜로우심을 맛보아 알며 거룩한 삶을 살기 시작한 영혼의 언어로 말씀하고 계시군요. 환영합니다. 귀하신 부인, 새 피조물의 세상으로 들어오신 것을 거듭 환영합니다!"

헌팅던 부인은 이들 귀족 지인들에게 그리스도를 증언하는 일을 꾸준히 해 나갔다. 부인은 지도자 자질을 타고난 사람이었고 때로는 융통성 없는 모습을 보이기도 했으나, 그러면서도 여전히 자애롭고 겸손한 그리스도인이었다. 더욱이 부인은 윗필드와 똑같이 칼뱅주의를 포용하면서 더욱 분명한 교리적 확신을 갖기에 이르렀다. 부인의 그런 신념은 헨리 벤(Henry Venn)에게 써 보낸 편지에서 분

---

6   *Ibid.*, p. 274.

명하게 나타나는데, 벤은 '은혜의 교리'에 대해 확실한 개념을 갖지 못한 사람이었다. 부인이 보낸 편지 내용은 이렇다.

> 오, 나의 친구여! 우리는 율법을 범한 죗값을 치를 능력이 없습니다. 우리 자신에겐 내적 거룩함이 없습니다. 주 예수 그리스도만이 우리의 의(義)되신 주님이십니다.
>
> 그 빈약한 원리들, 그 더러운 누더기, 거미줄에 불과한 바리새적 교만에 매달리지 말고, 자기 백성을 위해 완전한 의를 이루신 분을 바라보세요.
>
> 벌거벗은 비참한 모습으로 그리스도께 나아가기란 힘든 일일 것입니다. … 그러나 그분께 나아가려면 그런 모습으로 가야 합니다. … 거기엔 아무런 조건도 있을 수 없습니다. 그리스도께서, 그리고 오직 그리스도만이 하나님과 죄인 사이의 유일한 중보자이시기에, 죄인과 구주 사이에는 인간의 보잘것없는 행위가 자리 잡을 수 없습니다. 믿음의 시선을 오직 주 예수 그리스도께로만 향하세요. 저는 귀하의 모든 마음의 생각이 우리의 위대한 대제사장께 순종하는 일에 사로잡힌 바 되기를 그분께 간구합니다.[7]

한번은 귀부인 두 사람이 어떤 예배당에서 윗필드의 설교를 들은 후 헌팅던 부인을 찾아와, 윗필드가 말하기를 죄인들을 향한 그

---

[7] *Life and Times of Selina, Countess of Huntingdon*, Volume 1, p. 225, *Whitefield: Life and Times*, pp. 277, 278.

리스도의 사랑이 너무도 강하여 "마귀에게 버림받은 자까지도 받아들이실 것"이라 했다고 말했다. 그 말이 맞는 말인지 두 귀부인이 궁금해하자 헌팅던 부인은 두 사람을 윗필드에게 데리고 가서 이 일에 대해 물었다. 윗필드는 정말이라고 답변했다. 그리고 설교 시간에 그 말을 하고 난 뒤 한 노부인이 찾아와, 예배당 앞을 지나다가 "그리스도께서 마귀에게 버림받은 자도 받아들이실 것"이라고 하는 말을 들었다면서, "내가 바로 그런 사람인데 그분께서 나도 받아들여 주시겠느냐"라고 물었다고 했다. 윗필드는 기꺼이 그리스도 앞에 나오기만 하면 그렇게 하실 것이라고 대답했다고 했다. 노부인과 윗필드의 대화는 노부인의 철저한 회심으로 마무리되었는데, 헌팅던 부인은 그 후 그 가엾은 여인이 놀라우리 만치 정결한 삶을 살았으며 세상을 떠나면서 그리스도께서 자신의 검붉은 죄의 얼룩을 씻어 없애 주셨다고 분명한 간증을 남겼음을 알게 되었다.

윗필드의 사역은 킹스우드의 광부들과 아메리카의 노예들에게 딱 들어맞기는 했지만, 아메리카의 프랭클린이나 벨쳐(Belcher), 잉글랜드의 볼링브로크나 체스터필드, 그리고 학식 있고 위엄 있는 이 귀족들에게도 그에 못지않은 영향을 끼쳤다.

삽화 18-2 조지 윗필드(1751년 이후의)

오랫동안 수많은 사람이 그를 따르며 찬사를 보냈지만
그 자신은 파당(派黨)을 바란 적이 없다네.
그의 한 가지 바람은 구세주를 알리는 것
그리스도의 이름만을 높이는 것이라네.
다른 이들은 누가 가장 큰 자인가를 놓고 다투었지만
그는 남들보다 뛰어나기를 갈망하지 않았고
주께서 복 주시는 사람을 시기하지도 않았다네.
오히려 타인의 성공을 자신의 성공인 양 기뻐했다네.

찰스 웨슬리
An Elegy on the Late Rev George Whitefield
(고 조지 윗필드에게 바치는 애가)
1770년

19. "나로 하여금 모든 사람의 종이 되게 하소서"

앞에서 살펴보았다시피 윗필드는 칼뱅주의 메소디스트 연합 의장직을 더는 수행하지 않겠다고 선언했지만, 그런데도 이 연합에 소속된 몇몇 공동체는 윗필드의 사퇴를 인정하려 하지 않았다. 그 공동체의 주 구성원은 윗필드 사역의 영향으로 회심한 사람들이었고, 그래서 윗필드에 대한 이들의 애정은 확고부동했다. 이들은 여전히 윗필드를 자신들의 리더로 여기며 윗필드의 사람들로 자처했다.

따라서 윗필드는 공동체를 새로 결성하지는 않았지만, 기존 공동체들과 윗필드 사이에는 사랑 넘치는 교류가 계속 유지되었다. 하지만 그는 이 공동체들을 하나의 운동으로서 직접 지도하지는 않았으며 이들의 일은 스스로 알아서 하게 했다.

하지만 이런 중에도 윗필드는 어떤 교파든 복음을 전하려 노력할 때는 도움을 아끼지 않았다.

기본적으로 그는 여전히 잉글랜드 국교회에 충성했다. "내가 주장하는 원리들은 어느 모로 보나 잉글랜드 국교회의 신조에 합치된다"라고 그는 주장했다. 그는 '이신칭의' 교리를 부인하는 국교회 측의 한 목회자에게 이렇게 말했다. "이신칭의는 잉글랜드 국교회의 교리입니다. 이것을 비롯해 그 외 복음주의적 교리를 굳게 붙들지 않을진대, 선생님은 어찌 성실한 자세로 국교회의 녹(祿)을 먹는다 하겠습니까?"

윗필드는 자신이 복음주의적 기독교의 대원리들을 전하고 가르쳤을 뿐만 아니라 다른 성직자들에게도 영향을 끼쳐 그 원리들을 믿고 설교하게 만들려 했다. 1741년에 그는 이렇게 연설했다.

> … 친애하는 내 형제들에게 권면의 말씀을 한마디 드리니 … 하나님께서는 그대들을 일으켜 세우셔서 길과 산울타리 가와 시내 거리와 골목으로 나가서 가여운 죄인들을 강권하여 데려오게 하십니다. … 오 나의 형제들이여, 귀하신 우리 주님의 교회를 불쌍히 여기십시오. 이 교회는 주님께서 자기 피로 값 주고 사신 것이니, 단 한 사람도 목자 없는 양이 되게 하지 말 것이며, 더 나아가 눈먼 자가 눈먼 자들을 인도하면서 지식이 없음으로 이들을 망하게 만드는 일이 없어야 할 것입니다.

윗필드는 주교에게 임직받은 사람이라도 거듭나지 않고서는 예수 그리스도의 참일꾼일 수 없다고 말했다. 또한 그는 주일 하루 설교에 만족하지 말고 일주일 내내 설교하라고, 야외에서도 설교할 것이며 자기 전도구에만 머물지 말고 잃어버린 영혼이 있는 곳이면 어디라도 가서 하나님의 은혜를 선포하라고 모든 사역자에게 촉구했다. 그런 행동은 교회 당국이 반대할 것이고 세상의 미움을 사기도 하겠지만, 하나님의 축복을 증명하기도 할 것이라고 그는 자신 있게 말했다.

세월이 흐름에 따라 잉글랜드 국교회 내에서도 복음주의적인 새 인물들이 양성되었는데, 1755년 다섯 번째로 아메리카를 방문하고 돌아온 윗필드는 이렇게 말했다. "최근 많은 목회자가 마음의 감동을 받아 십자가에 못 박히신 구주를 널리 전하고 있다는 소식을 들으니 정말 기쁘다. '허다한 제사장의 무리도 이 도에 복종하니라'라는 말씀이 성취된 것이 틀림없다." 또한 일반 성도 중에서도 건전한 신앙을 갖고 담대하게 증언 사역을 하는 뛰어난 인물들이 있었다.

위에서 말한 목회자 중에는 어떤 특별한 인물의 영향 없이 회심한 사람도 있었으며, 이들의 삶은 구원이 하나님의 역사라는 주목할 만한 증거다. 그러나 윗필드, 웨슬리 형제, 헌팅던 부인 등이 모두 잉글랜드 국교회의 일원이었고 또 국교회의 발전을 도모하였으므로 위의 목회자들은 복음주의의 원리 면에서 이들의 영향을 받지 않을 수 없었을 것이다.

더욱이 이 복음주의 성직자들과 성도는 사실상 모두 칼뱅주의자들이었다. 그중 주목할 만한 이름으로는 웨일스의 대니얼 로우랜드와 하월 데이비스, 콘월의 조지 톰슨과 새뮤얼 워커, 런던의 윌리엄 로메인과 마틴 메이던, 미들랜즈의 존 베리지와 토머스 하웨이스, 요크셔의 윌리엄 그림쇼와 헨리 벤 등이 있다. 일반 성도 중에는 다트머스(Dartmouth) 경이 있는데, 아메리카에는 그를 기리는 의미로 그의 이름을 붙인 대학이 생겼고, 그밖에 수출업으로 큰 재산을 축적한 존 손턴, 양모(羊毛) 상인으로 크게 성공한 제임스 아일랜드 등이 있다. 이들 모두 '은혜의 교리'를 믿었기 때문에 이 사람들과 윗필드, 헌팅던 부인 사이에는 따뜻한 교제가 이루어졌다. 또한 이 사람들은 웨슬리의 여러 업적 때문에 웨슬리도 존경하기는 했지만, 대체로 그와의 교제는 윗필드와의 교제에 비해 그리 친밀하지 못했다.

윗필드는 칼뱅주의 메소디즘을 이끌기를 포기했지만, 이제 잉글랜드 국교회 안에 복음주의파(the Evangelical party)가 발전했고, 윗필드가 보여준 모범은 이 복음주의파가 형성되는 데 중요한 요인이 되었다. 기독교의 모든 분파는 잉글랜드 국교회의 복음주의파에 빚을 졌는데, 이는 복음주의파가 신학 면에서나 기독교 찬송, 해외 선교 활동 면에서 많은 기여를 했기 때문이다.

윗필드는 웨슬리 형제에게도 기여했다. 그중 아주 뚜렷한 공헌 한 가지를 든다면 이 두 형제가 갈라서는 것을 막아 주었다는 것이다. 존 웨슬리의 일지를 편집한 니어마이어 커넉(Nehemiah Curnock)의 말을 빌리자면, "존 웨슬리와 찰스 웨슬리가 분열했다면 … 메소디스트 공동체가 두 동강 났거나 어쩌면 아예 바람에 흩어져 버렸을 수도 있다."[1]

1749년에 찰스 웨슬리는 결혼했다. 그의 신부는 마마듀크 귄(Marmaduke Gwynne)의 딸 사라 귄이었으며, 마마듀크는 상당한 재산과 권세를 가진 사람으로서 남부 웨일스의 저택 가스 하우스

---

[1] *Whitefield: Life and Times*, Volume 2, p. 336, John Wesley's *Journal*, Volume 3, p. 440.

(Garth House)에 살고 있었다. 권은 하월 해리스의 영향으로 회심했으며, 해리스와의 친분 덕택에 웨슬리 형제를 알게 되었다. 사라는 우아하고 재능 많은 아내였고 찰스의 결혼 생활은 아주 행복했던 것으로 알려져 있다.

몇 달 후 존 웨슬리도 결혼을 결심했다. 존은 요크셔의 뉴캐슬에 학교와 고아원을 세웠는데, 그곳 직원 중에 그레이스 머리(Grace Murray)라는 젊고 매력적인 과부가 있었다. 머리 부인은 열심 있는 그리스도인일 뿐만 아니라 기도를 많이 하는 여인이었으며, 여러 메소디스트들이 부인의 따뜻한 성정과 자신이 어려울 때 부인이 베풀어 준 도움을 증언했다.

1748년, 웨슬리 휘하의 유능하고 젊은 설교자 존 베넷이 병이 나서 그레이스의 간호를 받게 되었다. 베넷은 유복한 가정 출신에 변호사 교육까지 받은 사람으로서 평신도 설교자로 웨슬리에게 인정받아 확신을 가지고 설교하는 설교자였다. 하나님의 기름 부으심이 그에게 뚜렷이 나타났고, 그는 몇 곳의 공동체를 창설하기도 했다.

베넷은 다섯 달 동안 그레이스의 간호를 받았다. 당시 서른세 살 정도였던 두 사람 사이에는 생기 넘치는 우정이 싹트기 시작했고 베넷이 병이 다 나아 떠나기 전 두 사람은 결혼을 약속했다.

그런데 그 후 얼마 안 되어 존 웨슬리도 병이 났고 웨슬리 역시 그레이스의 간호를 받게 되었다. 그레이스는 자신이 베넷을 사랑한다고 생각했으나 웨슬리가 가까이 있게 되자 이제 웨슬리를 사랑한다는 느낌이 들었다. 더욱이 웨슬리도 그레이스를 좋아했으며,

건강이 좋아지자 그레이스를 데리고 전도 여행에 나섰다. 아일랜드에 머무는 동안 이들은 사실혼 관계에 들어갔다. 이는 실질적으로 결혼을 했다는 의미였지만, 첫날밤은 결혼식 후에 갖기로 했다.

그러나 브리스톨로 돌아온 그레이스는 웨슬리가 다른 여인에게 애정을 보인다는 이야기를 들었고, 이에 그레이스는 다시 베넷에게로 마음이 돌아서 버렸다. 그러나 웨슬리를 다시 만난 그레이스는 "그와 함께 살다가 죽기를 원한다"고 했으며, 이에 존은 동생 찰스와 메소디스트들에게 이 사실을 알리고 가능한 한 빨리 결혼 문제를 마무리할 계획을 세웠다.

그러나 찰스 웨슬리는 그레이스 머리가 비록 훌륭한 여인이기는 하지만 웨슬리와 결혼할 만한 신분은 아니라고 생각했다. 또한 찰스는 존이 자기 지위를 이용해 그레이스를 베넷에게서 빼앗는 것이라고 생각했으며 그래서 그런 일이 일어나지 않도록 막기로 결심했다. 성격 급한 그는 급히 말에 올라 그레이스가 머물고 있는 잉글랜드 북부로 달려가 그녀를 자기 뒤에 태우고는 베넷을 찾으러 갔다. 그리고 찰스는 다음 날 아침 두 사람이 결혼식을 올리도록 조처했다.

존은 얼마 후 리즈(Leeds)에 도착했으나 어쩌면 평생 단 한 번뿐이었을 참사랑 그레이스 머리를 잃은 것을 알고 크게 상심했다. 그때 일을 그는 이렇게 말했다.

> 윗필드 씨가 나를 위해 울어 주고 기도해 주었다. … 그는 있는 힘을 다해 나를 위로해 주고자 했으나 모두 소용없었다. … 동생이

왔다. … 분노를 느끼지는 않았지만, 동생을 만나고 싶지는 않았다. 하지만 윗필드 씨가 자꾸 동생을 만나 보라고 했다. 몇 마디가 오간 뒤 그[찰스]는 "형하고는 의절하고 차라리 이방인이나 세리와 교제하겠다"고 대놓고 말했다. … 가엾은 윗필드 씨와 존 넬슨 씨[웨슬리 진영의 설교자]는 울음을 터뜨렸다. 두 사람은 기도하고, 울고, 탄원했다. 이 폭풍우가 다 지나갈 때까지.[2]

찰스 웨슬리의 극심한 반감은 결국 극복되었고, 두 형제는 결별을 피할 수 있었다. 웨슬리의 메소디즘은 치명적으로 분열될 뻔한 상황을 면했고, 커넉이 말한 것처럼 그것은 "윗필드와 넬슨의 재치와 온유함" 덕분이었다.

윗필드는 웨슬리 형제를 위해 이들의 공동체 몇 곳에서 설교하기도 했다. 윗필드가 뉴캐슬에 있는 이들의 회관에서 설교했을 때 존은 "하나님께서 윗필드 씨를 적시에 이곳으로 보내 주신 데 대해 아주 만족한다. 전에 하나님 생각 같은 건 별로 하지 않던 사람들이 윗필드 씨에게서 좋은 인상을 받고 그것을 지금까지 간직하고 있다"라고 했다. 윗필드가 리즈에 있는 두 형제의 공동체에서 며칠간 헌신적으로 사역하자 찰스는 이렇게 말했다. "윗필드 씨가 이곳에서 설교한 이래 전도의 문은 계속 열려 있다. 처음에 우리를 반대했던 사람들의 편견도 많이 사라졌다. 이 중에는 윗필드 씨의 설교를

---

[2] *Ibid.*, p. 439.

삽화 19-1 리즈에서 설교하는 윗필드

듣고 죄를 자각하여 회심하고 교회에 나오는 사람들도 있다."

런던의 '파운더리'에서 처음 설교하던 날에 대해 윗필드는 이렇게 말했다. "아주 많은 사람에게 설교했고 많은 사람이 감동을 받았다. 웨슬리 씨가 기도문을 읽었다. 주일에는 내가 기도문을 읽고 그가 설교했다. 약 천이백 명에게 성찬을 베풀었다."

아일랜드에 있는 웨슬리의 교인들은 심각한 폭력 사태 때문에 고통당하고 있었는데, 윗필드는 이들이 더는 고통당하지 않게 해 주려고, 귀족들과의 친분을 이용해 이 일을 국왕에게 알렸다. 또한 그는 1751년 아일랜드에 직접 찾아가기까지 했는데, 그가 도착했을 때 웨슬리의 사역은 어려움을 겪고 있었지만, 떠날 때쯤에는 훨씬 생기를 되찾은 상태가 되었다. 웨슬리의 가르침을 신봉하던 어떤 사람은 윗필드의 설교를 듣고 이렇게 말했다.

> 윗필드 씨가 온 이후로 우리는 얼마나 복된 시간을 가졌는지 모른다. … 수많은 사람이 시종일관 말씀에 귀를 기울였다. … 마음의 성결함을 이보다 더 명쾌한 방식으로 설교하는 사람은 지금까지 본 적이 없다. 그는 우리를 위해 계시고 우리 안에 계신 그리스도를 힘 있게 설교한다. 고백하건대 나는 그를 좀 이상한 사람으로 생각하고 있었다. 그러나 하나님께 감사하게도, 이제는 그렇지 않다.[3]

1753년, 런던에 있던 존 웨슬리가 병이 났다. 그는 중증의 폐병을 앓고 있는 것으로 드러났는데, 병세가 얼마나 위중했던지 자기 스스로 묘비명을 써 둘 정도였다. 찰스는 형 옆에 있으려고 서둘러 런던으로 갔다. 윗필드도 즉시 런던으로 출발하는 한편 존에게 편지를 써 보내기도 했는데, 이 편지는 존에 대한 깊은 애정을 잘 드러낸다.

> 빛나는 보좌가 선생님을 기다리고 있고, 오래지 않아 선생님은 주님의 기쁨 안으로 들어가게 되실 것입니다. … 기도가 … 그 시간을 늦출 수 있다면, 존경하고 심히 친애하는 선생님, 아직은 우리 곁을 떠나시지 못하게 하겠습니다. 그러나 … 이제 예수님 안에

[3] Whitefield, *Works*, Volume 3, pp. 44, 45, *Whitefield: Life and Times*, p. 347.

잠드셔야겠다면 주님께서 부디 … 승리의 기쁨에 겨운 사랑의 포옹 안에서 세상을 떠나게 해 주시기를…. 부디 그리스도의 영원한 두 팔이 선생님을 감싸고 있기를! 그분의 다함없는 자비에 선생님을 맡깁니다.

그러나 존은 병에서 회복되었고 그 후로도 거의 사십 년이나 주님을 위해 더 수고했다. 1756년에 찰스 웨슬리는 말했다.

> 윗필드 씨가 우리 공동체에서 행한 크고 선한 일들에 대한 소식을 듣고 기뻤다. … 그는 우리 손을 강하게 하려고 최선을 다했다. 그 풍성한 사랑의 수고에 대해 그는 모든 교회에게 감사의 말을 들을 자격이 있다.[4]

윗필드는 이렇게 '모든 사람의 종'으로서 한 해 또 한 해를 보냈다. 1770년 그가 세상을 떠나자 웨슬리 진영의 아주 유능한 설교자였던 토머스 올리버스는 이렇게 말했다.

> 살아생전 윗필드 씨는 웨슬리 공동체의 예배당에서 설교하고 이들과 한 식탁에 앉아 식사하고 이들과 한 침대에 눕고 아침부터 밤늦게까지 더할 수 없이 다정한 태도로 이들과 더불어 대화함으

---

4 *Ibid.*, p. 352.

로써 웨슬리의 사람들에게 기꺼이 사랑을 확인해 보였다.

> 윗필드 씨가 웨슬리 씨의 강단에서 설교할 때 … 웨슬리 씨에게 최고의 경의를 표하는 말들을 얼마나 자주 했는지 수많은 사람이 증언할 수 있다. 그는 기회가 될 때마다 우리 측 총회에도 기꺼이 참석했다. … 그는 내가 예의상 하지 못하는 말들을 우리를 대신해서 해 주기도 했다.[5]

어느 해인가 잉글랜드에 머무는 동안 윗필드는 스코틀랜드를 방문했는데, 말년이어서 몸이 매우 쇠약한 상태에 있던 그는 그런데도 설교를 강행함으로써 그 땅의 복음주의자들에게 도움을 주었다. 1757년 그는 스코틀랜드에서 아일랜드로 갔다. 더블린에서 수많은 군중이 그의 설교를 들었다. 그러나 오래지 않아 다음과 같은 일이 생겼다.

> … 주일 오후 오몬(Ormon) 파와 리버티(Liberty) 파 청년들이 자주 모여 싸움을 벌이곤 하던 옥스맨타운(Oxmantown) 초지에서 설교를 마친 그는 간신히 그곳을 빠져나와 목숨을 구했다.
> 설교 시간과 기도 시간에 그를 향해 돌멩이가 날아오긴 했지만 다치지는 않았다. 일정을 마친 그는 왔던 길로 해서 집으로 돌아갈 생각이었으나 그 길 근처에도 갈 수가 없어 수백 명의 가톨릭 교도

---

5 *Ibid.*

사이를 뚫고 거의 1킬로미터를 걸어서 가야 했다. 그와 함께 온 병사 한 명과 설교자 네 사람이 모두 도망가 버려 아무도 그를 수행하는 사람이 없다는 것을 알게 된 이들은 사방에서 일제히 그를 향해 돌을 던지기 시작했으며 돌을 맞은 그는 앞뒤로 비틀거리다가 거의 숨이 끊어질 지경이 되었으며 주변에는 유혈이 낭자했다.

천신만고 끝에 그는 한 설교자의 집 문 앞까지 기어갈 수 있었고, 집 안에 있던 사람이 친절하게도 문을 열어 주었다. 안으로 들어간 그는 한동안 아무 말도 못하고 숨만 헐떡이고 있었다. 친구들은 소리 내어 울면서 그에게 강심제를 주고 상처를 씻어 주었으나, 이들은 그 집까지 습격을 받을까 두려워했다. 이들은 가까스로 마차 한 대를 구할 수 있었고, 마차는 폭도들의 욕설과 저주와 협박이 난무하는 중에 무사히 그를 숙소까지 태워다 주었다.

숙소에 도착한 그는 친구들과 더불어 감사의 찬송을 불렀다. 다음 날 아침 그는 알링턴 항을 향해 출발하면서 "나를 박해하던 자들을 그분의 자비에 맡긴다. 그분은 박해자들을 종종 설교자로 만드시곤 한다. 나는 그런 식으로 이들에게 복수할 수 있기를 기도한다"라고 했다.[6]

그는 아일랜드에 3주간 더 머물면서 "어디를 가나 영광스러운 임마누엘께서 내가 하는 일에 미소를 보내셨다"라고 말했으며 이

---

6 Gillies, *Memoirs of the Life of Whitefield*, pp. 224, 225.

삽화 19-3 폭도들에게 폭행당하는 윗필드

러한 노력으로 그는 웨슬리 형제의 사역을 크게 도왔다.

앞에서 살펴본 것처럼, 아메리카에서 사역할 때도 윗필드는 주일 아침마다 잉글랜드 국교회 예배에 참석하려고 노력했다. 그러나 주교 대리 가든(Garden)에게 모진 대접을 받고 남부 식민 주에서는 그 습관을 포기할 수밖에 없었지만, 북부에 갔을 때는 다시 그렇게 했다.

윗필드의 조력(助力)은 건전한 신앙을 가진 여러 교파 사람들에게 환영받았다. 그는 뉴잉글랜드의 독립교회(회중교회) 사람들과도 동역했고, 로드아일랜드와 그 밖의 곳에서는 침례교인들과, 그리고 중부 식민 주에서는 장로교인들과 함께 일했다. 이 모든 노력을 통해 그는 그저 그 목회자들이 믿고 있는 복음을 설교했다.

윗필드는 그 수많은 사람을 자신에게 묶어 두고 충성하게 만들려는 시도는 하지 않았다. 다만 복음을 전하는 사역자라면 누구든 돕고자 했고, 조직을 만들어 지속적으로 관계를 맺을 수 있는 좋은 기회가 많이 있었음에도 결코 그렇게 하지 않았다. 아메리카를 몇 차례 방문하는 중에도 그는 그런 자세를 잃지 않았다.

그렇지만 말년에 이르러 그는 자신의 사역에 감화를 받았으면서도 어떤 교회와도 연관을 맺지 못하고 있는 사람들이 많다는 것을 알게 되었다. 이들은 대부분 교회나 신앙 공동체가 모여 있는 곳에서 멀리 떨어진 신개발 지역 사람들이었는데, 존 웨슬리에게 보내는 한 편지에서 그는 이렇게 말했다. "복음이 전해져야 할 영역이 너무도 광범위해서, 말하자면 저는 거의 시작의 '시'자도 못했습니다. … 순회 설교자가 활동할 공간은 얼마든지 있습니다. 주 예수님, 보낼 만한 자를 보내소서!"[7] 윗필드가 마지막으로 대서양을 건너고 있을 때, 웨슬리가 파견한 최초의 해외 순회 전도자 리처드 보드먼(Richard Boardman)과 조지프 필무어(Joseph Pilmoor)도 웨슬리의 메소디스트 공동체를 세우기 위해 대서양을 건너고 있었으니, 이들은 후에 그 광활한 신세계에 수없이 모여들게 될 순회 전도자들의 시초였다.

말년의 거의 이십 년 동안 잉글랜드와 웨일스와 스코틀랜드와 아일랜드에서, 그리고 아메리카 식민 주 전역에서 건전한 신앙을 가진 이들을 도우며 지낸 윗필드는 이로써 자신이 밝힌 다음 원칙을 실천했다. "나는 다만 모든 사람의 종이 되기를 원한다!"

---

[7]　Tyerman's *Whitefield*, Volume 2, p. 475.

천성과 은혜로 맺어지는 우정을 위해
(그의 마음은 진실과 온유로 이뤄졌다네)
간계에 낯설고 속일 줄 모르며
화를 내거나 악의를 품거나 복수할 줄도 모르는 그는
이 땅에서 남에게 베푸는 삶을 살았고
오직 남을 섬기는 정신으로 살았다네
오직 사단의 회(會)가 그를 두려워할 뿐
그는 주님을 사랑하는 모든 사람에게 사랑을 받았다네

찰스 웨슬리
An Elegy on the Late Rev George Whitefield
(고 조지 윗필드에게 바치는 애가)
1770년

20. 윗필드의 동역자들

윗필드의 삶은 시작했을 때와 똑같은 방식으로 계속 이어졌다. 그는 좌로나 우로 치우치지 않았고, 육신에 병이 찾아올 때만 잠깐씩 그 엄청난 수고의 일정을 중단할 뿐이었다. 그는 잉글랜드에 머무는 동안에는 일 년에 한 번씩 스코틀랜드에 다녀왔으며 아메리카도 네 차례나 더 방문했다.

이제 이 모든 활동을 개별적으로 살펴보는 방식이 아니라 그와 연관을 맺은 몇몇 인물들의 삶을 살펴봄으로써 윗필드의 인생 여정에 대해 알아보고자 한다.

찰스 웨슬리

찰스는 십육 년 동안 지칠 줄 모르는 열심을 가지고 야외 설교자로 수고했다. 그는 복음을 선포하는 일에 두려움을 모르는 사람이었다. 그의 입에서 나오는 말에는 힘이 있었다. 그는 담대하게 폭도들에게 맞섰고, 사실상 집도 없이 살았으며, 무엇보다도 수많은 영혼을 예수 그리스도께 인도하는 일에 하나님의 쓰임을 받았다. 그는 메소디스트 공동체를 세우고 유지하는 일에서 줄곧 형 존의 동역자 역할을 했다.

1750년경 찰스는 신학 사상에 어떤 변화를 겪었다. 앞에서도 보았다시피 그는 죄 없이 완전한 상태에 대한 존의 가르침을 더 이상 완전히 믿지 않게 되었고 그 대신 이제 예정론을 어느 정도 받아들이게 되었다.[1] 1752년에 그는 윗필드에게 편지를 보내, 그와 운명을 함께할 뜻을 비쳤다. 하지만 윗필드는 이렇게 대답했다. "두 분 형제 사이가 아주 긴밀하고 또 형님의 유익을 위해서는 형제님이 반드시 옆에 계셔야 하므로 저는 그런 친구들을 갈라놓을 수도 있는 말이나 행동 따위는 하지 않겠습니다."[2]

삼 년 후 찰스는 윗필드에게 '서신'을 보냈는데, 여기서 그는 자신들 사이에 더 이상 아무런 장벽도 없다고 선언했다. 그의 선언은 이렇게 시작된다.

> 오시오! 나의 윗필드여! (싸움은 지나갔고
> 처음에 친구였던 자들이 마침내 다시 친구가 되었으니)…

찰스는 능력 있는 복음 전도자인 동시에 힘 있는 시인이기도 했으며, 오늘날 그는 주로 시인으로 기억되고 있다. 그는 구천여 편의 시를 썼으며, 이 시는 대부분 다 찬송가로서 찰스는 잉글랜드가 낳은 가장 위대한 찬송가 작사가임에 틀림없다. 윗필드가 세상을 떠나자

---

1   John Wesley's *Journal*, Volume Ⅲ, p. 96.
2   *Whitefield: Life and Times,* Volume 2, p. 344.

찰스는 펜을 들어 윗필드의 일생을 기리는 *An Elegy*(애가)를 썼는데, 모두 536행에 달하는 이 시의 몇몇 부분이 이 책에 인용되어 있다.

존 세닉

윗필드가 세 번째로 아메리카에 가면서 존 세닉을 자신의 공동체와 '장막' 일을 감독하는 사람으로 세운 것을 앞에서 보았다. 세닉은 참으로 경건한 사람이었고 매우 유능한 설교자였으나, 업무와 관련해서 발생하는 모든 문제들을 다 처리하기에는 너무도 유약한 사람임이 드러났다. 그는 힘센 동료가 필요하다고 생각했고 또한 모라비아 교도들을 사랑했기에 이들에게로 가 버렸다.

세닉은 모라비아교 선교사가 되어 아일랜드로 갔다. 더블린에서 비어 있는 교회당을 빌린 그는 다음과 같은 활동을 펼쳤다.

> … 날마다 두 번씩 대규모 청중에게 설교했다. 사람이 얼마나 많은지 설교를 듣고 싶은 사람은 두세 시간 먼저 와서 자리를 잡아야 할 정도였다. … 공동묘지와 마당, 그리고 주변 지역에서도 설교를 들을 수 있도록 예배당 창문을 다 철거했지만, 그래도 낙담하고 돌아가는 사람들이 많았다. … 일고여덟 명의 사제들이 그의 설교를 들으러 함께 올 때도 많았고, 국교회 성직자들도 예배에 참석했다.…[3]

---

3   *Ibid.*, p. 375.

세닉의 설교 때 모이는 회중 가운데는 유능하고 젊은 설교자 벤저민 라 트로브(Benjamin La Trobe, 같은 이름을 가진 그의 아들은 1819년 워싱턴 시 국회 의사당 건물을 재건할 당시 최고 건축가였다)도 있었다. 세닉은 더블린 사역을 라 트로브에게 맡겨 놓고 자신은 북아일랜드에서 설교 요청을 받고 그곳으로 떠났다.

세닉은 외양간과 가정집과 들판에서 집회를 열었으며 그렇게 수개월 다니는 동안 건달들에게 얻어맞고 개들에게 쫓기고 폭도들의 공격을 받으며 체포되어 벌금을 물기도 했다. 세닉과 그의 아내는 무일푼이 될 때도 많았지만, 주님 안에서 풍성한 기쁨을 누렸다. 세닉은 참을성이 많고 친절했으며, 사람들은 그에게서 아름답고도 참된 기독교 신앙을 보았다.

> 그는 … 전 계층, 전 교파에게 사랑받았다. 머니모어(Moneymore)의 장로교인들은 그에게 자신들의 목회자가 되어 달라고 했다. 밸리네이혼(Ballynahone)의 로마 가톨릭 교도들은 그가 그곳에 정착하기만 한다면 다시는 미사에 가지 않겠다고 말했다. 뉴 밀스(New Mills) 주민들은 오두막에서 쏟아져 나와 길을 가로막고 그에게 우유를 권했고, "잠깐 길을 멈추고 설교를 해 주실 수 없다면 저희 집에 들어와 기도라도 해 주십시오"라고 부탁했다. … 그는 여관 주인들이 무료로 숙식을 제공할 정도로 사랑을 받았다. … 밸린데리(Ballinderry) 구역 사제 오라베리 신부는 세닉의 순회 여정에 동행할 수 있는 특권이 있으면 좋겠다고 말했다. 세닉이

극구 사양하는 돈을 받아 챙기고 세닉이 거절하는 술을 얻어 마시고 싶었던 것이다.[4]

칠 년 동안 세닉은 사십여 개 공동체를 세웠고 열 개 정도의 교회를 세웠다.

세닉이 자신과 약간 의견차를 느끼고 있는 듯한 동료 목사에게 보낸 편지에서 우리는 그의 정신의 일면을 볼 수 있다.

> … 제 마음이 곧 형제님의 마음이며, 예수님이 여전히 우리 사이의 신실한 증인이 되셔서 그분의 이름을 위해 살며 그 이름을 위해 행동하는 것 외에 우리가 나누는 사랑과 교제에 다른 아무 목적도 없다는 것을 증언하실 것입니다. 그분은 우리 생명의 하나님이시고, 우리를 세상에서 구원하신 천사이시며, 그분의 임재는 영원히 우리의 가장 소중한 보화가 될 것입니다. 주님께서 베푸시는 최고의 복, 형제님 위에 임한 빛이 평강과 참된 가난 중에 형제님을 늘 지킬 것입니다. 형제님이 수고하실 때 그분은 귀를 열고 형제님의 한숨 소리를 들으실 것이며, 천국에서 형제님을 만나 입맞추실 때까지 그분의 손이 형제님을 인도할 것입니다![5]

4　*Ibid.*, pp. 377, 378, J. E. Hutton, *John Cennick. A Sketch* (Moravian Publication Office, 연대 미상), pp. 59, 60.
5　*Whitefield: Life and Times*, p. 379.

세닉은 시인의 은사를 받은 사람이기도 했다. 그는 식전 감사 기도("우리의 식탁에 임하소서, 주여")와 "내 모든 것 되신 예수님은 천국에", "하늘에 계신 왕의 자녀들", "주님은 귀하신 구속자, 죽어 가는 어린양" 등 다수의 찬송시를 남겼다. "대속하신 구주께서"(Lo He comes with clouds descending)의 가사도 대부분 그의 시에서 가져왔다. 세닉은 서른여섯 나이로 세상을 떠났으며, 그때 그의 주머니에서 "눙크 디미티스"(*Nunc Dimittis*; 라틴어 성경 누가복음 2장 29절의 첫 단어를 제목으로 한 것으로, '시므온의 노래'라고도 불림 ⓒ)라는 시가 한 편 발견되었는데, 하나님의 뜻에 조용히 복종하는 아름다운 정신, 아무 의심 없이 천국을 확신하는 믿음, 그곳에 이르고자 하는 깊은 열망이 호흡하는 시였다. 세닉의 존재가 좀 더 널리 알려진다면, 만방의 그리스도인들에게 큰 복이 될 것이다.

하월 해리스

해리스는 1735년 회심하던 바로 그 주부터 설교를 시작해서 날마다, 때로는 하루에 두세 번씩, 그것도 한 시간을 넘기기 일쑤인 긴 설교를 계속했다. 수년 동안 그는 시장과 항구에서 설교하고, 야외에서 많은 무리에게 복음을 선포하며, 공동체들을 찾아다니면서 끊임없이 활동했다.[6] 그리고 런던에서 윗필드의 사역을 총감독하면서 몇 달씩 머무르기도 했다. 그는 일정한 수입도 없이, 먹을 것도 제

---

6   *Ibid.*, p. 296.

대로 먹지 못하면서 다녔지만, 어쩌다 돈이 생기면 어김없이 가난한 사람들에게 상당한 액수를 나눠 주곤 했다.

해리스의 열심은 정말 놀라웠다. 예를 들어 그는 이런 말을 했다. "설교하러 '장막'에 갔다. 사탄이 자기 종들에게 약간 노했고, 하나님께서는 그에 따라 나를 내적으로 강하게 하셨다. 엄청나게 많은 사람이 모였다. 땀을 너무 많이 흘려서 옷이 모두 젖었고, 기운을 모두 써 버린 탓에 걷기조차 힘들었다."[7] "'오라'는 말에 담긴 영광에 관해 … 강론했다. 나는 힘 있고 명쾌한 목소리로 사람들을 부르고 경고하면서 책상을 두드렸다. 그래서 마치 천국 가까이에 와 있는 듯한 느낌이었다." "이번 주에는 말을 타고 400킬로미터 가까이 돌아다니다가 피곤에 지쳐 기진맥진한 채로 새벽 두 시가 넘어 집에 돌아왔다."

핍박을 받고 있는 일단의 신자들에게 힘을 북돋아 주려고 북부 웨일스를 다녀온 후 그는 이렇게 기록했다. "지금까지 … 13개 주를 방문하면서 매주 거의 240킬로미터를 다녔고 매일 두 번씩 강론했으며 때로는 하루에 서너 번씩 설교했다. 이번 마지막 여정 때는 칠 일 밤낮을 옷도 벗지 못하고 아침부터 그다음 날 아침까지 산 속에서 고생한 때도 있었다. 핍박을 피하려면 그 시간에 회집할 수밖에 없었기 때문이다."[8]

게다가 북부 웨일스에 머물면서 발라(Bala) 마을에서 야외 집회

---

7 *Ibid.*
8 *Ibid.*, p. 298.

를 가질 당시 해리스는 "폭도들이 무언가를 휘둘러 머리를 맞았는데 충격이 얼마나 크던지 머리가 두 쪽이 날 뻔했다"라고 했다.

제아무리 건강한 사람이라도 해리스처럼 그렇게 쉴 새 없이 강행군을 하다가는 결국 병이 나고 말았을 텐데 거기다 머리까지 다친 충격으로 그는 행동거지가 달라지기 시작한 것 같다. 이제 해리스는 다소 무책임한 사람이 되었고, 이런 불안정한 상태는 그가 시드니 그리피스(Sydney Griffith) 부인에게 휘둘리기 시작했다는 사실에서 분명하게 드러났다.

1748년 해리스는 술주정뱅이 시골 유지 남편 곁을 떠나온 그리피스 부인을 집으로 데려왔다(아내의 동의를 받고). 그리피스 부인은 성격 좋고 매력적인 용모를 지닌 스물아홉 살 여인이었는데 해리스는 이 여인에게 사도와 같은 예언의 은사가 있다고 믿었다. 그는 전도 여행에 이 여인을 데리고 다니면서 웨일스 지역의 영적 지도자들에 대해 이 여인이 "좋다", "나쁘다"라고 판단하는 말을 그대로 받아들였다.

주변의 그리스도인들은 그의 이러한 처신에 경악했고, 많은 사람이 해리스와의 협력을 중단했다. 얼마 후 그가 런던으로 가자 그리피스 부인도 그를 따랐다. 그는 '장막'에서 설교할 생각으로 윗필드를 찾아갔다. 물론 윗필드는 그를 거부했다. "윗필드는 그리피스 부인이 나와 함께 있는 것을 찬성할 수 없고, 그것은 하나님 말씀에 어긋나는 일이라고 했으며, 그렇게 말하는 그의 태도에서 엄청난 권위가 느껴졌다"고 해리스는 말했다.[9] 그러나 그리피스 부인은 그 후 곧 세상을 떠났다.

해리스는 웨일스의 트레베카에 있는 자기 집에 정착했다. 몇몇 추종자들이 그의 곁에 있으려고 그곳까지 따라오자 해리스는 이들을 받아들이기 위해 집을 계속 확장했으며, 그러다 그의 집은 마침내 일종의 마을 회관 같은 곳이 되었다. 하지만 해리스는 자꾸 몸이 심하게 아팠고, 정신적으로도 자주 균형을 잃는 것 같았다. 몇 년 후 어느 정도 심신이 회복되자 그는 윗필드와 웨슬리 형제를 찾아 나섰고, 이들은 그를 영접했다. 해리스는 다시 설교를 시작했으나 과거와 같은 힘과 열정은 되찾지 못했다.

주님을 섬기려는 일념으로 지나치게 자신을 혹사시킨 이 신실한 사람 하월 해리스에게 우리는 연민을 느끼지 않을 수 없다.

벤저민 프랭클린

벤저민 프랭클린은 분별력이 매우 뛰어난 사람이었다. 윗필드가 처음 필라델피아에 갔을 때 프랭클린이 특별히 그를 주시했고 그의 사역이 낳은 결과를 보도했으며 그의 목소리를 삼만여 명이 들을 수 있었다고 계산하면서 그의 웅변 능력에 찬사를 보낸 것을 앞에서 살펴보았다.

그다음에 아메리카를 방문했을 때 윗필드는 건강이 좋지 않았는

---

9   *Ibid.*, p. 300.

데, 얼마 후 그가 좀 나아졌다는 소식을 들은 프랭클린은 "윗필드 씨가 … 건강을 회복했다는 소식을 들으니 반갑다. 그는 좋은 사람이고 나는 그를 좋아한다"[10]라고 기록했다. 얼마 후 윗필드는 잉글랜드에서 제임스 2세 파의 반란(제임스 2세 파의 반란(the Jacobite Rebellion; 프랑스로 망명한 제임스 2세의 후손을 영국 국왕으로 세우려고 했던 반란 ⓒ)이 진압된 것을 반가워하는 설교를 했는데, 이에 대해 프랭클린은 "그가 우리에게 행한 강론 중 이 정도로 보편적 만족감을 준 경우는 처음이었고, 이 설교자가 청중 전반에게 이 정도로 환호를 받은 것도 처음이었다. 그는 자신이 건전하고 열심 있는 프로테스탄트요 … 당당하고 숙달된 웅변가임을 증명했다"[11]라고 기록했다.

앞에서 말한 것처럼, 언젠가 윗필드가 필라델피아를 떠날 때 프랭클린은 "윗필드 씨가 우리 각계각층 사람들에게 그처럼 널리 존경받은 것도 전에 없는 일이었고, 그가 떠나는 것을 보며 부디 행복한 여정을 마치고 무사히 이곳으로 돌아오기를 그토록 많은 사람이 간절히 빈 것도 전에 없는 일이었다"[12]라고 했다.

프랭클린은 윗필드와의 관계를 다음과 같이 설명했다.

10　*The Papers of Benjamin Franklin,* Volume 3, ed. Leonard W. Larabee (New Haven, CT: Yale University Press, 1959), p. 169, *Whitefield: Life and Times*, p. 442.
11　*Ibid.* (두 권 모두).
12　*Ibid.*, p. 443.

아래의 사례는 우리가 어떤 사이였는지 그 한 단면을 보여줄 것이다. 한번은 그가 잉글랜드에서 보스턴으로 오면서 나에게 편지하기를, 곧 필라델피아에 도착할 텐데 어디에서 묵어야 할지 모르겠다고 했다. … 내 대답은 이러했다. "우리 집이 어딘지 알지 않습니까? 여러 가지로 불편한 게 많겠지만 그럭저럭 지내 주실 수만 있다면 저야 진심으로 환영입니다." 그는 그리스도를 위해 내가 그렇게 친절을 베풀어 준다면 반드시 상급이 있을 것이라고 했다. 그래서 나는 또 이렇게 대답했다. "착각하지 마시길. 그리스도를 위해서가 아니라 선생을 위해서입니다."[13]

프랭클린이 보낸 편지들을 보면 그의 장모 리드(Read) 부인이 고아원에 정기적으로 기부금을 내는 사람이었음을 알 수 있다. 그리고 한번은 그의 형수가 프랭클린의 편지에서 윗필드의 활동에 관한 이야기를 친구들에게 읽어 주면서 "친구들을 재미있게 해 주었다"고도 한다.

윗필드가 잉글랜드 귀족들에게 정기적으로 설교한다는 것을 알게 된 프랭클린은 그에게 이런 편지를 보냈다. "귀족들에게 설교할 기회를 자주 가지신다는 소식을 들으니 반갑습니다. 이들을 설득하여 선하고 모범적인 삶을 살게 할 수 있다면, 일반인들의 삶의 태도에도 놀라운 변화가 따를 것입니다.…"[14] 그의 편지는 이렇게 끝난

---

13 *Ibid.*
14 *Ibid.*, p.444.

다. "제 아내와 가족들도 선생님과 훌륭하신 윗필드 부인께 충심으로 안부를 전합니다. 친애하는 선생님, 저는 선생님의 다정한 친구입니다."

1740년에 프랭클린은 필라델피아에 아카데미를 세울 생각을 했으며, 윗필드의 설교 장소로 세워진 강당을 그 아카데미의 본부로 사용하고자 했다. 그가 아카데미의 커리큘럼과 조직에 관해 편지로 윗필드에게 자문을 구하자 윗필드는 이렇게 답장을 보내왔다. "선생의 기획안을 여러 번 꼼꼼히 읽어 보았습니다. 모두 찬성하리라고 믿어 의심하지 않습니다. 고상한 학문을 진작시킬 수 있도록 잘 짜인 커리큘럼이기는 한데, '알리퀴드 크리스티'(aliquid Christi, 그리스도에 관한 내용)가 부족하다고 여겨집니다.…"[15] 윗필드는 기독교가 예술과 학문의 토대가 되어야 하고 좋은 교사들도 필요하다고 조언하는 한편 이 계획 전반에 진심으로 공감한다는 뜻을 표했다.

그다음에 프랭클린에게서 온 편지를 보면 이들 두 사람이 한 가지 새롭고도 역사적인 과업에 마음을 합했음을 알 수 있다.

> 국왕께서 선생과 저 두 사람을 함께 고용해서 오하이오에 식민지 개척하는 일을 맡겨 주셨으면 좋겠다는 생각을 가끔 합니다. … 그 멋진 땅에 크고 강력한 신앙 공동체를 세워서 부지런히 일하는 사람들을 정착시킨다면 얼마나 영예로운 일이겠습니까! … 우

---

15 *Ibid.*, p. 445.

리가 그런 식민지를 개척해서 그리스도인으로서 좋은 본을 보인다면 이교도들에게 순전한 종교를 소개하기가 훨씬 더 수월하지 않겠습니까? 그 땅에서 이교도들이 흔히 보는 자들은 우리나라에서도 내놓은 사람 취급하는 저 사악하고 비열한 아메리카 인디언 상인들(Indian Traders)뿐이니 말입니다. … 그런 사업을 벌이면 저는 남은 인생을 즐겁게 보낼 수 있을 것입니다. 그리고 저는 하나님께서 우리에게 복을 내리셔서 성공하게 해 주실 것이라고 굳게 믿습니다.…[16]

프랭클린은 흔히 알려진 것처럼 늘 불가지론자였던 것은 아님이 분명하다.

1776년 프랭클린은 잉글랜드로 와, 아메리카 식민 주 편에서 인지 조례(Stamp Act)를 격렬히 반대하는 운동을 펼쳤다. 프랭클린은 이 일과 관련해 하원에서 심문을 받았는데 당시 그 자리에 있던 윗필드는 그때 일을 이렇게 말한다. "프랭클린 박사는 하원의 증인석에서 보여준 태도로 불멸의 영광을 얻었다. … 그는 전혀 두려워하지 않는 모습으로 당당히 서서, 친구들에게는 기쁨을 주었고 조국에는 경의를 표했다."

그러나 일부 아메리카인들은 프랭클린이 조국을 배반했다고 잘못 알고 있었기에 프랭클린의 친구 몇 명은 하원에서 그가 발언한

---

[16] *Ibid.*, p. 448.

내용을 책자로 출판할 계획을 세웠다. 펜실베이니아의 뛰어난 변호사 조지프 갤로웨이는 프랭클린의 아들에게 보내는 편지에서, 프랭클린을 옹호하는 사람으로 윗필드의 이름도 포함시켜야 한다고 말하면서 그렇게 하면 "인지 조례와 관련해 프랭클린의 행동에 대한 악의적 거짓말을 효과적으로 저지할 수 있을 것입니다. … 누가 감히 윗필드 씨의 권위를 부인하려 들겠습니까? 교회가요? 장로교인들이요?"라고 주장했다.

1770년 윗필드가 세상을 떠나자 프랭클린은 "저는 윗필드 씨와 삼십 년 이상 가까이 알고 지냈습니다. 그의 진실함, 사심 없는 태도, 선한 일을 행할 때의 그 지칠 줄 모르는 열심 면에서 그와 견줄 만한 사람을 본 적이 없고, 그를 능가할 사람도 절대 없을 것입니다"[17]라고 했다.

노년에 프랭클린은 윗필드와의 관계를 설명하는 글을 하나 썼다. 그러나 이때 그는 행동 기준에 어느 정도 변화가 있었던 데다가 어쩌면 자기 양심을 달래려고 그런 것인지, 전에 자신이 찬양하던 그 친구의 훌륭한 설교를 비판했다. 게다가 그는 이런 말도 했다. "윗필드 씨는 나의 회심을 위해 기도하곤 했다. 그러나 그 기도가 [하나님의 귀에] 들렸다고 믿을 만한 만족스러운 느낌은 없었다." 어쩌면 여기에 그의 태도가 변한 이유가 있는지도 모른다.

---

17   *Ibid.*, p. 453.

건물을 지을 때 윗필드가 유일하게 계산한 것은 "즐거운 소리"를 들으러 오는 영혼들이 그 사방 벽과 지붕으로 이뤄진 공간 안에 얼마나 많이 들어갈 수 있느냐 하는 것뿐이었다.

아, 그러나 토트넘 코트 로드 예배당 사방 벽 벽돌 하나하나에 구원의 소리와 구속받은 영혼들의 찬송 소리가 되울렸고 예배당 바닥이 회개하는 이들이 흘리는 눈물로 구석구석 적셔졌을 것을 생각하면 … 높은 아치와 채색 창문을 뽐내는 그 어떤 현대 고딕 양식 건물에서도 느끼지 못하는 경외감과 엄숙한 느낌이 든다.

조지프 벨처
George Whitefield: A Biography
(조지 윗필드 전기)
1850년경

21. 하나님을 위한 건물

더는 칼뱅주의 메소디즘 수장으로 일하지 않겠노라고 선포했음에도 사람들은 윗필드를 놓아주지 않으려 했다. 이들이 '장막' 목회자로 윗필드 아닌 다른 사람은 받아들이려 하지 않았기 때문에 윗필드는 하는 수 없이 계속 그 자리에 있으면서 그곳에 출석하는 많은 사람에게 설교도 하고 몇 가지 일을 감독하기도 했다. 이 일 외에 그는 웨일스와 스코틀랜드, 아일랜드 전역을 돌면서 설교했고 아메리카에도 몇 차례 다녀왔다.

그러나 1753년 그는 '장막' 건물을 새롭고 좀 더 영구적인 구조로 바꾸어야 할 필요성에 직면했다.

오래된 건물인 만큼 거기 얽힌 소중한 추억도 많았다. 처음 건축되었을 때(1741년) 이 건물은 윗필드에게 집회소 겸 사역 본부가 되어 주었다. 그는 이곳에 자신의 신부를 데려와 회중에게 소개시켰고, 바로 이곳에서 해리스와 세닉 두 사람 모두 몇 달 동안 능력 있는 사역을 펼쳤다. 그리고 런던에 머물 때면 윗필드는 몇 주간이고 이곳에서 설교하면서 자신의 사역에 하나님의 능력이 크게 임하여 수많은 죄인이 회심하는 광경을 목격하곤 했다.

새 건물이 필요하다는 사실은 1752년 그의 사역에 특별히 큰 은혜가 임하면서 더욱 확실해졌다. 윗필드는 "주님의 영광이 '장막'에 가득하다. 사람들이 새로운 각성에 이르렀다는 소식이 날마다 들려온다. … 두 번의 성찬을 장엄하게 거행했다"고 했다.

이리하여 그는 새 '장막'을 지을 계획을 세웠다. 몇 주 만에 1000파운드가 넘는 돈이 기부되었다. 그는 그 돈으로 주춧돌을 놓았고, 그렇게 해서 공사가 시작되었다. 공사가 진행되는 동안 그는 "1100킬로미터" 순회 설교 일정에 올랐다.

새 '장막'은 넓이가 740제곱미터에 이중 벽돌 구조물이었다. 준공식 때의 풍경을 그린 글에서는 이렇게 말한다. "'장막'은 사방의 회랑에 4천 명가량을 수용할 수 있었음에도 사방이 늘 숨 막힐 정도로 비좁았습니다. 그래도 그곳에서 … 주님께서는 이 사도적인 인물을 통해 … 은혜의 향기를 드러내셨습니다."

영어 속기(速記) 시스템의 아버지이자 "그리스도인들아 깨어라, 행복한 아침에게 문안하라"는 찬송을 지은 존 바이럼(John Byrom) 박사는 헌팅던 부인과 검리 대령, 그리고 윗필드와 함께한 시간에 대해 이렇게 이야기한다.

> 대령과 윗필드 씨, 그리고 나 세 사람은 헌팅던 부인이 내준 마차를 타고 이동했다. 대령과는 하이드파크 코너에서 작별했고 나는 윗필드 씨와 함께 '장막'으로 갔다.…
>
> 윗필드 씨는 단에 올라 설교했고, 나에게는 그의 바로 뒤편 좌

석을 마련해 주었다. 설교를 마친 뒤 그는 '장막' 바로 옆에 있는 자신의 아파트로 가서 저녁 식사를 하자고 청했다.

그래서 이 유명한 청년과 대화를 나눌 기회가 생겼다. 이런 기회는 난생처음이었다. 그는 아주 특별한 청년이었다. … 그의 '장막'은 3000명을 수용할 수 있는데, 그날 설교 때는 자리가 거의 다 찼던 것 같다.[1]

윗필드는 또한 "장막 회중이 예배에 쓸 수 있도록" *Hymns for Social Worship*(공중 예배용 찬송가)이라는 새 찬송집을 편찬 발행해서 '장막' 사람들의 찬양 생활을 도왔다.

'장막'에는 윗필드가 세상을 떠난 후에도 여러 해 동안 경건한 목사들이 계속 부임해 왔고 '은혜의 교리'가 이들 설교의 근간이었다. '장막'에 출석하는 젊은이 중에는 후에 유명 신학자가 된 데일(R. W. Dale), 남태평양의 에로망고(Erromango)에 선교사로 갔다가 순교한 존 윌리엄스(John Williams) 등이 있다.

이 건물은 116년 동안 쓰이다가 그 후 좀 더 작은 건물로 대체되었으며, 레너드 가(街)와 타버너클 가(街) 모퉁이에 있는 이 석조 건물은 지금까지도 남아서 인근 학교의 체육관으로 쓰이고 있다.

브리스톨 사람들 역시 윗필드와의 관계를 끊지 않으려 하면서 자신들을 여전히 '윗필드 공동체'로 여겼다. 이들은 전에 한 수도원

---

[1] *Whitefield: Life and Times*, Volume 2, p. 354.

식당으로 쓰이던 곳에서 집회를 가졌다.

브리스톨 교외에 집을 갖고 있던 헌팅던 부인은 1749년 이곳에 또 하나의 '장막'을 짓기 위해 기금을 모으기 시작했다. 체스터필드 경 부부가 기부하고 바스 백작도 기부했다. 바스 백작은 이 일에 대해 이렇게 말했다.

> 윗필드 씨의 설교가 좋은 결과를 낳았다는 소식을 들으니 진심으로 기쁩니다. … 그런 좋은 일에 기부할 수 있는 기회를 주시니 부인께 큰 빚을 지는 기분이며, 오류가 없는 섭리주의 손가락이 저기 먼 땅의 다른 사람들, 아직 미개하고, 거룩한 진리의 빛으로 축복받지 못한 사람들을 가리키고 있다는 강한 확신이 듭니다. … 우리 탁월한 친구의 섬김이 … 그 대단한 위업을 이루면, 아직 세상에 나지 않은 세대들도 죄인 된 인류에게 보이신 그 놀라운 선하심에 대해, 우리로 하여금 너그러운 마음을 갖게 한 온유하신 하나님을 향해 감사가 차고 넘치게 될 것입니다.…[2]

브리스톨 '장막'은 펜(Penn) 가(街)의 사교계 사람들이 많이 모이는 구역에 세워졌다. 건물이 완성되던 날 윗필드는 이렇게 말했다. "주일에 새 '장막' 건물을 공개했다. 크긴 하지만, 필요한 크기의 절반 정도밖에 안 된다. 수용 규모는 아마 런던 건물 정도일 듯하다."[3]

[2] *Life and Times of Countess of Huntingdon*, Volume 2, p. 379, *Whitefield: Life and Times*, Volume 2, p. 358.

지난번에 지은 학교 건물을 웨슬리가 차지하자 윗필드와 세닉이 또 다른 건물을 지었다는 것은 앞에서 살펴보았다. 브리스톨을 찾는 사람들은 아직까지 남아 있는 그 학교 건물을 보고 그곳이 윗필드의 브리스톨 '장막'이라고 생각하는데, 사실 '장막'은 다른 구역에 있었으며 크기도 훨씬 컸다. 이 건물은 한 세기 이상 쓰이다가 철거되었다.

1755년 한 해 동안 런던에서 윗필드는 전 생애를 통틀어 가장 극심하고 지속적인 박해를 겪었다.

그는 국교회 반대파의 집회소인 롱 에이커 예배당(Long Acre Chapel)을 사용해도 좋다는 제안을 받았다. 그 예배당이 있는 지역에 복음을 전할 수 있기를 오랫동안 고대해 왔던 터라 윗필드는 일주일에 두 번씩 그곳에서 설교하기 시작했다.

그러나 그가 설교하는 동안 예배당 밖에서 큰 소동이 벌어졌다. 폭도들이 몰려와 건물을 에워싸고는 끊임없이 소동을 피웠으며 어떤 자들은 인근 사유지에 단을 세워 놓고는 예배 때마다 그곳에 올라가 주변을 아수라장으로 만들기까지 했다.

윗필드의 설교를 듣고 한 극장주가 양심의 가책을 받고 극장을 철거하자 연극인들이 이에 앙심을 품고 이런 소동을 일으킨 것도 사실이지만, 이런 소동에는 또 다른 원인이 있었다. 그 즈음 프랑스와 잉글랜드 사이에 전쟁이 벌어졌는데, 프랑스는 조지 왕을 폐위시키고 이들이 선택한 다른 왕을 세울 작정이었다. 그리고 잉글랜

3   *Ibid.*, p. 359.

드인 중에는 이 계획에 찬동하는 사람들도 있었다. 더구나 당시 상황은 프랑스 군대가 언제 잉글랜드 해안에 상륙할지 모르는 긴박한 상황이었다. 이런 와중에서 윗필드는 "의도적 침략의 공포에 즈음하여", '모든 교파의 교인들에게 드리는 짤막한 말씀'이라는 글을 발표했다. 이 글에서 윗필드는 국왕에 대한 충성을 선언했으며 잉글랜드와 국왕을 든든히 지지하는 분위기를 조성하려고 애썼다. 이 소책자는 큰 호응을 불러일으켰으며 전에 윗필드를 적대하던 사람들도 찬사를 보냈다. 그러나 이 책자는 롱 에이커에서 윗필드를 박해하던 사람들이 그에게 더욱 악의를 품는 계기가 되었다.

이 글을 발표하고 난 뒤 윗필드는 암살 위협이 담긴 익명의 편지를 세 통이나 받았다. 그는 이 협박 사건을 사법 당국에 알렸고 당국은 이 일을 왕에게 고했다. 왕은 공식 포고를 내려 범인에 관한

삽화 21-1 토트넘 코트 예배당

정보를 제공하는 자에게는 포상을 하겠다고 했다.

자신에 대한 적대감이 이렇게 공개화되자 윗필드는 롱 에이커에서 영구적으로 사역하기는 불가능하다는 판단을 내렸다. 그러나 그곳에서 그가 인도하는 예배에는 여전히 많은 회중이 모이고 있었다. 그래서 그는 이들이 모일 수 있는 집회소를 짓기로 했고 그곳에서 어느 정도 떨어진 곳에 위치도 물색해 두었다. 그곳은 토트넘 코트 로드에 있는 시골 지역으로, 윗필드는 즉시 이곳에 큰 예배당을 짓기 시작했다.

예배당은 너비 20미터에 길이가 38미터였고 삼면에 회랑이 두 개씩 설치되었는데 당시 비국교회 예배당으로서는 세계 최대 규모였음에 틀림없다.

윗필드와 그의 아내는 계속 '장막' 부속 사택에서 기거했지만, 새 예배당 뒤편에도 사역자를 위한 사택과 방이 열다섯 개인 구빈원을 지었고, 그 방은 가엾은 과부들에게 무료로 할당했다.

예배당 지하에는 납골당도 지었다. 윗필드는 자기 부부와 그 예배당 목회자들이 죽으면 그곳에 묻으라고 할 계획이었다. 그리고 그는 그 지하 납골당이 자신과 웨슬리 형제의 연합을 상징하는 것이 되기를 원했다. 웨슬리의 사역 본부는 여전히 옛 대포 공장 자리에 있었는데, 윗필드는 교인들에게 이렇게 말했다.

> 이 예배당 지하에 납골당을 만들었습니다. 나중에 제가 죽으면 거기 묻힐 작정이고, 존과 찰스 웨슬리 씨도 거기 묻힐 것입니다. 우

리가 다 거기 함께 누울 것입니다. 여러분은 그 두 분이 살아 있는 동안에는 이 예배당에 발을 못 들이게 하실 테죠. 하지만 그 두 사람도 죽어서는 여러분에게 아무 해도 못 끼칠 것입니다.[4]

롱 에이커의 예배당에 출석하던 사람들 대다수가 이제 이 새 예배당으로 출석했고, 헌팅던 부인의 저택 응접실에서 드리는 예배에 참석했던 귀족들 다수도 이 예배당으로 왔다.

탁월한 천재와 훌륭한 의원들, 지혜와 도량과 웅변술이 빛나는 당대의 쟁쟁한 인물들. 당시 토트넘 코트 로드 예배당과 '장막'에서 만날 수 있었던 사람들이다. 이런 쟁쟁한 사람들로 이뤄진 회중의 면모를 자랑할 만한 곳은 이곳 말고는 별로 없었다.[5]

조각가 존 베이컨도 이 새 예배당의 교인이었는데, 그는 윗필드의 대리석 조각상을 제작해서 윗필드에 대한 찬탄을 표현했다. 유명한 배우 에드워드 슈터도 자주 그 예배당에 출석해서, 윗필드를 모방하면서 연기력을 다듬곤 했다. 체스터필드 경도 자주 출석하고 있었다. 윗필드가 한번은 죄인의 참상을 늙고 눈먼 거지에 비유하여 설교한 적이 있다. 거지 노인은 작은 개 한 마리를 줄에 묶어 데리고 다니고 지팡이를 땅에 두드려 가면서 길을 찾는다. 그런데 노

---

4   Ibid., p. 387.
5   Ibid.

인의 바로 앞에 큰 웅덩이 하나가 입을 벌리고 있다. 웅덩이 가장자리에 이르렀을 때 노인은 손에 잡았던 개 줄을 놓치고 만다. 게다가 지팡이마저 손에서 미끄러지자 그는 지팡이를 찾으려고 비틀거리며 앞으로 간다. 이야기가 여기에 이르자 머릿속으로 그 광경을 상상하며 듣고 있던 체스터필드가 갑자기 벌떡 일어나면서 소리쳤다. "맙소사, 노인이 빠져요! 빠진다구요!"

새 '장막'과 예배당을 지으면서 윗필드가 더 큰 짐을 지게 되었다는 것 또한 알아야 한다. 조지아의 고아원 말고도 이제 그는 런던에 있는 두 곳의 대형 교회를 돌봐야 했고 게다가 잉글랜드와 웨일스와 스코틀랜드를 돌아다니며 순회 사역을 해야 했다. 주고받는 편지의 양도 엄청났고, 끊임없이 그를 찾아와 "구원받으려면 어떻게 해야 합니까?"라고 묻는 수많은 사람도 도와야 했다. 그러나 윗필드는 주님께서 주시는 힘으로 이 모든 일들을 감당해 나갔으며 그리스도 안에서 늘 승리감을 만끽했다.

이 새 예배당은 한 세기 남짓 존속하다가 대대적으로 보수되었다. 처음 지었을 때보다 훨씬 작게 개축된 이 예배당은 제2차 세계대전 때 파괴되었다. 후에 재건되어 출입문 위에 '윗필드 기념 예배당'이라는 현판이 달리기도 했지만, 그 명칭은 후에 바뀌었고 지금은 '런던 미국인 교회' 건물로 쓰이고 있다.

그 긴 세월 동안 그 영광스러운 경주를
그는 달렸다. 뒤돌아보는 일 없이, 속도가 느려지는 일 없이
이미 이룬 일은 잊고
아직 시작하지 못한 일만을 향해
위에서 부르신 부름의 상을 위해 그는 박차를 가했다.
맹렬한 믿음으로 하늘에 이르러
낙원에서 그의 주님을 알기 위해.

찰스 웨슬리
An Elegy on the Late Rev George Whitefield
(고 조지 윗필드에게 바치는 애가)
1770년

22. "주님의 일을 하느라 지쳐 있기는 하지만 싫증 나지는 않습니다"

윗필드 생애의 마지막 십 년간(1760~1770년)은 그가 실질적으로 육신의 질고에 시달린 기간이기는 했지만, 언제라도 설교할 기회만 생기면 신속히 기력을 되찾고 육체적·영적으로 힘 있게 말씀을 선포하곤 하던 시간의 연속이었다. 이러한 과정이 그의 마지막 십여 년의 특징이었다.

윗필드는 평생 건강이 썩 좋은 편은 아니었고, 일찍이 1748년부터 몸에 이상이 있다는 징후가 분명히 나타났다. 당시 윗필드는 스코틀랜드에서 설교 중이었는데, 날씨는 사납고 바람은 거센데도 "거대 회중이 다 들을 수 있도록 무리해서 큰 소리를 내느라 목이 쉬고 감기까지 들었다." 런던으로 돌아오면서 그는 "너무 무리했다는 생각이 들었다. 호흡할 때도 통증이 느껴진다"라고 했다.[1]

그 이후 그는 줄곧 이런 상태였다. 그때부터 그는 눈에 띄게 병약해지기 시작했다. 이 같은 상태는 유달리 사람들이 많이 모였을 때 이들이 다 들을 수 있도록 큰 소리를 내느라 애쓴 후 '엄청난 양의

---

1   Gillies, *Memoirs of Whitefield*, p. 226.

각혈'을 한 것과 연관이 있는 듯하다. 그 이후 여러 달 동안 그의 건강은 계속 나빠졌고, 1757년경에는 그의 첫 번째 전기(傳記) 작가가 말하다시피, "겨울철에 새 예배당과 '장막'을 오가느라 건강을 크게 해쳤다. 계속되는 각혈 때문에 힘들었고, 잠도 잘 못 잤으며 식욕도 없었다. 그래도 그는 할 수 있는 한 일을 계속했다."

이즈음 한 가지 사건이 있었는데, 이 사건은 다른 무엇보다도 윗필드가 자신을 위해 물질을 얻으려 하는 사람이 아니라는 것을 확실히 증명한 사건이었다. 그 사건이란, 상당한 재산가인 스코틀랜드 여인 헌터(Hunter) 양이 그에게 전 재산을 다 주겠다고 한 것이었다. 윗필드는 이 제안을 거절했다. 그러자 헌터는 고아원을 위해 그 재산을 희사하겠다고 했다. 그러나 그는 이 제안 역시 받아들이지 않았다. 왜 거절했는지 이유는 알려져 있지 않으나, 이 사건은 그의 첫 번째 전기 작가인 스코틀랜드 사람 존 길리스 박사가 기록하고 증언했다.[2]

1756년부터 잉글랜드는 프랑스와 7년 전쟁에 접어들었으며, 이 때문에 윗필드는 아메리카에 갈 수가 없게 되었다. 대양(大洋)을 건너는 여행은 그에게 별로 위안을 줄 일은 없었지만, 그래도 몸과 마음의 긴장을 풀고 쉴 수 있는 시간을 제공해 주었다. 그는 다시 항해할 수 있기를 갈망했지만, 어쩔 수 없이 잉글랜드에 머물면서 계속 수고했으며 겨우내 예배당과 '장막'을 오가며 설교했다. 그리고

---

2   *Ibid.*, p. 231.

그해 나머지 기간에는 여전히 그 두 곳 업무를 책임지며 강단에서 설교도 자주 하는 한편, 잉글랜드 전역의 섬들을 순회하며 보냈다.

그러나 1760년 초, 윗필드는 몸이 너무 허약해져 설교를 할 수 없을 정도가 되었음을 깨달았다. 사실상 환자가 되어 버린 것이다. 브리스톨로 가서 건강에 좋다는 물을 마셔 보기까지 했으나, 모든 것이 소용없었다. 의사는 "물집이 생기게 하는 고약을 계속 발라 보라"라고 처방했지만, 그는 "내가 계속 설교할 수 있게 해 달라"라고 대답했다.

윗필드가 그런 상태였음에도 일부 사람들은 그를 유독 원한의 대상으로 삼았다.

당시 유명 배우 새뮤얼 푸트(Samuel Foote)가 *The Minor*(하류)라는[3] 각본을 써서 드루어리 레인(Drury Lane) 극장에서 공연했다. 이 연극은 윗필드를 추잡한 웃음거리로 만들었다. 윗필드의 눈 생김새를 조롱하여 '사팔뜨기 박사'(Dr. Squintum)라고 이름 붙인 인물이 나왔고, 그 외 '뻔돌이', '꾀쟁이', '콜 부인' 등의 인물이 등장했다. 연극에서 늙은 포주 콜 부인은 "윗필드 씨가 '장막'에서 나를 연마용 가루로 북북 문질러 닦아 깨끗하게 해 주었지요"라고 말한다. 이 여인은 큰 목소리로 자신의 회심을 고백하나, 과거와 다름없이 지저분한 생활을 계속한다. 이 연극에 대해 타이어먼은 "시종일관 외설스러운 내용뿐"이라고 했으며, 런던에서 발간되는 한 잡지는 "메소

---

[3] *Whitefield: Life and Times*, Volume 2, pp. 407-409.

삽화 22-1 사팔뜨기 박사의 설교

디스트들의 위대한 지도자를 겨냥하는 풍자적 표현은 … 말도 안 될뿐더러 윗필드 씨에게는 상당히 부당한 처사"[4]라고 논평했다.

윗필드는 푸트에 대해 분명한 언급을 하지 않았다. 그러나 언젠가 천국에 대해, 그리고 자신이 얼마나 그곳에 가고 싶어 하는지에 대해 설교하면서 "거기서는, 거기서는 불경한 발(foot)이 성도를 짓밟지 못할 것입니다!"라고 했는데, 이는 푸트를 두고 한 말인 듯하다.

*The Minor*는 흥행에 성공해서 재공연을 거듭했고 모방 작품까

---

[4] *Ibid.*, p. 407.

지 나왔다. 푸트는 세 곳의 주요 극장에서 이를 공연했고, 다른 극작가들도 비슷한 작품을 써서 여러 공연장에서 무대에 올렸다. 게다가 윗필드에게 일어난 가상적 사건을 소재로 음탕한 내용의 노래까지 만들어졌으며, 그에 관한 수많은 외설적 이야기들이 사람들의 입에 오르내렸다. 거리에 나설 때마다 어린아이들이 그 음탕한 노래를 부르고 어른들이 근거 없는 소문으로 그를 조롱하는 소리가 들려왔다.

그러나 이런 일들의 결과로, '장막'과 예배당에 몰려드는 사람들이 오히려 더 많아졌다. 야외에서 설교할 때 모인 회중보다도 더 많았다. 윗필드가 오랫동안 감내해 왔던 박해가 사실상 바로 이때 상당히 많이 잦아들었다.

사람들이 자신을 그렇게 비열하게 대하고 거짓 소문을 퍼뜨리는 것 때문에 속으로 많이 고통스러웠을 것이 틀림없지만, 그래도 그는 힘닿는 데까지 계속 열심히 사역했다.

이 당시 윗필드는 유럽에 있는 몇몇 그리스도인들을 돕고 있었다. 이때 러시아가 독일과 전쟁 중이었는데, 몇몇 독일 목회자들이 자기 교인들이 잔인한 코사크 군인들에게 고통당하고 있다고 알려왔다. 윗필드는 이 일을 교인들에게 알린 후 그 독일인들을 돕기 위해 헌금 450파운드를 모아서 보냈다. 이 일을 알게 된 프러시아 왕은 자신과 자신의 백성들이 이 일에 진심으로 감사하고 있음을 편지로 알려 왔다.

그러나 이러는 중에도 윗필드의 건강은 점점 악화되었고, 1761년에는 거의 죽음의 문턱까지 갔다. 그러나 병상에서 일어날 수 있게 되자마자 그는 런던을 벗어나 브리스톨과 플리머스로 가서 사역했다. 그러나 곧 런던으로 돌아가야 했고, 런던에 돌아가자마자 '장막'과 예배당 일이 그를 짓누르기 시작했다.

해상 여행을 하면 도움이 될 것 같았지만, 전쟁 때문에 대서양 항로는 여전히 막혀 있었기에 윗필드는 네덜란드의 초청을 받아들였다. 배를 타고 네덜란드에 간 그는 언어가 다른 탓에 많은 회중을 모으지는 못했지만, 그런데도 통역자를 대동하고 다니면서 몇몇 도시에서 설교했다.[5]

네덜란드에서 한 달간 지내는 동안 건강이 좋아지자 그는 잉글랜드로 돌아왔고, 그 즉시 고된 사역에 착수했다. 노리치(Norwich)에서 설교하는 동안 그는 '선지자의 방'(prophet's chamber)에 머물렀는데, "불결하고 냄새나는 이부자리에 누워 벼룩에게 물어뜯겼다"고 한다.[6] 윗필드는 유달리 깔끔하고 청결한 사람으로, 그의 집은 당시 잉글랜드의 모든 집에 들끓던 이 골칫덩어리 해충이 없는 것으로 유명했다.

1762년 말 전쟁이 끝나자 윗필드는 즉각 아메리카로 갈 계획을 세웠다. 그는 예배당과 '장막'을 유능하고 신실한 신탁위원인 킨(Keen)과 하디(Hardy), 베크먼(Beckman)의 손에 맡겼다. 또한 스코틀랜드를 다시 한번 방문해서 통산 열세 번째 방문을 기록했고, 스

---

5   *Ibid.*, p.419.
6   *Ibid.*, p. 420.

코틀랜드에 있는 동안 "내 변변찮은 육신 장막은 하루에 한 번씩 내 복음의 보좌에 올라갈 수 있을 정도로 많이 회복되었다. 아마 바닷바람 덕분에 조금 기운이 난 것 같다"고 했다. 존 웨슬리도 이때 스코틀랜드에 있었는데, 윗필드를 찾아가 보고 나서는 "인간적으로 말해 그는 이제 기력을 다 잃었다. 그의 몸은 회복될 수 없을 정도로 나빠져 있다"라고 했다.

1763년 8월 드디어 윗필드는 아메리카로 갔다. 여섯 번째 방문이었다. 지난번 방문 이후 팔 년 세월이 흘렀고 그의 외모도 많이 변해 있었다. 안색에는 지친 흔적이 역력했고 몸도 비대해져 있었다. 그러나 사람들은 떨 듯이 기뻐하며 그를 환영했고, 항구를 벗어나 베데스다로 가면서 그는 "가는 길에 만나는 사람마다 한결같이 '그리스도를 위해 여기 머물면서 우리에게 설교해 달라!'라고 소리쳤다"라고 했다.

그는 친구들이 고아원 운영을 위해 마련해 준 농장에서 나오는 수입으로 "베데스다의 밀린 빚을 모두 갚을 수 있었다." 그는 사택과 학교가 더할 나위 없이 질서 있게 운영되고 마당도 아름답게 가꾸어져 있는 것을 보고 큰 기쁨과 만족을 느꼈다.

윗필드는 다시 광범위한 순회 설교 여정에 나섰다.

코네티컷에 머무는 동안 그는 엘리에이저 윌록(Eleazar Wheelock) 목사가 아메리카 인디언 소년들을 위해 운영하는 학교를 방문했다. 그는 재능 있는 젊은 아메리카 인디언 설교자 샘슨 오컴(Samson Occum)이 학교를 대표해 잉글랜드를 방문하면 좋겠다고 윌록에게 제안했고, 삼 년 후 이 계획은 실행에 옮겨졌다. 잉글랜드를 찾은 오컴은 아메리카 인디언 학교를 위해 12,500파운드의 기부금을 받았다.[7] 이때 윗필드는 "정말로 점잖으신 다트머스 경께서 이 일에 진심 어린 지지를 보내 주었고 국왕 폐하도 기부자가 되어 주셨다"라고 했다. 다트머스는 칼뱅주의자로서 윗필드의 특별한 친구였으며, 윌록의 학교는 후에 다트머스 대학이 되었다.

윗필드는 이번 아메리카행에서 특별한 목적을 염두에 두고 있었다. 베데스다를 창설할 때부터 그는 부속 대학을 세울 계획이었는데, 이제 그 계획을 실행에 옮기고자 했다. 조지아에 머무는 동안 그는 베데스다의 역사를 밝히는 *Memorial*(연대기)를 작성해서, 이 식민 주에 대학이 필요하며 자신의 구상대로 학교를 세워 운영하면 그 필요가 채워질 것이라고 말했다. 조지아 주 총독은 이 계획에 전적으로 찬동했고 이에 윗필드는 학교 설립을 위한 채비를 완료하고 설립 허가장을 받기 위해 곧 잉글랜드로 돌아갔다. 1765년 7월 5일 그는 잉글랜드에 도착했다.

그러나 잉글랜드 정부 관리는 윗필드의 학교 설립 허가 신청이 종교 관계 일이라는 이유로 이 청원을 캔터베리 대주교에게 회부했다. 대주교는 조지아에 대학을 세운다는 생각에는 의견을 같이했으나 이 학교를 잉글랜드 국교회 소속 기관으로 운영해 주기를 요구했다. 윗필드는 고아원이나 이 설립 예정 대학의 최대 기부자가

---

[7] *Ibid.*, pp. 459, 460.

비국교도들이라는 이유로, 그리고 이 학교는 초교파적 기반 위에 세워져야 한다는 이유로 그 요구에 응하지 않았다.[8]

윗필드는 뉴저지 대학(후에 프린스턴 대학이 됨)이 뉴저지 주(州)로부터 설립 허가장을 받았다는 사실을 알고 자신도 조지아에서 그렇게 해 보기로 했다.

잉글랜드에서의 이 시절, 윗필드는 사실상 환자나 다름없는 상태임에도 사역을 계속했다. 그런데 한 가지 불행한 일이 생겼다. 윗필드의 설교를 들으러 오던 조지프 거니(Joseph Gurney)라는 사람이 윗필드의 수요일 저녁 담화 열여덟 편을 속기(速記)로 받아 적어 "윗필드의 설교"로 출판한 것이다.[9] 그런데 그것은 설교라기보다 사람들과 두서없이 나눈 대화에 가까운 데다가, 속기로 받아 적을 때도 잘못 쓴 부분이 많았다. 이 책을 받아 본 윗필드는 크게 충격을 받고 절대 출판되어서는 안 되었었다고 선언했다. 윗필드의 신탁위원들은 "이 설교들은 거기 표현된 정서(情緖)나 문체로 볼 때 윗필드 씨의 것이 아니다"라고 주장했다.

그러나 이 "열여덟 편의 설교"는 저렴한 가격으로 그 후 한 세기 동안 재판(再版)을 거듭했고, 많은 사람이 이 설교집을 유일한 자료 삼아 윗필드의 설교가 어떠했는지를 짐작하곤 했다. 후에 이 설교들은 당시 널리 유포되던 "조지 윗필드의 설교 75편"에 합본되었으

---

8   *Ibid.*, pp. 456, 457.
9   *Eighteen Sermons by the Rev. George Whitefield*, "Recorded and Transposed by Joseph Gurney" (London, 1770).

며, 이렇게 해서 이 설교들 때문에 대중은 윗필드의 설교에 대해 더욱 그릇된 이미지를 갖게 되었다.

이 당시(1768년) 윗필드는 헌팅던 부인의 예배당 세 곳을 개척했으며 부인이 웨일스의 트레베카에 젊은 사역자들을 위해 세운 대학을 개교했다. 그는 부인의 응접실에 모인 귀족들에게 자주 설교했으며, "구세주의 발 앞에 좀 더 많은 면류관이 놓일 것 같다"라고 말했다. 다양한 작위의 이 귀족들은 전문 직업을 가진 몇몇 사람들과 더불어 토트넘 코트 로드 예배당에 정기적으로 출석하는 사람들이었다. 몸이 안 좋아 사실상 설교를 할 수 없던 사람의 노고가 이 정도였다!

1769년에 윗필드는 일곱 번째이자 마지막으로 아메리카를 방문했다. 대서양은 열세 번째로 건너는 셈이었다. 항해는 길고도 힘난했으나 항해 기간 동안 그는 몸에 새 힘을 충전할 수 있었다.

서둘러 베데스다로 간 윗필드는 "모든 일이 아주 잘 진척되고 있는 것을" 보았다. 총독은 주(州) 의회법에 따라 '조지아 대학'을 설립할 채비를 갖췄고, 윗필드는 고아원 좌우편에 마치 날개처럼 두 동(棟)의 넓은 건물을 짓게 했다. 베데스다에서 그는 더할 수 없이 행복했다. 그는 남은 생을 그곳에서 보내고 싶어 했을 것이 틀림없다.

그런 소원에도 불구하고 윗필드는 다시 복음 선포하는 일에 착수했다. 윗필드는 사실상 어느 곳을 가든 존경과 사랑을 받았고, 가는 곳마다 "각계각층 사람들이 여느 때처럼 많이 모여들었다." 필라델피아와 그 주변에서 5주 동안 설교한 뒤 그는 뉴욕으로 갔다.

"이번 달에는 900킬로미터 넘게 순회했고 더운 날씨에도 돌아다니며 설교할 수 있었다. 사람들이 아주 많이 모였다. … 목회자와 일반인들의 초청이 쇄도한다." 이 순회 기간 동안 그는 뉴잉글랜드 거의 전역을 다녔고 심지어 캐나다까지 가려고 했다. 그러나 뉴햄프셔에 머무는 동안 몸이 너무 안 좋아 여정을 이어 갈 수 없는 상태가 되었고, 그래서 마지못해 남쪽으로 방향을 돌렸다. 그는 지상에서 그리스도를 섬기는 일을 종결지어야 할 지점으로 점점 다가가고 있었다.

1770년 9월 29일, 보스턴으로 가는 길에 그는 엑서터 마을에 닿았다. 원래는 그냥 통과할 생각이었으나 많은 사람이 그에게 몰려들어 잠시 머물면서 설교해 달라고 막무가내로 졸랐다. 그런데 들판 한가운데 급히 설교단이 마련되고 윗필드가 그 단으로 다가가는 모습을 보고 한 노신사가 "선생, 설교보다는 침대로 가서 눕는 게 좋겠소"라고 했다. 그러자 윗필드는 "옳습니다. 선생님" 하고는 고개를 돌려 하늘을 올려다보며 말했다.

> 주 예수님, 제가 주님의 일을 하느라 지쳐 있기는 하지만 그 일이 싫증 나지는 않습니다. 아직 제 갈 길을 다 간 것이 아니라면, 들판에서 세 번만 더 설교하며 주님의 진리를 인(印) 친 뒤 집에 돌아가 죽게 하소서.[10]

---

10 *Memoirs of Whitefield*, p. 270.

이때 이곳에 있었던 또 다른 신사는 이렇게 말했다.

> 윗필드 씨는 일어나 꼿꼿이 섰으며, 그런 외양만으로도 한 편의 힘 있는 설교가 되었다. 그는 몇 분간 아무 말도 못하고 서 있다가 이렇게 말했다. "하나님의 은혜로운 도우심을 기다리겠습니다.…"
>
> 그러고 나서 그는 어쩌면 생애 최고로 손꼽힐 설교를 했다. "저는 갑니다." 그는 그렇게 외쳤다. "저를 위해 예비된 안식으로 들어갑니다. 저의 태양이 떠올라, 하늘에서 오는 도움으로 많은 이들에게 빛을 비추었습니다. 이제 해가 지려고 합니다. 아니 불멸의 영광 그 절정으로 떠오르려고 합니다. 이 땅에서는 저보다 오래 사는 사람이 많겠지만, 천국에서는 저보다 오래 살지 못할 것입니다.
>
> 오, 얼마나 거룩한 생각인지요! 저는 이제 곧 시간도, 나이도, 고통도, 슬픔도 모르는 세상에 있게 될 것입니다. 제 육신은 쇠하나 제 영혼은 번성합니다. 얼마나 기꺼이 그리스도를 전파하는 삶을 살려 했는지! 그러나 저는 그분과 함께 있기 위해 이제 죽습니다!"[11]

이날 윗필드의 설교 본문은 "너희는 믿음 안에 있는가 너희 자신을 시험하고"라는 말씀이었다. 두 시간 동안 이어진 이 설교는 "명료하면서도 비장감 있게 거침없는 달변으로 전달되었기에", 윗필

---

11   Joseph Belcher, *A Biography of George Whitefield* (New York, 1857), p. 455.

드에게 들은 설교 중 가장 훌륭한 설교였다고 많은 청중이 입을 모아 말했다.[12]

있는 힘을 다해 이렇게 설교를 마친 뒤 윗필드는 뉴베리포트(Newburyport)의 올드 사우스 장로교회 조너선 파슨스 목사의 집에 도착했다. 식구들이 저녁을 먹고 있었지만, 윗필드는 고단해서 잠자리에 들어야겠다고 했다. 그러나 그가 계단참에 올라서자 문이 열리면서 밖에 모여 서 있던 사람들이 들어와, 또 설교를 해 달라고 간절히 요청했다. 윗필드는 손에 촛불을 들고 잠시 그대로 서 있다가 초가 다 타서 꺼질 때까지 그리스도를 설교했다. 그 촛불은 그의 생명을 상징하는 것 같았다. 그의 생명 역시 다 타서 빠른 속도로 죽어 가고 있었기 때문이다.

이 순회 전도 때 그와 동행했던 청년 리처드 스미스의 말에 따르면 윗필드가 새벽 두 시에 잠이 깨었고 숨을 헐떡이는 것 같았다고 했다. "오늘 설교하면서 땀을 좀 흘리면 편안해질 거야. 설교하고 나면 좋아질 거야." 그는 그렇게 말했다. 스미스가 설교를 그렇게 자주 하시지 말았으면 좋겠다고 하자 윗필드는 "녹슬어 없어지기보다는 닳아서 없어지는 게 더 낫다"라고 했다.

새벽 네 시에 다시 깨어난 윗필드는 침대에서 나와 창문을 열고는 "숨이 막히는 것 같아, 숨을 쉴 수가 없어"라고 했다. 파슨스 목사가 들어왔고 스미스는 의사를 부르러 갔다. 그러나 "돌아왔을 때,

---

[12] Gillies, *Memoirs of Whitefield*, pp. 271-274, *Whitefield: Life and Times*, pp. 504-506.

저는 선생님의 얼굴에서 죽음을 보았습니다. 눈동자가 움직이지 않았고, 숨을 몰아쉴 때마다 아래 입술이 안쪽으로 말려들어갔습니다."라고 스미스는 말했다.

1770년 9월 30일 주일 아침 일곱 시, 조지 윗필드는 지상에서의 모든 싸움을 마쳤고, 그의 영혼은 하나님의 존전으로 날아갔다. 그는 하나님께서 은혜로 예비하신 땅, 오랫동안 열망해 온 땅, 그 자신이 수없이 많은 사람에게 가르친 그 땅으로 들어갔다. 그는 많은 사람에게 슬픔을 남기고 정말로 '육신을 떠나갔지만', 하늘의 천군 천사에게는 헤아릴 수 없는 기쁨으로 영접받으며 그리스도와 함께 있게 되었다. 그것은 훨씬, 훨씬 더 좋은 일이었다. 흔히 인용되는 버니언(Bunyan)의 말 한마디가 그의 일생을 잘 나타내 줄 듯하다. "그리고 모든 나팔이 세상 저편에서 그를 위해 울렸도다."

삽화 22-2 윗필드의 죽음

(아침 일곱 시에 일어나 몸을 뒤척일 때마다 나는 윗필드가 새벽 네 시부터 일어나 활동했다는 사실을 떠올리곤 한다. 그 이른 시각에 일어난 그는 먼저 성경을 읽고 기도하고 하나님을 찬양하며 잃어버린 뭇 영혼들과 구체적으로 몇 사람을 위해 기도하면서 하나님과 교제하는 시간을 가졌다.

그리고 다섯 시가 되면 사실상 하루도 빠짐없이 수많은 사람에게 설교했다. 회심한 노예 상인 존 뉴튼은 "새벽 다섯 시, 마치 연극 공연이 있는 날 밤의 헤이마켓처럼 무어필즈에 횃불이 환하게 밝혀진 것을 보았다"라고 했다. 일곱 시가 되면 윗필드는 복음을 전하러 나서거나 편지를 쓰거나 영적 조언을 구하려고 일찌감치 찾아온 사람을 만나곤 했다.)

23. 영원히 기억되는 윗필드

10월 2일 화요일, 비길 데 없는 이 복음 전도자의 장례식이 매사추세츠주 뉴베리포트 제일장로교회에서 거행되는 순간, 사람들은 흐르는 눈물을 주체하지 못했다. 예배는 어쩔 수 없는 슬픔 가운데 진행되기는 했지만, 조지 윗필드가 '주님과 함께 있다'는 확신을 다시 한번 체험하면서 그리스도인다운 승리의 기쁨이 넘치는 예배이기도 했다.

윗필드는 자신이 외국에서 죽거든 잉글랜드에서 공식적으로 장례식을 치르되, 집례는 존 웨슬리가 해 주면 좋겠다고 신탁위원 킨(Keen)에게 당부했었다. 그에 따라 웨슬리는 먼저 토트넘 코트 로드 예배당에서, 그리고 이어서 '장막'에서 설교하면서 친구 윗필드의 뛰어난 자질과 업적에 애정 어린 찬사를 보냈다. 웨슬리는 특히 윗필드의 적극적 사역, 그의 온유함, 자비심, 다정함, 정결함, 용기를 언급했다. 그리고 "다른 사람이 그토록 많은 청중을, 그토록 많은 죄인을 불러 회개에 이르게 했다는 말을 읽거나 들어 본 적이 있습니까?"라는 물음으로 설교를 끝맺었다. 그 외에도 세계 각처에서 여러 친구들이 윗필드의 능력, 열심, 탁월한 구령(救靈) 활동에 대해 말과 글로 찬사를 보냈다.

윗필드를 가장 잘 아는 사람임에 분명한 찰스 웨슬리는 536행에 달하는 "고(故) 조지 윗필드에게 바치는 애가"를 지었다. 찰스는 윗필드와 결별해 있던 기간에도 그의 도량과 친밀한 우애의 영향을 받았으며, 그가 시(詩)의 형식을 빌려 그에게 보낸 찬사에서 자세히 말한 것은 바로 그런 자질들, 그리고 자신을 돌보지 않고 끊임없이 수고한 것과 그의 탁월한 설교였다. 그 시는 앞에서 일부 살펴보았는데 이제 다음 구절들을 좀 더 주목해 보자.

모든 인류를 사랑했던 사람,
　　그리스도를 높이고 귀한 영혼들을 구원하는 일에 삶을 바쳤네
나이도 질병도 잠재우지 못했네
　　양 떼를 먹이고 주님의 뜻을 섬기고자 하는 그의 열심을.
고통과 더불어 지냈고 노고는 그치지 않았지만
　　그는 계속 힘써 일했네, 놓여나기를 바라지 않으며.
천국에서 환영받기를 날마다 기다리고
　　육신이 소멸되어 주님 만나기를 갈망했지만
그래도 그는 기이하게 살아갔지, 알지 못할 방법으로
　　불멸의 죽음 가운데서, 수고를 다 마칠 때까지.
마지막 숨조차도 그리스도를 위해 쉴 수 있기를,
　　생명과 수고가 함께 끝나기를 바라며.[1]

1　*The Journal of the Rev. Charles Wesley, M. A.*, Volume 2 (Grand Rapids, MI: Baker, 1980), pp. 418-431, 445-456행.

윗필드와 동시대를 산 윌리엄 카우퍼는 "소망"(Hope)이라는 시에서 윗필드가 오랫동안 감내했던 세상의 적대를 묘사하고 나서 이렇게 말했다.

그는 자기를 미워하는 세상을 사랑했다.
　　그의 성경책 위에 떨어지는 눈물은 진실했다.
추문과 다툼의 말로 공격받을 때,
　　그의 유일한 대답은 흠 없는 삶
사람들은 그에 대해 거짓을 꾸며 대고 그를 향해 화살을 던졌지만
　　그때마다 그의 가슴에는 형제의 유익을 위하는 마음만 있었다.[2]

헨리 벤 목사는 윗필드가 얼마나 엄청난 수고를 했는지에 관해 다음과 같은 말을 남겼다. "근 삼십 년 세월 동안 한 인간의 몸으로 그렇게 엄청난 수고의 짐을 질 수 있었다는 사실에는 입이 벌어질 수밖에 없다. … 한 사람이 … 일주일이라는 시간 동안(그것도 여러 해에 걸쳐) 보통 사십 시간씩, 또 때로는 여러 주에 걸쳐 수천여 청중에게 일주일에 육십 시간씩 설교하는 게 가능하다고 생각할 사람이 누구이겠는가? 더구나 이렇게 수고한 뒤에도 휴식을 취하는 게 아니라 초청받은 집에서 매번 기도와 도고를 하고 찬송과 신령한 노래를 부르는 시간을 가졌다니 말이다."[3]

2　William Cowper, "Hope", Tyerman's *Whitefield*, Volume 2, p. 613.
3　Gillies, *Memoirs of Whitefield*, pp. 362, 363; *Whitefield: Life and Time*, p. 521.

제임스 스티븐 경은 이렇게 말했다. "장소를 이동하는 데 걸린 시간, 사이사이의 짧은 휴식과 다음 일정을 준비하는 시간을 빼면, 그의 전 생애는 계속적인 혹은 거의 중단 없이 이어지는 설교로 소진되었다고 할 수 있다."[4]

그리고 개별 집회 때 모인 사람 숫자를 따져 보거나 생애 통산 청중 규모를 따져 봐도(전기를 이용한 확성기가 발명되기 전인 그 시대에) 윗필드가 설교할 때 모인 회중 규모는 인간의 역사상 사람의 목소리가 닿을 수 있는 최대치였음이 분명하다.

또한 그의 설교가 얼마나 다양한 계층에 호소력이 있었는지에도 주목하지 않을 수 없다. 윗필드의 청중 중에는 킹스우드의 광부들과 아메리카의 노예들이 있었고, 이들은 그의 메시지를 이해했다. 존 포스터는 윗필드의 설교가 "그의 생각을 뚜렷하고도 비길 데 없이 선명하게 선언하는 효과가 있었다. 어느 정도였느냐면, 무지하고 거의 야만인이나 다름없는 사람들도 그의 설교를 한 번만 들으면 기독교의 진리를 깨우친 것 같았다. 어느 면에서 이들 자신도 놀랄 일이었다"[5]라고 했다. 그의 설교는 성인뿐만 아니라 어린아이들도 듣고 이해할 수 있을 만큼 쉬웠으며, 하월 해리스는 "윗필드 형제가 어린아이들 수백 명에게 어린아이 말투로 설교하는 것을 들으러" 갔다고 말하기도 했다.

---

[4]　Stephen, Sir James, *Essays in Ecclesiastical Biography* (London: Longmans, 1883), pp. 384, 385; *Whitefield: Life and Times*, p. 522.

[5]　John Foster, *Critical Essays*, Volume 2 (London: Bohn, 1865), p. 67.

이미 살펴보았다시피 윗필드의 설교는 학식 높고 까다로운 잉글랜드 귀족들에게도 효과 만점이었다. 말버러 공작부인이나 체스터필드 백작, 볼링브로크 경, 데이비드 흄, 그 외 잉글랜드 귀족들 다수가 윗필드의 설교에 보낸 찬사를 우리는 떠올리지 않을 수 없다. 그리고 아메리카에서는 벤저민 프랭클린, 벨처 총독, 조나단 에드워즈 같은 사람들이 윗필드의 설교를 듣고 유익을 얻은 사람들의 지적(知的) 수준을 대변한다.

또한 윗필드는 처음부터 끝까지 단 한 번도 좌로나 우로 치우치는 일 없이 예외적이라 할 만큼 꾸준하게 자기 길을 걸었다. 라일 주교는 윗필드의 교리적 신념 또한 그러했다고 말했다. "윗필드는 금욕주의, 율법주의, 신비주의 또는 그리스도인의 완전이라는 이상한 교리는 두 번 다시 돌아보지 않았다. … 소규모의 옥스퍼드 메소디스트 그룹 중에서 그리스도의 복음에 대해 그처럼 빨리 명쾌한 견해를 갖게 된 사람, 그리고 그 견해를 끝까지 흔들림 없이 견지한 사람은 없다."[6]

이는 윗필드의 인생의 목적 전반에도 해당되는 말이었다. 자기 생각을 표현하는 데 언제나 매우 신중했던 작가 아이작 테일러는 "세상에 그 모습을 드러낸 순간부터 생애 마지막 순간에 이르기까지 행동과 의도가 철저하게 일관되었다는 점에서 윗필드를 능가하는 이름을 떠올리기는 쉽지 않은 일일 것"이라고 했다.

---

[6] J. C. Ryle, *Christian Leader of the Eighteenth Century* (Edinburgh: Banner of Truth, 1978).

그러면 윗필드의 결점은 무엇인가? 이십 대 초반에 그는 성경의 명백한 진술보다는 즉각적 인상을 너무 많이 강조했다. 또한 그는 일부 사역자들에 대한 비판을 너무 쉽사리 받아들여서 이를 반복했다. 하지만 이런 경향들은 곧 극복되었다. 그가 저지른 가장 큰 잘못이라면 노예제도 관행을 너그럽게 봐 주었다는 것이며, 어쩌면 흠 없는 기록이 되었을 수도 있는 그의 인생 이력에 하나의 오점이 되었다.

실로 조지 윗필드는 거룩한 사람이었다. 거룩한 삶으로 유명한 사람들을 들라면 그리스도인들은 흔히 데이비드 브레이너드, 로버트 머리 맥체인, 헨리 마틴 등을 생각한다. 그러나 윗필드도 이 하나님의 사람들과 어깨를 나란히 하기에 손색이 없다. 윗필드의 삶은 사랑, 희락, 화평, 오래 참음, 자비, 양선, 충성, 온유, 절제 등과 같은 성령의 열매가 풍성하게 나타나는 게 특징이다. 그는 새벽 네 시부터 다섯 시까지를 하나님과 교제하는 시간으로 보냈고, 하루 종일 기도하는 마음으로 살았으며, 실로 기도는 그가 호흡하는 '천연의 공기'였다.

이제 우리는 윗필드의 업적이 무엇인지를 물어야 한다. 그는 전 생애에 걸쳐, 그리고 죽은 후에도 몇 년간 '메소디즘 지도자이자 창설자'로 알려졌다. 그러나 앞에서 살펴보았다시피 그는 메소디즘 운동의 칼뱅주의 분파 수장 자리를 기꺼이 포기하고 '그저 모든 사람의 종'으로 섬겼다.

또한 윗필드는 복음주의권에 새로운 설교 방식을 가르쳤다. 사역자들이 전반적으로 열심도 없이 변호하듯이 설교하던 시절에 그는 진취적인 열심과 불굴의 용기를 갖고 복음을 설파했다. 그는 가는 곳마다 사람들의 영혼에 불을 놓았고, 많은 설교자가 그를 본받아 똑같은 방식으로 설교하기 시작했다. 말씀을 직접적으로 적용하는 그의 설교 스타일은 프로테스탄트 설교자들 압도적 다수가 백여 년 동안 계속 실천해 왔다.

또한 그는 신앙의 기본 요소들을 강하게 주장했다. 그는 성경의 무오성, 예수 그리스도의 신성, 동정녀 탄생, 대속적 죽음, 문자 그대로의 부활을 믿었다. 그리고 구원은 행위로써가 아니라 믿음으로 얻는다고 믿었다. 윗필드가 시종일관 이 진리들을 선포했기에 수많은 사람의 의식 속으로 이 진리들이 스며들었으며, 그가 세상을 떠난 후 최소한 한 세기 동안 잉글랜드와 아메리카의 많은 교회에서 이 진리들이 설교되었다.

물론 존과 찰스 웨슬리 형제, 헌팅던 부인, 하월 해리스, 존 세닉, 그 외 많은 사람들도 당시 영어권 세계를 변화시킨 신앙 부흥 운동에 전력을 기울였다. 그 역사에 대해 그린(J. R. Green)은 이렇게 말했다.

> … 신앙 부흥 운동이 폭발하여 … 몇 년 사이에 잉글랜드 사회의 체질을 완전히 바꿔 놓았다. 국교회가 생명력과 활동력을 되찾았다. 신앙은 사람들의 마음에 도덕적 열심이라는 신선한 기운을 전달했고, 우리의 학문과 관습을 정화시켜 주었다. 새로운 박애주가 우리의 교도소를 개혁했고, 형법에 관대함과 지혜를 불어넣어

주었으며, 노예 무역을 폐지시켰고, 대중 교육에 첫 추진력을 제공했다.[7]

그러나 라일 주교의 말처럼 "윗필드는 18세기 잉글랜드 개혁자 중 최초이자 가장 주된 인물이었다." 개혁적인 일들은 거의 모두 윗필드가 주도했다. 야외 설교, 평신도 설교자 세우기, 잡지 발행, 연합회 조직, 총회 개최 등은 다 윗필드가 가장 처음 시작한 일이다. 그리고 대서양을 열세 번이나 횡단함으로써 그는 이 운동의 반경을 국제 세계로 확장했다. 윗필드의 업적 중에서도 남녀를 불문하고 그가 예수 그리스도께 인도한 수많은 사람, 그리고 대서양 양편에서 이 위대한 부흥 사역에서 그가 이행한 역할을 기억하고 인정해야 한다.

아메리카의 퀘이커 교도 시인 존 그린리프 위티어는 매사추세츠 주 뉴베리포트에서 멀지 않은 곳에 살았는데, 그는 "설교자"라는 자신의 시에서 윗필드를 이렇게 기렸다.

> 페더럴 가(街) 교회당 밑
>   안식일을 지키는 이들의 발길 아래
> 기단석(基壇石)에 둘러싸여
>   그 경이로운 설교자의 뼈는 누워 있다.

[7] J. R. Green, *A Short History of the English People* (Harper ed., 1899), pp, 736, 737.

기차가 지나갈 때 여행자는
    오랫동안 긴장된 눈으로 바라볼 것이다.
저만치 멀어져가는 마을을 향해 목을 길게 빼고
    윗필드 교회의 가느다란 첨탑을 찾으며
한 순간 상혼(商魂)을 느낀다.
    모든 의도가 다 순수했던 그 삶
주의를 촉구하는 달변의 그 목소리,
    천사의 심부름을 왔던 그 사람을 생각하면
유행과 어리석은 짓과 쾌락은 물러간다.
    그가 수고하던 곳에서 죄의 물결이
마치 항구의 모래톱에서 밀려오는 물처럼
    시간과 의식의 삶 위로 덮친다면
교회의 첨탑이 아무리 높아도 헛일이다⋯.
    그러나, 시민의 영관(榮冠)에 박힌 보석처럼,
세상의 명성을 초월할 만큼 소중한 그에 대한 기억이
    그 오래된 마을을 거룩하게 한다.[8]

---

8   John Greenleaf Whittier, "The Preacher," *Complete Poetical Works* (Boston: Houghton Mifflin, 1882), p. 254.

삽화 23-1 윗필드의 마지막 초상화

선별한 참고 도서

1차 문헌

Anonymous, *Sketches of Life and Labours of the Rev George Whitefield with Two Discourses of 1739*. Johnston, Edinburgh, and London: 연대 미상.

Beynon, Tom (ed.), *Howell Harris, Reformer and Soldier*. Caenarvon: Calvinistic Methodist Bookroom, 1957.

Beynon, Tom (ed.), *Howell Harris's Visits to London*. Aberystwyth: Cambrian News Press, 1960.

Beynon, Tom (ed.), *Howell Harris's Visits to Pembrokeshire*. Aberystwyth: Cambrian News Press, 1966.

Cennick, John, *Village Discourses, with a Life of Cennick by Matthew Wilks*. London, Sherwood, 1819. 2 vols.

Clarke, Samuel, *Annotations on the Bible: With a Recommendatory Preface by George Whitefield*. London: 1759.

Davies, Samuel, *The Reverend Samuel Davies Abroad. The Diary of a Journey to England and Scotland*. Edited and with an Introduction by George William Pilcher. Urbana, Chicago, London: University of Illinois Press, 1967.

Doddridge, Philip, *The Life of Colonel James Gardiner*. London: 1747.

Edwards, Jonathan, *The Works of Jonathan Edwards*, with memoir by Sereno E. Dwight. Bungay: 1834, 2 vols (Reprinted by Edinburgh: Banner of Truth, 1974.)

Franklin, Benjamin, *The Papers of Benjamin Franklin*, edited by Leonard W. Larabee. New Haven, CT: Yale University Press, 1959. 9 vols.

Gilles, John, *Memoirs of the Life of the Rev George Whitefield, M.A.* London: E. & C. Dilly, 1772. 2nd edition, revised and corrected by Aaron C. Seymour, Dublin. 1811. An 1838 edition, Hartford, Connecticut, "with large additions and improvements."

Gilles, John, *Historical Collections Relating to Remarkable Periods of the Success of the Gospel and Eminent Instruments Employed in Promoting It*, 11. Glasgow: 1743.

Habersham, James, *The Letters of James Habersham, 1756-1775*. Savannah: The Collections of the Georgia Historical Society, 1904, Vol VI.

Harvard College, *The Testimony of the President, Professors, Tutors, and Hebrew Instructor of Harvard College Against the Rev Mr George Whitefield and His Conduct.* Boston: T. Fleet, 1744. 15 pp.

Heimert, Allan & Miller, Perry, eds., *The Great Awakening: Documents Illustrating the Crisis and Its Consequences.* Indianapolis and New York: Bobbs-Merrill, 1967.

Jones, M. H., *The Trevecka Letters.* Caernavon: Calvinistic Methodist Bookroom, 1932.

Prince, Thomas, Jr. ed., *The Christian History, Containing Accounts of the Revival and Propagation of Religion in Great Britain and America. For the Year 1743.* Boston, 1744.

Prince, Thomas, Jr. ed., *The Christian History, Containing Accounts of the Revival and Propagation of Religion in Great Britain and America. For the Year 1744.* Boston, 1745.

Roberts, Gomer Morgan, ed., *Selected Trevecka Letters, 1742-1747.* Caernavon: Calvinistic Methodist Bookroom, 1956.

Roberts, Gomer Morgan, ed., *Selected Trevecka Letters, 1747-1794.* Caernavon: Calvinistic Methodist Bookroom, 1962.

Robe, James, *The Revival of Religion at Kilsyth, Cambuslang and Other Places in 1742.* Glasgow: William Collins, 1840.

Scougal, Henry, *The Life of God in the Soul of Man*, first published 1677, reprinted Philadelphia: Westminster. 연대 미상. (『인간의 영혼 안에 있는 하나님의 생명』, 생명의 말씀사, 2007).

Smith, Josiah, *The Character, Preaching & c. of the Rev Mr George Whitefield, Impartially Presented and Supported, in a Sermon, Preached in Charleston, South Carolina March 26, 1740*. Boston: 1740. Reprinted as introduction to *Sermons on Important Subjects by the Rev G. Whitefield*. London: 1825. 저자 이름이 'Joseph Smith'로 잘못 표기됨.

Wesley, Charles, *The Journal of Charles Wesley*. London: Wesleyan Methodist Bookroom, 연대 미상, 2 vols. "An Elegy on the Late Rev George Whitefield, M.A." in Volume 2, pp. 418-431.

Wesley, John, *The Journal of John Wesley*. Standard edition, edited by Nehemiah Curnock, bicentenary Issue. London: The Epworth Press. 1938. 8 vols.

Wesley, John, *The Letters of John Wesley*. Standard edition. London: The Epworth Press. 1931. 8 vols.

Wesley, John, *The Works of John Wesley*. London: 1872, 12th Edition. 14 vols.

Whitefield, George, *The Works of George Whitefield*. London and Edinburgh, 1771. 6 vols. 1-3권은 그의 편지들을 담고 있고, 4권은 여러 가지 주제를 다룬 글들, 5·6권은 설교를 담고 있다. 1권은 편지들이 추가되어 재발간되었다. Edinburgh: The Banner of Truth, 1976.

Whitefield, George, *Journals*, 자전적 이야기인 *A Short Account of God's Dealing with George Whitefield*와 *A Further Account*도 함께 수록. *An Unpublished Journal*도 포함되어 있음, Banner of Truth, 1960.

Whitefield, George, *Newly Discovered Letters of George Whitefield, 1745-46*, edited by John W. Christie, *Journal of the Presbyterian Historical Society* xxxll, Nos. 2, 3 & 4, 1954.

Whitefield, George, *Sermons on Important Subjects by the Rev George Whitefield, M.A.*, Samuel Drew의 회고담과 Rev. Josiah Smith의 논문도 함께 수록. London, 1825. 75편의 설교문 포함.

2차 문헌

Abbey, Charles J. and Overton, John H., *The English Church in the 18th Century*. London: 1878. 2 vols.

Alexander, Archibald, *The Log College*, Biographical Sketches of William Tennent and His Students. 1851. Reprinted Edinburgh: Banner of Truth, 1968.

Andrew, J. R., *George Whitefield, a Light Rising in Obscurity*. London: Morgan & Chase, 2nd edition, revised and enlarged, 1930.

Austin, Roland, *A Bibliography of the Works of George Whitefield*, Proceedings of Wesley Historical Society, Vol. X, Parts 7 and 8.

Baker, Frank, *John Cennick, A Handlist of His Writings*, Publication No. 5 of Wesley Historical Society, 1958.

Balleine, G. R., *A History of the Evangelical Party in the Church of England*. London: Longmans, 1908.

Bathafarn: The Journal of the Historical Society of the Methodist Church in Wales. Issues of 1945-55, Various editors.

Belcher, Joseph, *George Whitefield, a Biography with Special Reference to His Labours in America*. New York: American Tract Society, 1857.

Belden, Albert D., *George Whitefield-The Awakener. A Modern Study of the Evangelical Revival*. London: Sampson Low, Marston, 1930.

Bennet and Bogue, *The History of the Dissenters from 1688 to 1800*. 2 vols.

Bennett, Richard, *The Early Life of Howell Harris*. 1909년 웨일스에서 *The Dawn of Welsh Calvinistic Methodism*이라는 제목으로 처음 출판됨. Published in English, Edinburgh: Banner of Truth, 1962.

Billingsley, Amos Stevens, *The Life of the Great Preacher Rev George Whitefield, 'Prince of Pulpit Orators,' with the Secret of His Success and Specimens of His Sermons*. Philadelphia: P. W. Ziegler, 1878.

Bready, John Wesley, *England: Before and After Wesley: The Evangelical Revival and Social Reform*. London: Hodder and Stoughton, 1938.

Bull, Josiah, *John Newton*, An Autobiography and Narrative. London: The Religious Tract

Society, 1868.

Butler, Dugald, *John Wesley and George Whitefield in Scotland, or the Influence of the Oxford Methodists on Scottish Religion*. Edinburgh and London: Wm. Blackwood, 1898.

Couillard, Vernon Williams, *The Theology of John Cennick*. Nazareth, PA.: The Moravian Historical Society, 1957.

Coke, Thomas and Moore, Henry, *The Life of the Reverend John Wesley*. London: Milner, 1792.

Dargan, Edwin C., *A History of Preaching*, Volume 1: *A.D. 70-1572*, Volume 2: *1572-1900*. First published 1904, reprinted, Grand Rapids, MI: Baker, 1954, 2 vols. in 1.

Dearnley, I. H., *An Official Guide to Kingswood and Hanham*. Cheltenham and London: J. Burrow & Co., 연대 미상.

Eayrs, George, *Wesley, Kingswood and Its Free Churches*. London: Simpkin, Marshall, 1911.

Eayrs, George, *Wesley: Christian Philosopher and Church Founder*. London: Epworth. 1926.

Edwards, Maldwyn, *Family Circle: A Study of the Epworth Household in Relation to John and Charles Wesley*. London: Epworth. 1946.

Fawcett, Arthur, *The Cambuslang Revival*. London: Banner of Truth. 1971.

Fitchett, W. H., *Wesley and His Century*. Toronto: 1906.

Flint, Charles Wesley, *Charles Wesley and His Colleagues*. Washington: Public Affairs Press.

Foote, W. H., *Annals of Virginia*. First Series, 1850. Reprinted Richmond, VA: John Knox Press, 1966.

Foster, John, *Critical Essays*. London: Bohn, 1856. 2 vols.

Gaustard, Edwin Scott, *The Great Awakening*. New York: Harper, 1957.

Gewehr, Wesley M., *The Great Awakening in Virginia, 1740-1790*. Durham, NC: Duke University Press, 1930.

Gladstone, James Paterson, *The Life and Travels of George Whitefield, M.A.* London: Longmans, Green, 1871.

Green, Richard, *The Works of John and Charles Wesley. A Biography*. London: Chas. H. Kelly, 1896.

Green, V. H., *The Young Mr. Wesley: A Study of John Wesley and Oxford*. London: Edwin Arnold, 1961.

Hardy, Edwin Noah, *George Whitefield, the Matchless Soul-winner*. New York: American Tract Society, 1938.

Hughes, J., *A Memoir of Daniel Rowland*. In Welsh Reformers Series. London: Nisbet, 1887.

Hughes, J., *The Life of Howell Harris*. London: Nisbet, 1892.

Hutton, J. E., *A History of the Moravian Church*. London: Moravian Publication Office, 1909.

Hutton, J. E., *John Cennick: A Sketch*. London: Moravian Publication Office, 연대 미상.

Hyett, Sir F. A, and Austin, Roland, *Bibliographical Supplement to the Manual of Gloucestershire Literature*. Gloucester: 1914, pp. 505-572.

Jay, William, *Memoirs of the Life and Character of the Late Reverend Cornelius Winter*. Bath: M. Gye, 1808.

Journal of the Calvinistic Methodist Historical Society. Caernarvon: 1916-1929. 1930년 *Journal of the Historical Society of the Presbyterian Church of Wales*로 제호 변경.

Kirk, John, *The Mother of the Wesleys*. London: Jarrold and Sons, 1868.

Knight, Helen, *Lady Huntingdon and Her Friends*. New York: American Tract Society, 1853.

Laycock, J. W., *Methodist Heroes in the Great Haworth Round. 1734-1784*. Keighley: Rydal Press, 1909.

Loane, Marcus L., *Oxford and the Evangelical Succession*. London: Lutterworth Press. 1950.

Lyles, Albert M., *Methodism Mocked*. London: Epworth, 1960.

Macfarlan. D., *The Revivals of the 18th Century, Particularly at Cambuslang. With Three Sermons by the Rev George Whitefield, Taken in Short Hand*. London and Edinburgh: John Johnston, 연대 미상.

MacLeane, Douglas, *A History of Pembroke College, Oxford*. Oxford: Clarendon Press, 1897.

Maxson, Charles Hartshorn, *The Great Awakening in the Middle Colonies*. Chicago: 1920. Reprinted Gloucester, MA: Peter Smith, 1958.

Moravian Historical Society, *The Transactions of the Moravian Historical Society*. Nazareth, PA: Whitefield House, 1876, Volume 1, Part X. 펜실베이니아주 나자렛에서의 윗필드와 모라비아 교도와의 관계를 다룸.

New, Alfred H., *The Coronet and the Cross: Memorials of the Right Hon Selina Countess of Huntingdon*. London: Partridge & Co., 1858.

Newton, John, *Out of the Depths, an Autobiography*. Reprinted Chicago: Moody Press, 연대 미상.

Ninde, E. S., *George Whitefield, Prophet-Preacher*. New York: Abingdon Press, 1924.

Overton. John H., *The Evangelical Revival in the Eighteenth Century*. London: Longmans, Green, 1886.

Philip, Robert, *Life and Times of the Rev George Whitefield*. London: George Virtue, 1837.

Plummer, Alfred, *The Church of England in the Eighteenth Century*. London: Methuen Co., 1910.

Quiller-Couch, A. T., *Hetty Wesley*. London & New York: Harper Bros., 1903.

Quincer, Sheldon, B., ed., *Whitefield's Sermon Outlines. A Choice Collection of Thirty-five Model Sermons*. Grand Rapids, MI: Eerdmans, 1956.

Rattenbury, J. Ernest, *Wesley's Legacy to the World*. London: Epworth Press. 1928.

Roberts, Richard Owen, *A Bibliography of Evangelism and Revival*. 미간행 원고.

Ryle, J. C., *Christian Leaders of the Eighteenth Century*. London: 1885; reprinted Edinburgh: Banner of Truth, 1978.

Services at the Centenary Celebration of Whitefield's Apostolic Labours, Held in the Tabernacle, Moorfields, May 21, 1839. London: James Snow, 1839.

Seymour, A. C. H., *The Life and Times of Selina, Countess of Huntingdon*. By a Member of the Noble Houses of Shirley and Hastings, 2 vols. London: Sempkin, Marshall & Co. 이 책의 색인은 다음을 참고하라. The Proceedings of the Wesley Historical Society, Vol. 4, Part. 8, 1906.

Simon, John S., *The Revival of Religion in England in the Eighteenth Century*. London: Robert Culley, 연대 미상.

Skeats, Herbert S., *The History of the Free Churches of England*. London: Arthur Miall, 1868.

Southey, Robert, *Life of Wesley and the Rise and Progress of Methodism*. London: Longmans, 1820. 고(故) Samuel Taylor Coleridge의 주(註)를 곁들인 새 판본, 1858. 2. vols.

Spurgeon, Charles Haddon, *Religious Zeal Illustrated and Enforced by the Life of the Rev George Whitefield*. London: The Gospel Atlas, 1855.

Stephen, Sir James, *Essays in Ecclesiastical Biography*. London: Longmans, 1883.

Stevenson, George J., *Memorials of the Wesley Family*. London: Partridge, 1876.

Stevens, Abel, *History of the Methodist Episcopal Church in America*. New York: Carlton & Porter, 1867. 4 vols.

Taylor, Isaac, *Wesley and Methodism*. New York: Harper & Bros., 1860.

Tracy, Joseph, *The Great Awakening, a History of the Revival of Religion in the Time of Edwards and Whitefield*. Boston: Tappan & Dennet. 1842. Reprinted Edinburgh: Banner of Truth, 1967.

Tyerman, Luke, *The Life and Times of the Rev John Wesley, M.A.* London: Hodder and Stoughton, 1870. 3 vols.

Tyerman, Luke, *The Oxford Methodists*, Memoirs of Clayton, Ingham, Gambold, Hervey and Broughton, etc. London: Hodder and Stoughton, 1873.

Tyerman, Luke, *The Life of the Rev George Whitefield*. London: Hodder and Stoughton, 1876. 2 vols.

Venn, Henry, *The Life and Letters of the Rev Henry Venn, M.A.* 6th edition. New York: Stanford, 1854.

Wakeley, J. B., *Anecdotes of Rev George Whitefield, with a Biographical Sketch*. London: Hodder and Stoughton, 1900.

Welch, Edwin, *Two Calvinistic Methodist Chapels, 1743-1811. The London Tabernacle and Spa Fields Chapel*. London: London Record Society, 1975.

Wicks, George Hosking, *Whitefield's Legacy to Bristol and the Costwolds*. Bristol: Taylor Bros., 1914.

Wood, A. Skevington, *The Inextinguishable Blaze*. London: The Paternoster Press, 1960.